本书由苏州大学"十三五"省重点学科——中国史资助

近代苏州隐逸文化研究

邹桂香 著

合肥工业大学出版社

图书在版编目(CIP)数据

近代苏州隐逸文化研究/邹桂香著. --合肥:合肥工业大学出版社,2025.5.

ISBN 978 - 7 - 5650 - 6823 - 2

Ⅰ. K203

中国国家版本馆 CIP 数据核字第 2025SR0746 号

近代苏州隐逸文化研究

邹桂香 著		责任编辑 孙南洋	
出　版	合肥工业大学出版社	版　次	2025 年 5 月第 1 版
地　址	合肥市屯溪路 193 号	印　次	2025 年 5 月第 1 次印刷
邮　编	230009	开　本	710 毫米×1010 毫米　1/16
电　话	人文社科出版中心:0551 - 62903200	印　张	12.5
	营销与储运管理中心:0551 - 62903198	字　数	198 千字
网　址	press. hfut. edu. cn	印　刷	安徽联众印刷有限公司
E-mail	hfutpress@163. com	发　行	全国新华书店

ISBN 978 - 7 - 5650 - 6823 - 2　　　　　　　　　　定价: 46.00 元

如果有影响阅读的印装质量问题,请与出版社营销与储运管理中心联系调换。

前　　言

　　苏州作为吴文化的发源地和中心，拥有"三江五湖"之形胜，其优越的地理位置和自然人文环境，孕育了苏州悠久的隐逸文化。近代以来，苏州凭借便利的交通、相对稳定的社会环境和良好的经济人文基础，成为失势政客、下野军阀、悠闲文人、方外之士及前清遗民的理想栖隐地。本书在梳理苏州隐逸文化渊源流变的基础上，以近代苏州的各类隐逸群体及其所从事的活动为主线，展开相关研究。

　　依据隐逸之士退隐前的主要职业或社会活动，近代苏州的隐逸群体可以分为退隐的军政界人士、疏离政治的文人、因显而隐的方外之士、无奈坚守的遗民等。民国初年军阀混战，身陷多种关系旋涡之中的军政界人士退隐、下野现象频繁。辛亥革命胜利后，部分革命者认为足以功成身退、归隐林泉。20世纪30年代初期，曾为革命奔走呐喊的章太炎隐于苏州，创办章氏国学讲习所，以讲学终老。他在革命意志消沉动摇之时，即萌发出世与归隐之意，出家学佛与讲授国学是其革命受挫时的主要意愿。

　　1909年在苏州成立的南社，前期以柳亚子为核心，他们多在诗词中抒发革命意气，但与现实斗争始终保持距离，一旦浪漫的革命理想受挫，传统文人的遁世思想和隐逸情绪便自然流露。陈衍则自谓"我是无官有诗者"，毕生追求诗歌的纯净，享受不役于物的自由。以周瘦鹃、郑逸梅为代表的旅沪作家群体，虽身居都市，仍心怀艺术化生活的向往。苏州成为他们心中的归隐意向，这也是自晚明以来吴中士人适世闲雅心态的自觉传承。

　　受近代佛教改革及社会思潮的影响，不少佛门弟子支持救亡图存，游走于僧俗两界，成为既隐又显的方外之士。黄宗仰曾积极支持、参与革命活动，辛亥革命后自称"乾坤事了续参禅"而毅然归山。印光法师在法雨寺潜修近二十年，因发表佛教四论由隐而显，最终仍掩关苏州报国寺。清民鼎革之际，以遗民或遗老自居者，在苏州亦为数不少，既包括苏州本地遗民，亦有不少寓苏的外来者。

隐逸之士多传续传统私家园林之遗风，形成近代苏州特有的风景。李根源在苏州相继营建阙园与松海盛景，吸引众多名流雅士。何澄之灌木楼，成为文人墨客的雅集之地，周瘦鹃的紫兰小筑，更是营造出"壶天之隐"的意境。

当然，隐于苏州的各类群体，并未真正避世闲居，而是依据个人的职业习惯、学养和爱好，积极参与多项事务。柳亚子在归隐汾湖期间领衔成立"吴江文献保存会"，收集整理乡邦文献。吴荫培倡议成立"吴中保墓会"，对古墓义冢和文物古迹予以保护。李根源亦在西部诸山进行访古考察。同时，他们还关心和支持苏州地方文化教育事业，助力举办吴中文献展览会。另有不少赋闲乡居者，自行撰修镇（村）志，丰富了地方志的类型。

近代苏州隐逸文化，既保留了传统隐逸精神的内核，又蕴含了新的时代特征。与社会现实结合的入世性、隐而不闲的务实性、传统家国情怀的超越性，为近代苏州隐逸文化的时代特征。传统隐逸方式的赓续性、跨越地缘界限的游寓性、独善与兼济的调适性，成为隐逸形态的基本特征。由此，近代隐逸观念由高蹈远引转向务实济世，治国平天下的政治想象逐渐转向服务于具体而微的地方事务。日本侵华战争爆发后，不少隐逸之士毅然投身于抗日战争的洪流，把国家和民族观念提升至一个新高度。

目录

绪　论

一、缘起

在中国传统文化的形成与发展过程中，总有一些文化与主流文化若即若离、相辅相成，作为主流文化的补充和调节，形成一种独特的边缘文化并占有一席之地，隐逸文化便是其中一种。隐逸文化作为中华文化中特有的现象，若从传说中的巢父、许由算起，中国的隐逸传统几乎与中华民族的文明史同源并进。"居庙堂之高则忧其民，处江湖之远则忧其君"，是文人士子们永远的纠结，如何在进退显隐之间做到游刃有余，是他们一直探索的问题。隐逸作为一个常有常新的话题，源于先秦，兴盛于魏晋南北朝，发扬于唐宋，延续至元明清以至近代，具有较强的完整性和延续性，对中华文化的形成与内部整合产生不少影响，被梁漱溟先生称为中华文化的特征之一。[1]

吴文化始于泰伯让王，即以隐逸为开端。孔子认为泰伯"三以天下让，民无得而称焉"[2]，此后吴地隐逸之风绵延不绝。苏州作为吴文化的发源地乃至江南文化的核心区域，人文荟萃、风物清嘉，其宜隐宜居的自然人文环境，为隐士们提供了绝佳的隐逸载体和空间。渺茫的太湖七十二峰，连绵不绝的苍翠穹窿，至今仍流传着种种传说，保有令人无限遐想的隐士们读书生活的历史遗存；精致优雅的古典园林，仍显示出文人雅士的归隐情结，他们品茗

---

① 梁漱溟：《中国文化要义》，上海人民出版社 2011 年版。
② （春秋）孔丘：《论语》，中华书局 2006 年版。

饮酒、营建园林、讲学著述、收藏古玩，创造了丰富多彩的隐逸文化。从泰伯奔吴到范蠡五湖泛舟，从商山四皓到何氏三高……再到辛亥元老李根源退隐小王山，历代以各种形式隐于苏州的高人层出不穷，积淀了苏州浓郁的隐逸基因和传统。

近代以来，尤其在新文化运动时期，隐逸现象受到舆论质疑，隐士成为批判对象，隐逸传统的赓续遇到现实障碍。部分学者认为，隐逸文化到了近代逐步式微，成为救国浪潮中的微音。① 实际上，隐逸文化具有较强的适应能力，在近代并未走向"山穷水尽"的消亡之路，而是随着社会和文化的发展与转型变换了形式，继续存在并发展。太平天国运动使苏州遭受重创，此后苏州经济恢复缓慢，随着津浦铁路、沪宁铁路的兴修，京杭大运河沿线城市迅速衰落，苏州的经济、文化地位也受到不同程度的影响。但是，苏州居于沪、宁、杭之间，交通便利，社会环境相对稳定，有着良好的经济和人文基础，人文环境和隐逸之风虽然受到冲击但并未断裂，反倒吸引了不少不同领域退隐者的目光，成为失势的军阀政客、退隐的革命者、清朝遗老、悠闲文人的理想栖隐地，出现了极具近代苏州地域特色和时代特征的隐逸文化复兴现象。

近代苏州隐逸之士的隐逸动机日趋复杂，但仍多是仿效传统隐士的风范，延续传统隐逸文化的余绪，同时又具有新的时代特征。在新的时代背景和社会空间中，近代苏州隐逸之士逐步摒弃消极遁世之风，以积极入世的心态从事当地的各种社会活动，丰富了近代隐逸文化的内涵，体现出隐逸文化强大的适应能力。厘清苏州近代隐逸文化的新变，深入探讨隐逸群体与苏州当地的关系，探究苏州近代隐逸文化的强大生命力和核心精神，是为选题的缘起。

现代社会，随着社会生活节奏的加快，人们在各方面的压力骤然增大，在追求物质生活富足的同时，如何缓解和释放精神压力成为人们思考的深层次问题。尤其是当前我国已进入高质量发展阶段，人们对慢生活的向往，成为一种新的潮流。苏州蕴藏着丰厚的隐逸文化资源，其既是一项重要的文化遗产，又是一笔亟待开发的人文资源。近年来，苏州部分媒体也积极提倡休

---

① 何鸣：《遁世与逍遥：中国隐逸简史》，敦煌文艺出版社 2006 年版。

闲的慢生活，呼吁开发优秀传统文化资源。① 因此，重新发掘、审视隐逸文化传统的现世价值，越发具有学术价值与现实意义。

第一，丰富隐逸文化史研究。从文学或文献学视域研究隐士文人（诗人）群体及其作品，是隐逸文化研究的主流，但从历史学的角度专题研究区域隐逸文化的成果较少。梳理苏州隐逸文化，深入剖析历代隐士的隐逸心态、生活日常及其交游网络，可以丰富隐逸文化研究的内涵，继而从一个侧面把中华传统文化研究推向深入。

第二，拓宽苏州地方文化史的研究领域。学界对苏州地方文化研究虽然全面且成果丰硕，但是对作为吴文化重要组成部分的隐逸文化的专题研究有待深入。揭示与解读苏州文化内敛隐逸的深层精神特质，深入发掘吴文化以及环太湖流域文化共性内涵，不仅可以拓宽苏州地域文化史的研究领域，也可以推动吴文化乃至江南文化研究向纵深发展。

第三，有益于当代休闲养生文化的研究与实践。随着当前物质生活水平的提高和社会老龄化的速度加快，人们对休闲娱乐、养生保健等问题日益重视。充分挖掘、利用隐逸文化资源，合理阐释追求超越政治和世俗功利的隐逸精神内核，具有一定的积极意义。苏州这片有着悠久隐逸传统的净土成为人们舒缓身心、悠享慢生活的新型"隐逸之洲"，可以为当代休闲养生文化产业的重塑和发展提供重要的载体和样本。

二、相关概念的界定

（一）隐逸、隐士、隐逸之士

"隐"与"逸"，在古汉语中是两个单独的词，有各自的含义。"隐"主要有"藏匿，隐蔽"之意，主要指退隐、隐蔽、隐以待时，与《周易》之遁卦中的"遁"意相同，即陆德明解释为"遁，隐退也。匿迹避时之谓"②。《说文解字》的解释是"隐，蔽也"。"逸"主要指"逃离，逃脱"，据《说文解字》："逸，失也。兔谩訑善逃也。"朱熹认为："逸，遗逸，无位称。"③

① 《打造市民慢生活的隐逸之洲》，《苏州日报》2013年6月1日。
② （唐）陆德明等：《周易注疏》，中央编译出版社2013年版。
③ （南宋）朱熹：《论语集注》，齐鲁书社1992年版。

指不居官位，因此"逸"引申为远离世间政治纷争与羁绊，超脱于体制之外。而"隐逸"合为一词则有两层含义：其一指隐居、隐遁的行为，如《汉书》："吏治行有茂异，民有隐逸，乃当召见，不可有所私问。"① 《抱朴子》认为："世有隐逸之民，而无独立之主者，士可以嘉遁而无忧，君不可以无臣而致治。"② 其二指隐居之士，如《后汉书》："迁魏郡太守，招聘隐逸，与参政事，无为而化。"③ 本书中的"隐逸"，仍取其本意，既指隐居的现象、行为与活动，也用来指称隐居之士。

隐士是隐逸文化的创造主体和主要载体。"隐士"一词最早见于《庄子》："道无以兴乎世，世无以兴乎道，虽圣人不在山林之中，其德隐矣。隐，故不自隐。古之所谓隐士者，非伏其身而弗见也，非闭其言而不出也，非藏其知而不发也，时命大谬也。"④ 隐士又称逸民，《论语》："兴灭国，继绝世，举逸民，天下之民归心焉。"⑤ 在界定隐士含义的同时，形成了隐士的标准，《周易》曰："龙德而隐者也，不易乎世，不成乎名，遁世无闷。"⑥ 且"不事王侯，高尚其事。"⑦《南史》云："求志达道，未或非然，故须含贞养素，文以艺业。不尔，则与夫樵者在山，何殊异也。"⑧ 均表明隐士必须是具有相当才学，品行高尚的贤者、贤人，且甘于寂寞，不愿做官。《辞海》释"隐士"为"隐居不仕的人"，突出远离政治、不出仕。鉴于后世对于真假隐士之辩，用"隐逸"一词来指代隐居之士更为贴切。

近代文化场域中，已经不能用传统标准评判此时期的隐士，隐逸不再是单纯的消极遁世，而是在当局体制之外，按照自己的兴趣和理想进行社会实践活动。故本书对近代隐逸主体的称呼多用"隐逸者""隐逸之士"等语词，以区别于传统语境下的"隐士"。苏州地方史志的编撰则将"流寓"与"隐逸"分开，以区别寓居苏州者与苏州本地士人，但是在历代流寓群体中，亦

① （东汉）班固：《汉书》，岳麓书社 2008 年版。
② （晋）葛洪：《抱朴子》，上海古籍出版社 1990 年版。
③ （南朝）范晔：《后汉书》，中华书局 2000 年版。
④ （春秋）庄周：《庄子》，中华书局 2010 年版。
⑤ （春秋）孔丘：《论语》，中华书局 2006 年版。
⑥ 《周易》第一卦《乾卦》，北京时代华文书局 2014 年版。
⑦ 《周易》第十八卦《蛊卦》，北京时代华文书局 2014 年版。
⑧ （唐）李延寿纂：《南史·卷七五·列传（第六五）》，岳麓书社 1998 年版。

不乏隐逸高人。近代由于人口流动速度加快，按照地缘划分的方式已经不合时宜，因此，近代苏州的隐逸者，应指由于诸多原因，退隐、寓居或游寓苏州的个人或群体，包括退隐的军政界人士、革命队伍中的退出者、疏离政治的文人骚客、隐于佛道的方外之士以及清朝遗民等，这就打破了史志文献中"流寓""隐逸""方外"单独作传的惯例，使隐士群体的外延更加宽泛。

（二）隐逸文化（隐士文化）、山林文化、山居文化

隐逸文化作为中华传统文化中较独特的一种文化形态，具有一定的模糊性和神秘性。由于隐士们的隐逸动机和方式呈现复杂性，再加上儒、释、道思想的相互融合与渗透，隐逸文化的内涵十分丰富，世人的理解亦是见仁见智。学界有隐士文化、山林文化、山居文化等称谓，并多把隐士文化与隐逸文化等同。山林文化追求精神与大自然融为一体，与传统隐逸文化的含义相当。本书沿用"隐逸文化"一词，涵盖苏州近代各类隐逸主体所创造的各种物质文化、精神文化，包括隐逸主体、隐逸行为以及一切与隐逸相关的因素。特别是近代苏州的隐逸之士热心社会公益、保护文物古迹、支持文化教育事业，他们从事的多项社会活动也都属于隐逸文化的重要内容。

本书的研究时段为 1840 年至 1950 年。鸦片战争以后，中国逐步进入政治和文化的转型期，隐逸文化生态发生重要变化。本书的时间下限是 1950 年前后，中华人民共和国建立初期即开展了大规模的土地改革运动，苏州的私家园林和名园别墅多收归国有，隐逸的主要载体和空间发生了变化。本书研究的地域范围，以明清时期苏州府辖区为主，包括吴县、长洲县、元和县、常熟县、吴江县、昆山县等，相当于今天的苏州市辖境内以及上海市苏州河以北各区。

三、学术史综述

（一）隐逸文化整体研究

学界对隐士群体和隐逸文化的关注和研究始于 20 世纪 40 年代。1943 年，蒋星煜先生的《中国隐士与中国文化》一著，是近人对该问题研究的滥觞。①

---

① 蒋星煜：《中国隐士与中国文化》，中华书局 1943 年版。

20 世纪 50 年代王瑶的《论希企隐逸之风》对早期隐逸现象的研究最为透彻。① 20 世纪 90 年代以来，隐逸文化研究出现高潮，主要特点是以历代隐士作为研究对象，依据一定标准选取和梳理隐士的基本情况。进入 21 世纪后，学界的研究开始深入探讨隐士们隐秘的生活世界，且多以企羡、闲适心态看待隐士生活，体现出隐逸文化研究的新趋向。学界的研究成果主要集中于以下几个方面。

1. 隐逸文化主体研究

20 世纪 90 年代以来，学界出现隐士研究高潮，主要以历代隐士为对象，选取典型个案进行研究，这也是古代政治史研究的内容和途径之一。王晓岩、李长新认为正史中对隐士的分类，都有一定的主观性，他们将隐士分为从未做过官的终生隐居者和曾经从政做官而后又抽身引退者两大类。② 高敏将隐士分为抗议型（或不合作型）、淡泊型、老庄型、清高型、虚伪型，并以此为标准对历代隐士进行分类。③ 陈传席将古代隐士分为完全归隐、仕而后隐、半仕半隐、忽仕忽隐、隐于庙堂、似隐实假、名隐实官、以隐求仕、无奈而隐、真隐而仕等 10 种。④ 在隐逸方式与形态方面，冷成金将隐逸文化传统的发展顺序分为孔子之隐、庄子之隐、朝隐、林泉之隐、中隐、酒隐、壶天之隐等 7 个阶段，各个阶段之间有着复杂的交叉关系。⑤ 何鸣将隐逸的形态分为义隐、时隐、朝隐、酒隐、学隐、道士隐、佛徒隐等几种。⑥ 刘洁将隐逸方式分为孔子的道隐、庄子的心隐、东方朔的朝隐、魏晋的林泉之隐、白居易的中隐、苏轼的酒隐、明清的壶天之隐等几个阶段。⑦ 另外，隐于医、隐于卜、隐于商、隐于学等既是隐逸的形式，也是隐士们赖以生存的方式。

隐士的物质生活与精神生活是进入 21 世纪后学界关注的热点，如韦凤娟的《悠然见南山：陶渊明与中国闲情》⑧、吴小龙的《适性任情的审美人生：

---

① 王瑶：《中古文学史论集》，上海古典文学出版社 1956 年版。
② 王晓岩、李长新：《隐士传奇》，辽宁人民出版社 1997 年版。
③ 高敏：《隐士传》，河南人民出版社 1994 年版。
④ 陈传席：《隐士和隐士文化问题》，《书屋》2001 年第 6 期，第 61 - 65 页。
⑤ 冷成金：《隐士与解脱》，作家出版社 1997 年版。
⑥ 何鸣：《遁世与逍遥：中国隐逸简史》，敦煌文艺出版社 2006 年版。
⑦ 刘洁：《中国古代文人与传统文化》，甘肃人民出版社 2011 年版。
⑧ 韦凤娟：《悠然见南山：陶渊明与中国闲情》，济南出版社 2004 年版。

隐逸文化与休闲》^① 等，均把隐士生活方式与休闲文化相结合予以阐释，逐渐摆脱僵化的思维模式。马华、陈正宏的《隐士生活探秘》通过对隐士的性格、爱好、吃穿、居住、婚姻、交游、艺术创造、历史命运等的揭示，解构隐士群体的物质和精神生活，^② 也是研究深入的表现之一。王三山的《文人书趣》认为隐士们物质生活的贫乏与精神生活的富足形成互补，藏书、抄书、读书、著书、聚书、著述几乎成为隐士们打发时间的主要活动。^③

　　对近代寓居于租界的寓公的研究。清民鼎革，失势的皇室、贵族、遗老遗少、下野军阀、失意政客栖身租界，成为寓公的主要来源。《近代天津十大寓公》对寓居天津租界的著名寓公予以介绍，对他们所从事的活动给予了较公正的评价。^④ 苏全有等认为袁世凯在清末隐居期间经营实业，提倡社会公益事业，恢复与同僚旧友的联系，后其借辛亥革命复出，与其隐居期间的活动密不可分。^⑤ 王开林的《隐士》评议了近代几类典型知识分子的生存状况及最终命运^⑥，但是没有深入揭示"隐士"的含义。

　　对隐逸群体的心态研究。绝大多数士人心灵深处，都有一种对政治权力的亲和性、对统治阶层的依附性和对名利的竞逐性，即所谓"学而优则仕"。王德保的《仕与隐》认为在官本位形态下，仕与隐是永远萦绕于士人心中不可回避的选择，两者虽途径不同，但在实现"道"的理想上殊途同归。^⑦ 李红霞、张彩红的《论科举对唐代隐逸风尚兴盛的影响》认为唐代科举制度对整个士林心态、出处进退的人生选择，以及具有强烈现实指向性的隐逸风气形成，同样有着重要作用。^⑧ 朱雄的《从隐逸观念透视帝制中国知识与权力的关系》指出，隐士群体凸显了知识与权力之间的张力，尽管只是一种软性制

---

　　① 吴小龙：《适性任情的审美人生：隐逸文化与休闲》，云南人民出版社 2005 年版。

　　② 马华、陈正宏：《隐士生活探秘》，山东文艺出版社 1992 年版。

　　③ 王三山：《文人书趣》，武汉大学出版社 1994 年版。

　　④ 天津市政协文史资料委员会：《近代天津十大寓公》，天津人民出版社 1999 年版。

　　⑤ 苏全有、冉丽娜：《1909—1911 年间袁世凯归隐问题述评》，《周口师范学院学报》2008 年第 1 期，第 42－47 页。

　　⑥ 王开林：《隐士》，复旦大学出版社 2013 年版。

　　⑦ 王德保：《仕与隐》，华文出版社 1997 年版。

　　⑧ 李红霞、张彩红：《论科举对唐代隐逸风尚兴盛的影响》，《重庆工商大学学报》（社会科学版）2004 年第 2 期，第 99－102 页。

约，但有益于遏制王权的专制。① 孙适民、陈代湘认为古代士人"集体隐逸心理"的形成与"尚名节"有关，多半隐士对自我道德操守极端珍视本身就是一种重名守名的行为，是以自我为标准，以人的天赋本性为前提。② 许建平指出，弗洛伊德对面临困境的人们的心理学分析，与中国传统隐逸文化有异曲同工之妙，弗洛伊德认为面对"太艰难"带给人们痛苦、失望的生活，可以采取缓冲的措施，即"强而有力的转移"，可以使人们无视痛苦；"代替的满足"，可以减轻痛苦；"陶醉的方法"，可以"对痛苦迟钝、麻木"。③

近代以来，社会政治变革与文化转型同步进行，隐逸环境和文化生态发生剧变。何鸣指出，鸦片战争之后，中国进入一个文化意识、精神思想发生质的转变的特殊时期，原依附于中国传统文化的隐逸现象被爱国救亡的热潮掩盖，进入式微和衰亡期，但是隐逸精神是中国知识分子与生俱来的基因，即使新文化运动的斗士们也不能免此之"俗"。④ 曹金华认为，近代以来隐逸成为一种不合时宜的行为，隐士的存在以农耕社会为前提，而鸦片战争之后中国进入半殖民地半封建社会，和谐的农耕社会已经一去不复返，桃花源式的归隐之地也无迹可寻，中国再也找不到清净之地供人隐逸，那些"类似庄子的从形式到精神、从肉体到意识彻头彻尾的隐士，已经失去了存在的现实基础"⑤。

2. 隐逸思想的哲学渊源与理论基础

隐逸思想的来源，或称哲学基础，是隐逸文化研究者一直试图厘清的重要问题。乔清举认为《周易》已有隐逸思想的萌芽，《周易》的隐逸思想属于儒家性质。⑥ 李一鸣认为孔子隐逸观体现在"隐居以求其志，行义以达其道"⑦；孟子的隐逸观体现在"古之人，得志，泽加于民；不得志，修身见于

① 朱雄：《从隐逸观念透视帝制中国知识与权力的关系》，《武汉理工大学学报》（社会科学版）2013年第2期，第246–251页。
② 孙适民、陈代湘：《中国隐逸文化》，湖南出版社1997年版。
③ 许建平：《山情逸魂：中国隐士心态史》，东方出版社1999年版。
④ 何鸣：《遁世与逍遥：中国隐逸简史》，敦煌文艺出版社2006年版。
⑤ 曹金华：《吴地民风演变》，南京大学出版社1997年版。
⑥ 乔清举：《论归隐思想与〈周易〉中归隐思想的学派归属》，《周易研究》2007年第6期，第76–83页。
⑦ （春秋）孔丘：《论语》，中华书局2006年版。

世。穷则独善其身，达则兼善天下"①，进一步发展了孔子的隐逸思想。澳大利亚学者文青云的《岩穴之士：中国早期隐逸传统》认为，隐逸传统的主流属于儒家，孔子将先秦各家驳杂的隐逸思想系统化并赋予其成熟的政治意义，奠定了隐逸文化的基础。②

关于儒道两家隐逸思想对后世影响的问题，学界多认为道家的隐逸思想影响更大。霍建波认为与儒家相比，老子《道德经》所崇尚的顺应自然、不求作为的"无为"思想与隐逸思想密不可分，以老子、庄子为例，不但他们的学术思想与隐逸精神在本质上相通，他们的人生行为更典型地体现了隐士的风范，是真正的言行合一。③ 孙适民、陈代湘等认为，儒、道、释三家思想，对隐逸思想的形成和发展都有着直接的影响，其中尤以道家为最。④ 儒家思想居于传统文化的结构表层，佛、道思想居于结构深层，三者互为表里、相辅相成。李一鸣认为，隐逸精神的哲学思想是以"天人合一"为基础、以道家思想为核心、以儒家思想为基础、以佛禅思想为补充的隐逸理论综合发力的结果。⑤

隐逸思想随着社会环境的变化逐步发生嬗变，并在与社会现实的调适中出现不同的隐逸理论。唐代隐逸观念发生重要变化，白居易力倡"隐在留司官"的"中隐"理论，以其《中隐》诗为主要标志。董超认为白居易"中隐"思想的形成与其仕途经历联系密切，是他精明算计、交错取用儒道释资源，以实现自我利益最大化的结果。⑥ 曹金华认为"中隐"理论，更能精巧地平衡集权制度与士大夫相对独立的矛盾，并为维系士大夫相对独立而创造出可能的条件；而两宋时期，"中隐"理论被士人普遍接受，但仕隐关系已日趋糜乱，隐逸行为日渐虚伪。⑦ 陈宝良认为明代士大夫阶层更多选择"心隐"的方式，普遍存在一种归田心态和息隐意识，仕隐观念趋向多元化。⑧ 张德建

① （战国）孟轲：《孟子》，中华书局 2010 年版。
② ［澳］文青云：《岩穴之士：中国早期隐逸传统》，徐克谦译，山东画报出版社 2009 年版。
③ 霍建波：《先秦儒、道隐逸观略论》，《内蒙古社会科学》2005 年第 1 期，第 85 - 88 页。
④ 孙适民、陈代湘：《中国隐逸文化》，湖南出版社 1997 年版。
⑤ 李一鸣：《中国现代游记散文整体性研究》，山东人民出版社 2013 年版。
⑥ 董超：《论白居易"中隐"思想的形成》，《现代语文》（学术综合）2014 年第 10 期，第 14 - 16 页。
⑦ 曹金华：《吴地民风演变》，南京大学出版社 1997 年版。
⑧ 陈宝良：《明代士大夫的仕隐观念及其抉择》，《明清论丛》2014 年第 1 期，第 22 - 55 页。

认为明代中后期，以吴中地区士人为主体的"市隐"理论逐步形成；晚明心学流播达到高峰，混杂各种思想、奉行快乐主义的"通隐"理论在晚明影响甚巨。① 隐逸文化进一步走向世俗化和心隐化。

3. 隐逸文化的成果与影响

历代隐士群体所创造的隐逸文化，对我国文学、诗词、绘画、园林艺术、审美等领域都产生了重要影响。蒋星煜的《中国隐士与中国文化》特别阐述了隐士对中国绘画与诗歌领域的影响。② 李生龙的《隐士与中国古代文学》探讨了隐士与中国古代文学以及古代文化的关系，对隐士的文学创作、文学作品中的隐士形象进行分析。③ 孟庆茹的《试论先秦文学中的隐逸情结》认为先秦时期的隐逸思想已经在文学中有所体现，对后世社会思想和文学产生了深远影响。④ 陶东风、徐莉萍等将"隐逸"归结为中国古代文学史上的四大主题之一。⑤ 王吉龙认为，沈从文与汪曾祺师徒的小说都带有"桃花源"式的归隐情结，赞颂的都是回归自然的隐者气质以及向往田园牧歌式的隐者生活。⑥

（二）苏州隐逸文化研究

1. 江南文化与吴文化中的隐逸底蕴

学界对苏州隐逸文化的关注，散见于江南文化和吴文化研究的相关论著中。从20世纪80年代起，江南研究成为区域史研究的突出成就之一。刘士林等在《风泉清听：江南文化理论》中提出特色鲜明的江南文化理论，认为江南文化本质上是一种以"审美-艺术"为精神本质的诗性文化形态，江南文化名人是江南文化精神真实的承载者与践行者。⑦ 刘士林、查清华的《振衣千

---

① 张德建：《明代隐逸思想的变迁》，《中国文化研究》2007年第3期，第19-35页。
② 蒋星煜：《中国隐士与中国文化》，上海人民出版社2009年版。
③ 李生龙：《隐士与中国古代文学》，湖南教育出版社2003年版。
④ 孟庆茹：《试论先秦文学中的隐逸情结》，东北师范大学2004年硕士论文。
⑤ 陶东风、徐莉萍：《死亡·情爱·隐逸·思乡——中国文学四大主题》，杭州大学出版社1993年版。
⑥ 王吉龙：《"隐者"师徒归隐情结的终极对决——沈从文与汪曾祺归隐情结比较研究》，《伊犁师范学院学报》（社会科学版）2010年第4期，第71-75页。
⑦ 刘士林等：《风泉清听：江南文化理论》，上海人民出版社2010年版。

仞：江南文化名人》中介绍了诸多隐士、遗民、高人，并从诗性的视角理解
江南文化。① 上述论著对江南文化中蕴含的隐逸文化传统均有所涉及，而对吴
文化中的隐逸现象进行专题研究的论著，是曹金华《吴地民风演变》一著，
该书认为"从隐逸蹈虚到务实济世"是吴地士人价值观念嬗变的突出表现之
一，且此书详细梳理了吴地各个时期隐逸现象的发展与流变。②

　　明代是吴地"市隐"观念形成的重要时期，"市隐"是吴地隐逸文化研
究的热点。吴中地区的文人士子对"市隐"观念的形成起了重要的引领作用。
陈江在《退隐与抗愤——晚明江南士人的生存困境及其应对》中认为，文人
士子厌倦于宦海沉浮，向往退隐林下，追求艺术化的生活，同时又关心时事，
热衷公共事务，并为维护地方利益而抗争，这一现象貌似矛盾，实为互补。③
徐美洁认为，晚明时期陈继儒的"通隐"与屠隆的"仕隐"，都追求以个体
为中心的自适，把自己定位为依然承担着社会责任的隐者，并以此互相鼓
励。④ 蒋寅认为，越到近世，士人的隐逸观越排除消极遁世意味，即便是隐逸
者也不能放弃士人所固有的社会责任。⑤ 曹金华指出，隐逸文化在近代逐步走
向务实济世，与隐士们的避世观点格格不入，隐逸文化逐渐黯然失色。与此
同时，议政论世，忧国忧民，积极投身于科学事业，兴办实业，兴办教育成
为时代强音。⑥

　　2. 苏州山水、园林、古镇中的隐逸文化元素

　　苏州优越的自然地理环境和浓郁的宗教人文环境，为隐士们提供了隐逸
的基本平台。在研究苏州文化的文献中，都或多或少可以寻觅到隐士们的踪
迹，且隐逸者们的隐逸方式丰富。历代吴地隐士的资料，散见于方志中，如
《江南通志》《苏州府志》及各县志、乡镇志、人物志、园林志、山志、寺志
等。穹窿山和太湖水，成为孕育苏州隐逸文化不可或缺的土壤。从古至今对

---

　　① 刘士林、查清华等：《振衣千仞：江南文化名人》，上海人民出版社　2010 年版。

　　② 曹金华：《吴地民风演变》，南京大学出版社 1997 年版。

　　③ 陈江：《退隐与抗愤——晚明江南士人的生存困境及其应对》，《史林》2007 年第 4 期，第
99 - 108 页。

　　④ 徐美洁：《晚明江南文人隐逸风习的文化共性——以陈继儒与屠隆为例》，《学术界》2013 年
第 1 期，第 133 - 139 页。

　　⑤ 蒋寅：《陶渊明隐逸的精神史意义》，《求是学刊》2009 年第 5 期，第 89 - 97 页。

　　⑥ 曹金华：《吴地民风演变》，南京大学出版社 1997 年版。

穹窿山的研究层出不穷，北宋朱长文的《吴郡图经续记》，南宋周必大的《吴郡诸山录》、范成大的《吴郡志》等都对穹窿山有所记述。当代学者李嘉球《穹窿山名胜与名人》之《穹窿山与名人》，涉及诸多隐逸之士游览、歌咏穹窿山的情况。① 至于孙武是否归隐穹窿山的问题，苏州的一些文史研究者也进行过深入探讨。②

学者们对太湖流域隐逸风气亦有研究，如马亚中《太湖文脉》之《文学篇》部分，对吴地隐士诸如季札、张翰、陆龟蒙、范成大、高启等的文学成就予以介绍。③ 苏州现存诸多的古镇和古村，如同里、震泽、甪直，以及太湖东山、西山的古村落，历代曾有不少隐逸高人隐居。在对苏州人文旅游资源进行介绍和开发的文献中，即有不少隐逸之士的资料，在关于同里镇的相关著述中，尤其突出，如蒋晖的《隐逸同里》中有对退思园、倪瓒的论述。④

私家园林既是文人归隐的栖息地，又是隐逸文化的主要载体，其构思和建筑理念多蕴含隐逸气息。柯继承在《苏州园林趣谈》一书中对园林中蕴含的隐逸因素和仙佛意识进行了分析，并对园林部件及雕刻图案中隐喻的抽象隐逸意义进行了解读。⑤ 董贵山在《明代中晚期市隐诗与明代市隐心态》一文中认为，受政治因素和经济因素的影响，明代的士大夫已经非常世俗化，市隐诗也不是单纯地表现山水景观、归隐田园之作，而是他们市隐心态的充分体现，明代中晚期园林的兴建，则是市隐诗的创作源泉。⑥

3. 近代苏州主要隐逸人物研究

（1）李根源研究

李根源作为辛亥革命元老，在民国初年的军政界知名度较高。陆星《李根源传》"退隐吴门"一章，对李根源隐居苏州后的活动以及与章太炎的密切关系有较翔实的研究。⑦ 沈红娣《李根源与小王山》一著，对李根源居苏期

---

① 李嘉球：《穹窿山名胜与名人》，上海书店出版社 2015 年版。
② 张英霖等：《苏州穹窿山孙武隐居地问题的是与非》，中国文史出版社 2007 年版。
③ 马亚中：《太湖文脉》，古吴轩出版社 2004 年版。
④ 蒋晖：《隐逸同里》，江苏教育出版社 2003 年版。
⑤ 柯继承：《苏州园林趣谈》，文物出版社 1994 年版。
⑥ 董贵山：《明代中晚期市隐诗与明代市隐心态》，《吉林师范大学学报》（社会科学版）2013 年第 5 期，第 9 - 11 页。
⑦ 陆星：《李根源传》，中国文史出版社 1998 年版。

间的活动研究较为全面，对李根源何以选择归隐并隐居苏州山野间的"求解"分析深刻。① 另外，诸多文章，如《李根源与小王山》②《李根源在苏州》③等都对其在苏州的活动做了梳理。还有汤雄的《"山中宰相"李根源后传》④《李根源四送国殇》⑤ 重点关注李根源在抗日期间所从事的活动；张梓絮《李根源与苏州佛教探析》，对李根源与佛教结缘的过程进行梳理，并重点阐述其与大休上人、印光法师的交往。⑥ 总体而言，对李根源退隐苏州的动因及其家族隐逸基因等问题的研究仍需要深入探讨，他在苏州期间的著述如《松海》《哀挽录》《娱亲雅言》等亦有待于进一步整理。

（2）章太炎（炳麟）研究

1932 年秋，章太炎应友人金天羽（松岑）、陈衍、李根源等邀约来苏州讲学，1934 年秋由上海同孚路寓所迁入苏州新居，在苏州度过最后三年的讲学生活。《章太炎传》《章太炎大传》《章太炎外纪》《章太炎年谱长编》等传记类著作，关注更多的是其苏州讲学的内容与影响，对其晚年隐于苏州讲学的深层原因缺乏深入探讨。而小田《苏州史纪：近现代》中"小巷深处的国学重镇"一节，考述了俞樾讲学苏州及其与弟子章太炎之间的关系⑦，略可弥补这一缺憾。陈智为的《章太炎与苏州》对章太炎与苏州结缘的经过进行了梳理。⑧ 总体而言，相关研究对于章太炎后半生思想的转变、最终隐于学的思想动因以及与苏州士绅名流交游情况关注较少。

（3）何澄（亚农）研究

何澄，原名何厚悃，字亚农，生于山西灵石县两渡镇。《何澄》一著作者苏华、张济在何澄家族后人的帮助下，通过照片、书信、诗词画作等资料，对何澄一生做了深入全面的记述；⑨ 该著第十三章《在苏州安居兴业》部分，

---

① 沈红娣：《李根源与小王山》，古吴轩出版社 2011 年版。
② 金云良：《李根源与小王山》，《吴县文史资料》1985 年第 2 辑，第 121 页。
③ 沈伟东：《李根源在苏州》，《钟山风雨》2011 年第 4 期，第 25－29 页。
④ 汤雄：《"山中宰相"李根源后传》，《文史精华》2007 年第 6 期，第 42－48，1 页。
⑤ 汤雄：《李根源四送国殇》，《钟山风雨》2006 年第 3 期，第 17－18 页。
⑥ 张梓絮：《李根源与苏州佛教探析》，《西部学刊》2019 年第 7 期，第 45－50 页。
⑦ 小田：《苏州史纪：近现代》，苏州大学出版社 1999 年版。
⑧ 陈智为：《章太炎与苏州》，《档案与建设》2000 年第 9 期，第 51－52 页。
⑨ 苏华、张济：《何澄》，三晋出版社 2011 年版。

对其在苏州安居,修建灌木楼和两渡书屋,以及兴办实业、开办织布厂等活动记载完备,真实可信。《何澄诗文存稿》收录有何澄的"灌木楼集",其《论时局与粮食问题书》亦收入其中。① 苏王文主编的《南园春秋》中《灌木楼主何亚农》《灌木楼珍宝之谜》等文章,对何澄在苏州灌木楼的生活有记述②;康维艾《游苏州网师园 忆乡贤何亚农》一文对何澄于20世纪30年代回到苏州与网师园结缘的往事进行忆述,并介绍了其实业救国、教育救国之路,以及用益亚织布厂的收入资助学校的轶事。何澄家族后人曾把其收藏的文物捐赠于苏州博物馆,这通过《何澄及其子女捐赠文物精选集》可以窥知一二。③

(4)黄宗仰研究

沈潜对宗仰法师的研究用力最勤,《宗仰上人集》按时间顺序辑录了黄宗仰当年散见于清末民初各种报刊上的诗文,如实反映了他不同时期的思想趋向和主要活动。④《出世入世间:黄宗仰传论》全面客观地再现了黄宗仰独特的心路历程,着重剖析了他以出世精神做入世事业的矛盾纠结,及其对于清末民初佛学复兴思潮的影响。⑤ 另外,沈潜还编有《宗仰上人年谱简编》。⑥鉴于黄宗仰与孙中山、章太炎等人的密切关系,不少文献中有其与革命志士的交谊情况,如麻天祥《狱读瑜伽与转俗成真——黄宗仰对章太炎佛学研究的推助》⑦、沈潜《黄宗仰与孙中山交谊叙录》等。⑧

(5)印光法师研究

印光是民国时期著名高僧,也是近代典型的由显而隐的方外之士。1930至1936年掩关苏州报国寺,晚年移住苏州灵岩寺,兴建净土宗道场。《印光大师年谱长编》⑨等文献均涉及其晚年在苏州的活动,惜均未能深入挖掘印光

① 何澄:《何澄诗文存稿》,三晋出版社2017年版。

② 苏王文:《南园春秋》,新华出版社1994年版。

③ 苏州博物馆:《何澄及其子女捐赠文物精选集》,古吴轩出版社2013年版。

④ 沈潜、唐文权:《宗仰上人集》,华中师范大学出版社2000年版。

⑤ 沈潜:《出世入世间:黄宗仰传论》,上海人民出版社2008年版。

⑥ 沈潜:《宗仰上人年谱简编》,《吴中学刊》1995年第4期,第87-93页。

⑦ 麻天祥:《狱读瑜伽与转俗成真——黄宗仰对章太炎佛学研究的推助》,《长沙大学学报》2019年第3期,第78-81页。

⑧ 沈潜:《黄宗仰与孙中山交谊叙录》,《吴中学刊》1997年第2期,第56-60,69页。

⑨ 夏金华:《印光大师年谱长编》,台湾花木兰文化出版社2011年版。

法师执意归隐的缘由。孙勇才的《印光大师与苏州现代佛教》①、崇恩的《印光大师与近代净土宗的振兴》②对印光与苏州数次结缘的经历加以梳理，总结了其对净土宗及苏州现代佛教的贡献。

（6）隐逸文人研究

南社具有鲜明革命倾向与南方文化风格，吴文化与南社苏州诗人诗歌活动之间有着密切的关系。孙立新的《南社苏州诗人研究》，把南社的苏州诗人分为政治型（国家诗人）和学者型（灵界诗翁）两大类，前者的诗作更富有政治革命、干预现实的意蕴，较多地表现出积极浪漫的英雄主义精神，后者则更注重个人情性的自由表达，讲求诗作的纯艺术性。柳亚子、陈去病、叶楚伧、庞树柏等属于政治型诗人。③ 邱睿《南社诗人群体研究》之《地缘与亲缘》部分，述及柳亚子革命时与乡居生活时的模式和心态，惜其没有更深入研究柳亚子的归隐情结。陈衍作为有意疏离政治的纯粹文人，林东源《坚守在荒寒之路：陈衍评传》之《苏州晚岁》关注陈衍晚年在苏州的交游活动。④ 邓邦述作为近代知名藏书家，学界关注较多的是其在藏书、文献学、目录学方面的成就，如吴欣洁《邓邦述藏书书目研究》（台北大学硕士论文）对邓邦述的藏书书目进行了考证研究⑤，但整体而言，对其归隐苏州后的活动探讨较少。刘铁群《现代都市未成型时期的市民文学——〈礼拜六〉杂志研究》对《礼拜六》期刊的创作主体，即在上海以卖文为生的职业文人心系苏州的归隐、羡隐心态进行探讨⑥，有助于相关学者对鸳鸯蝴蝶派旅沪作家群体的苏州情结进行深入研究。

（三）海外学者的研究

日本学者的相关研究始于20世纪50年代，他们通常把隐逸问题作为文学史上一个特色，而不是作为其自身具有关注价值的课题来讨论。1952年，

---

① 孙勇才：《印光大师与苏州现代佛教》，《河南师范大学学报》（哲学社会科学版）2008年第5期，第7－10页。

② 崇恩：《印光大师与近代净土宗的振兴》，《法音》1998年第5期，第8－12页。

③ 孙立新：《南社苏州诗人研究》，苏州大学2009年博士论文。

④ 参见邱睿：《南社诗人群体研究》，苏州大学2010年博士论文。

⑤ 吴欣洁：《邓邦述藏书书目研究》，台北大学2011年硕士论文。

⑥ 刘铁群：《现代都市未成型时期的市民文学——〈礼拜六〉杂志研究》，中国社会科学出版社2008年版。

根本诚《专制社会中的抵抗精神：中国隐逸研究》，主要从整体上对隐逸问题进行广泛研究，但未能结合特定的时代和地域展开论述。此外，对隐士个案研究的论述，如富士正晴的《中国的隐者》讨论了几位早期隐士，① 以及石川忠久的《陶渊明的隐逸》②、神塚淑子的《沈约的隐逸思想》③、神乐冈昌俊的《抱朴子的遁世隐逸思想》④、村上嘉实的《隐逸》⑤ 等，整体而言研究深度有待挖掘。

有关隐逸文化的英文论著，主要有戴维斯（A. R. Davis）的《窄巷：传统中国社会隐士的若干考察》⑥、李祁的论文《中国文学中隐士概念的变迁》⑦，牟复礼（Frederick Mote）的《元代的儒家隐逸》⑧，杜维明的《理解刘因的儒家隐逸》⑨ 等，鲍吾刚（Richard Mather）、姜虎愚对中国的隐逸和基督教的隐逸进行了比较。⑩ 21 世纪以来，澳大利亚学者文青云的《岩穴之士：中国早期隐逸传统》⑪，对东汉末年以前的隐逸文化和隐逸思想进行了全面研究，认为中国隐士相对比较倾向于社会化，反映了他们寻求现实的世俗理想，该著对隐逸思想哲学渊源分析独到。上海沦陷期间，不同类型的知识分子采取了不同的反应模式，美国学者傅葆石的《灰色上海，1937—1945：中国文人的隐退、反抗与合作》一书，把王统照作为一种文人反抗日本的模式，对其隐

① ［日］富士正晴：《中国的隐者》，岩波书店 1973 年版。
② ［日］石川忠久：《陶渊明的隐逸》，《日本中国学会报》1965 年 17 期，第 92 - 106 页。
③ ［日］神塚淑子：《沈约的隐逸思想》，《日本中国学会报》1979 年 31 期，第 105 - 118 页。
④ ［日］神乐冈昌俊：《抱朴子的遁世隐逸思想》，《东方宗教》1980 年 6 期，第 51 - 69 页。
⑤ ［日］村上嘉实：《隐逸》，《史林》1956 年第 39 卷，第 21 - 39 页。
⑥ ［英］戴维斯：《窄巷：传统中国社会隐士的若干考察》（*The Narrow Lane：Some Observations on the Recluse in Traditional Chinese Society*），第十二次乔治·欧内斯特·莫里森文化人类学讲座（*The Twelfth George Ernest Morrison Lecture in Ethnology*），堪培拉：澳大利亚国立大学，1959 年。
⑦ ［美］李祁：《中国文学中隐士概念的变迁》，《哈佛亚洲研究杂志》1962—1963 年合订本，第 234 - 247 页。
⑧ ［美］牟复礼：《元代的儒家隐逸》（*Confucian Eremitism in the Yuan Period*），芮沃寿（F. Wright）主编：《儒家教派》（The Confucian Persuasion），斯坦福：斯坦福大学出版社 1960 年版，第 202 - 240 页。
⑨ ［美］杜维明：《理解刘因的儒家隐逸》（*Towards an Understanding of Liu Yin'S Confucian Eremitism*）。参见陈学霖、狄百瑞：《元代思想：蒙古统治下的中国思想》（*Yuan Thought：Chinese Thought and Religion Under the Mongols*），哥伦比亚大学出版社 1982 年版，第 233 - 277 页。
⑩ ［德］鲍吾刚、姜虎愚：《隐士的诱惑：三至四世纪中国和西方隐修的诸面向》，《魏晋南北朝隋唐史资料》2016 年第 2 期，第 183 - 216 页。
⑪ ［澳］文青云：《岩穴之士：中国早期隐逸传统》，徐克谦译，山东画报出版社 2009 年版。

逸思想及行为进行了分析。① 美国汉学家比尔·波特的《空谷幽兰》是一部现代中国的"寻隐之旅"，作者通过对 20 世纪八九十年代终南山等地中国现代隐士的亲身探访，认为隐士传统在中国不仅存在得很好，而且是中国社会很有活力的部分。②

　　通过上述学术史回顾可知，学界对隐逸文化的研究主要集中于中国古代隐逸文化的研究，对苏州隐逸文化的研究，则多呈现碎片化状态，通史性的专题研究付诸阙如。部分学者虽然注意到隐逸文化在近代面临的困惑与转型，却悲观地认为隐逸文化在近代被迫中断，这并不符合实际情况。就近代苏州而言，隐逸现象非但没有销声匿迹，反而与古代隐逸文化传统一脉相承，并有所发展，出现了隐逸文化的复兴。本书即以此为研究起点，在继承前贤研究成果的基础上，以近代苏州的各类隐逸群体作为研究对象，对其隐逸原因、居苏期间的生活日常、交游网络、所从事的主要活动等进行爬梳整理，以期揭示近代苏州隐逸文化的规律与特征，进而发掘隐逸文化的历史意义与当世价值。

---

　　① ［美］傅葆石：《灰色上海，1937—1945：中国文人的隐退、反抗与合作》，张霖译，生活·读书·新知三联书店 2012 年版。
　　② ［美］比尔·波特：《空谷幽兰》，明洁译，南海出版公司 2009 年版。

第一章　苏州隐逸文化传统的流变

　　苏州作为吴文化的发源地和中心，拥"三江五湖"之形胜，素有"江南之奥壤""财富之渊薮"之美誉。苏州，东部湖荡棋布，西部低山丘陵，诸峰与太湖连为一体。太湖七十二峰，历来为文人士子和名流高隐所垂青。袁宏道言及西洞庭山："杜圻传范蠡之宅，甪里有先生之村，龙洞筑易老之室，此幽隐之胜也。"① 不少外地游子亦慕名而来："吴中多名山水，百物殷盛，远方之士，好托迹焉，游习久而瘗埋于斯者往往有之。"② 鱼米之乡的富足安逸，造就了江南远游士人的莼鲈之思（"莼鲈"亦成为归隐的代名词）。黄省曾对苏州的隐逸之风有所记述："自甪里、披裘公、季札、范蠡辈前后洁身，历世不绝，时时有高隐者……自梁鸿由扶风，东方朔由厌次，梅福由寿春，戴逵由剡适吴，国人主之，爱礼包容，至今四方之人多流寓于此，虽编籍为诸生，亦无攻发之者。"③ 吴地的包容吸引了更多的隐士高人来此驻足，共同铸就了苏州灿烂悠久的隐逸文化。

---

① （明）杨循吉等著，陈其弟点校：《吴中小志丛刊》，广陵书社 2004 年版，第 280 页。
② （清）李光祚、顾诒禄等：《（乾隆）长洲县志》卷二十六《流寓》，江苏古籍出版社 1991 年版，第 1 页。
③ （明）黄省曾：《吴风录》，中华书局 1991 年版，第 2 页。

第一节　吴地隐逸文化的滥觞

"淏波滢九曲，十幅趁风微。雨嫩桃花岸，烟轻柳叶矶。吴头青楚楚，越尾绿依依。似与云相逐，常同水鸟飞"①，此番景致在江南并不罕见。在太湖南岸不足三里的江浙交界处，有一座蜿蜒小河围绕的小村：隐读村。在村名来历的诸多传说中，"村童助乾隆破棋局"说，更符合隐读村的环境。② 吴头越尾，吴越交汇孕育出隐读村的独特文化，既有吴"泰伯辞让之遗风"，又具越"夏禹勤俭之余习"。兼顾吴越文化积极进取、开放包容的优势，又突显耕读传家、隐逸脱俗的独特魅力，较好地体现了吴文化中大传统与小传统的关系。③

一、勾吴时期

吴地的隐逸传统与吴文化同源，始于泰伯让王。泰伯既是吴国开国之君，又是吴地首位隐者。据《史记·周本纪》："长子太伯、虞仲知古公欲立季历以传昌，乃二人亡如荆蛮，文身断发，以让季历。"④ "泰伯之奔荆蛮，自号勾吴，荆蛮义之从而归者千余家，其后季札亦贤而让国，故吴中之士彬彬礼让，泰伯实开风气之始。"⑤ 昆仲二人为了避让王位，断发文身，逃于荆蛮，后人予以充分认可和颂扬，孔子云："泰伯，其可谓至德也已矣。三以天下

---

① （清）孙阳顾、曹吴霞：《儒林六都志》，江苏古籍出版社 1992 年版，第 13 页。

② 相传乾隆下江南时，路过此村，看见两老者在树下下棋，自以为棋艺不错的乾隆与胜者对弈，半日不分胜负，陷入僵局。乾隆想快些取胜，但没有高招，此时，从树上传来一孩童声音，说出关键的一步，乾隆惊问其从哪里学来的棋艺，儿童回答说，是随手从家里的书上翻来的，说明小村里隐居着读书的高人。参见俞前：《时光里的温馨与惆怅：吴江古村落寻访》，上海文艺出版社 2008 年版。

③ 此处借用"大传统"与"小传统"的概念，与雷德菲尔德以及众多研究者所说的含义有所不同。"大传统"指吴文化的主流，以时尚、外向、包容、进取为特征；"小传统"特指吴地的隐逸文化，以内敛、隐逸、休闲为特征，属于吴文化中的非主流。

④ （汉）司马迁：《史记》卷四《本纪·周本纪（第四）》，中国社会科学出版社 2021 年版，第 273 页。

⑤ 曹允源、李根源等：《（民国）吴县志·卷五十二·风俗》，江苏古籍出版社 1991 年版，第 8 页。

让，民无得而称焉。"① 李白曾称颂："泰伯让天下，仲雍扬波涛。清风荡万古，迹与星辰高。"② 自泰伯、虞仲始，吴地隐逸之风绵绵不绝。在隐逸文化的滥觞期，吴地的隐逸者主要是王室贵族，他们为逃避王位继承问题，而远离国都或政治中心，这是后世隐士阶层与政治、政权之间复杂关系的天然基因。

泰伯避地江南，建立勾吴国，开始艰难的开发建设。吴王寿梦时期，同样遇到棘手的王位继承问题，这次的主角季札，其让位的坚决程度与泰伯相比，有过之而无不及。江阴市申港浦季札墓旁矗立了"呜呼有吴延陵季子之墓"十字碑，据说此为孔子书写的唯一的墓碑。③ 季子就是季札，为吴王寿梦的第四子。梦寿之后的王位继承问题，一直困扰着季札。虽然寿梦、诸樊煞费苦心，把父传子受改为兄终弟及，但是季札始终以"子臧之义"律己，坚持"四让国而不受"。阖闾继位之后，季札终身不入吴国，后被封为"延陵季子"④，延陵即现在的常州。司马迁曾感慨："延陵季子之仁心，慕义无穷，见微而知清浊。呜呼，又何其闳览博物君子也！"⑤ 泰伯三以天下让，季札四以让国，两者均为避让王位而远离政治纷争，不仅奠定了吴文化中的仁义风范，也成为早期吴地隐逸文化的基本特点。

吴越争霸时期，吴地的隐逸之风由继承王位而逃离避让，转为在保国卫主战争胜利后或隐于深山，或退隐江湖。吴越争霸成就了几位霸主和一批忠臣良将，也为吴地造就了几位隐士。孙武即为其中之一，据《吴越春秋》："孙子者，名武，吴人也。善为兵法，僻隐深居，世人莫知其能。胥乃明知鉴辩，知孙子可以折冲销敌。乃一旦与吴王论兵，七荐孙子。"⑥ 吴王阖闾元年，伍子胥奉命请孙武出山练兵，拜孙武为将军，在两人的辅佐下，吴国的内政

---

① 张燕婴译注：《论语·泰伯（第八）》，中华书局 2006 年版，第 105 页。
② （唐）李白：《叙旧赠江阳宰陆调》。参见侯立文：《太白集注》，敦煌文艺出版社 2018 年版，第 141 页。
③ 张长麟：《初论吴季札》。参见苏州市传统文化研究会编：《传统文化研究第 18 辑》，群言出版社 2011 年版，第 42 - 50 页。
④ （汉）赵晔：《吴越春秋》卷二《吴王寿梦传》，齐鲁书社 2000 年版，第 7 页。
⑤ （汉）司马迁：《史记》卷三十一《吴太伯世家》，中国社会科学出版社 2021 年版，第 3185 页。
⑥ （汉）赵晔：《吴越春秋》卷四《阖闾内传》，齐鲁书社 2000 年版，第 25 页。

和军事都大有起色。吴国"西破强楚，入郢，北威齐晋，显名诸侯，孙子与有力焉"①。但是，关于孙武后半生的资料却很缺乏，《吴越春秋·阖闾内传》和《吴越春秋·夫差内传》均没有提及孙武的最终去处。学界普遍认为，孙武功成名就后辞官归隐，终老吴地，《越绝书》中有"巫门外大冢，吴王客、齐孙武冢也"②的记载（在今苏州市相城区元和镇）。1998 年 10 月 7 日，《苏州日报》刊发《孙武隐居地谜团揭开》的新闻，首次向世人披露，经苏州市孙武子研究会多年寻访考证认定：苏州西部穹窿山茅蓬坞就是当年孙武隐居地，即《孙子兵法》诞生处。李嘉球《穹窿山名胜与名人》中《孙武子与穹窿山》一篇，探讨了孙武的最终归隐地问题，并佐以多种证据，以证明孙武的确终老穹窿。③但是，亦有学者认为，翻遍古史籍和苏州志书，未有孙武隐居地的记载，文献证据不足，孙武不可能归隐穹窿山。④

在灭吴战争中立过大功的范蠡亦选择了退隐，主要有两个方面的原因：其一，吴国劳苦功高、忠心谏言的伍子胥被赐死，对范蠡有很大的触动；其二，范蠡善于观相，他看越王"长颈鸟喙，鹰视狼步"，不是善人明主，不能共富贵。在一雪会稽之耻后，范蠡喟然叹曰"计然之策七，越用其五而得意。既已施于国，吾欲用之家"⑤，于是，乘扁舟浮于江湖，变名易姓，适齐为鸱夷子皮，即为陶朱公。范蠡从商，"十九年之中三致千金，再分散与贫交疏昆弟。此所谓富好行其德者也"⑥，成为隐于商的典范。据《国语·越语》，范蠡"乘轻舟以浮于五湖，莫知其所终极"⑦。范蠡泛舟五湖的出发地就在苏州，五湖即为太湖，其地至今还留有蠡墅、蠡口等遗迹，"扁舟五湖"成为象征归隐意识的主要意象。

① （汉）司马迁著，吴树平校注：《史记》卷六十五《孙子吴起列传（第五）》，中国社会科学出版社 2021 年版，第 4836 页。

② （汉）袁康、吴平：《越绝书》，上海古籍出版社 1985 年版，第 13 页。

③ 李嘉球：《穹窿山名胜与名人》，上海书店出版社 2015 年版，第 82 页。

④ 张英霖等：《苏州穹窿山孙武隐居地问题的是与非》，中国文史出版社 2007 年版，第 181 页。

⑤ （汉）司马迁：《史记》卷一百二十九《货殖列传（第六十九）》，中国社会科学出版社 2021 年版，第 7695 页。

⑥ （汉）司马迁：《史记》卷一百二十九《货殖列传（第六十九）》，中国社会科学出版社 2021 年版，第 7696 页。

⑦ 陈桐生译注：《国语》，中华书局 2013 年版，第 734 页。

二、秦汉时期

秦汉时期，隐逸现象较前期复杂，出现了著名的隐士集团"商山四皓"，四皓之一就是吴地的角里先生周术。秦王嬴政当政期间，大儒东园公唐秉、夏黄公崔广、绮里季吴实和角里先生周术，因不满暴政，逃离咸阳，隐于上洛商山，是为"商山四皓"，又称"南山四皓"。刘邦建国之初，曾请四皓出山，四皓拒不从命。后刘邦欲废太子盈，吕后求助于张良，张良便推荐商山四皓，刘盈派高车驷马"卑辞厚礼"迎接四皓出山。四皓助其继位后，谢绝封赏，重回商山，直至寿终。据《东吴名贤记》"角里先生周术，先生讳术，字元道，泰伯之后也。居震泽西山，号角里先生，避秦暴，不事王侯。与东园公，绮里季，夏黄公四人同志，并隐商山……四人者皆庞眉白发，故世称四皓"① 可知，角里先生作为泰伯后裔，具有隐逸的家族基因。"莫莫高山，深谷逶迤。晔晔紫芝，可以疗饥。唐虞世远，吾将何归？驷马高盖，其忧甚大。富贵之畏人兮，不如贫贱之肆志。"② 反映了他们反抗暴政，忧于国事的心声。

《汉书》中有关四皓事迹的记载多达十余处，皆予以极高评价，后世亦多褒扬他们隐显有度，适时进退，四皓成为关心政治但又淡泊名利的典范。南怀瑾先生认为："凡在拨乱反正的阶段，或建国创业的时期，身为中国文化幕后的'隐士'们道家的人物，就见危受命，挺身而出，代表一般山林在野的志士们的精神，辅翼命世之主而创造新的时代和历史。到了治平的时期，便又默默无闻，把成果与责任，付之自命为儒生们的手里了。"③ 商山四皓的作为，充分显示了中国政治史上特有的情形，说明了隐士群体与政治之间的微妙关系。

西汉末年，隐居吴门的龙丘苌，则以考验当政者的诚意作为出仕标准，引起郡中贤士大夫们的影从效仿。据《东吴名贤记》载："公讳苌隐居吴门，志不降辱，乐府有龙丘引，因慕公德而吟也，时任延为会稽都尉，聘请高行

---

① （明）周复俊：《东吴名贤记》卷上，鹭江出版社 2004 年版，第 8 页。
② （清）沈德潜选编：《古诗源》，哈尔滨出版社 2011 年版，第 37 页。
③ 南怀瑾：《南怀瑾选集》，复旦大学出版社 2003 年版，第 133 页。

董子仪、严子陵，陵者新野人，梅福婿也，与福同隐会稽，故与苌并敬，待以师友之礼，椽史白请召苌，延曰龙丘先生躬德履义，有原宪、伯夷之节，都尉洒扫其门犹惧辱焉，召之不可，遣功曹奉谒，修书记，致医药，吏使相望于道，积一岁，苌乃诣府门受备录，是以郡中贤士大夫争往官焉。"[1] 龙丘苌曾多次辞谢王莽委任官职，后任延任会稽都尉，礼聘丘苌，历经一年的考验最终应召，致使郡中贤士大夫争相入仕，名人效应初显，统治者举贤聘逸的策略初见成效，不过龙丘苌因此也有沽名钓誉之嫌。

东汉时期，梁鸿与孟光成为世人钦羡的夫妻偕隐的典范。孟光经过梁鸿能否随其隐逸的考验后，才得以嫁给梁鸿，并相互警醒，坚持隐者的操守。夫妇二人从陕西扶风，边游边隐，最后定居于苏州城内的皋桥头，举案齐眉，琴瑟和谐。梁鸿崇拜季札，从齐鲁至吴地时，曾有"过季札兮延陵，求鲁连兮海隅"[2] 之句，据《吴郡图经续记》："（梁鸿）疾且困，告主人曰：'昔延陵季子葬子于嬴博之间，慎勿令我子持丧归去。'及卒，伯通葬于吴要离冢旁。咸曰：'要离烈士，而伯鸾清高，可令相近。'葬毕，妻子归扶风……今阊门南城内有古冢二，相传为要离、梁鸿墓。"[3] 梁鸿不归葬故土，并效仿季札终生不入吴地的做法，不远千里最终隐于苏州，是渊源有自和精神寄托之所在。

第二节　苏州隐逸文化的发展

一、魏晋六朝时期

魏晋六朝是隐逸文化发展的重要时期，吴地的隐逸文化形态亦发展到一个新阶段。是时，中原战乱，大批士人举族南迁，玄风南渡，江南被"高门放诞之士"的风气浸染。随着与中原文化的进一步交流融合，吴地文化注入

---

① （明）周复俊：《东吴名贤记》卷上，鹭江出版社2004年版，第9页。
② （南朝）范晔：《后汉书》卷八十三《列传·逸民列传（第七十三）》，中华书局2000年版，第1869页。
③ （北宋）朱长文：《吴郡图经续记》卷下，中华书局1985年版，第5页。

新的活力。加之佛教的传入,佛教中某些观念与隐逸精神的某些特质相吻合,隐逸文化又融入新元素形成新特点,逐步走向繁荣和张扬期。这一时期,吴地出现一批特立独行、兼具名士风度的隐士群体。其中张翰使吴地的隐逸文化变得丰富多彩,他的归隐更显洒脱和率性,颇具名士之风:

> 张翰,字季鹰,吴郡吴人也。父俨,吴大鸿胪。翰有清才,善属文,而纵任不拘,时人号为"江东步兵"。会稽贺循赴命入洛,经吴阊门,于船中弹琴。翰初不相识,乃就循言谭,便大相钦悦。问循,知其入洛,翰曰:"吾亦有事北京。"便同载即去,而不告家人。齐王冏辟为大司马东曹掾。同时执权,翰谓同郡顾荣曰:"天下纷纷,祸难未已。夫有四海之名者,求退良难。吾本山林间人,无望于时。子善以明防前,以智虑后。"荣执其手,怆然曰:"吾亦与子采南山蕨,饮三江水耳。"翰因见秋风起,乃思吴中菰菜、莼羹、鲈鱼脍,曰:"人生贵得适志,何能羁宦数千里以要名爵乎!"遂命驾而归。著《首丘赋》,文多不载。俄而冏败,人皆谓之见机①。

张翰与贺循素不相识,但听到他的琴声后,二人把酒言欢,并率性同去洛阳求职。后来意识到自己本山林中人,无望于时,秋风乍起,忽起莼鲈之思,"秋风起兮木叶飞,吴江水兮鲈鱼肥。三千里兮家未归,恨难禁兮仰天悲"②,遂东归故乡吴中,终老于家。张翰世居周庄南湖,南湖与吴江交界,原名张矢鱼湖,应该是其捕鱼之地。他所钟爱的"菰菜莼羹"亦成为思乡归隐的意象。苏州地方史志中有关张翰的记载达百余条,并被列入明成化初年吴郡设立的乡贤祠。

此期父子、兄弟偕隐之隐逸世家的出现,是颇值得注意的一个现象。戴氏兄弟、何氏三高,以及以陶潜为代表的绵延数世的陶氏家族,隐逸基因在这些文化家族内部强有力地传承与赓续。南朝刘宋年间,会稽出现父子兄弟皆为高蹈隐逸的戴氏家族。《南史》云:戴勃、戴颙兄弟"并受琴于父,父没,所传之声不忍复奏,各造新弄……并传于世。中书令王绥尝携客造之,

---

① (唐)房玄龄:《晋书》卷九十二《列传·文苑列传(第六十二)》,中华书局1999年版,第1591页。

② 余冠英选注:《汉魏六朝诗选》,中华书局2012年版,第273页。

勃等方进豆粥，绥曰：'闻卿善琴，试欲一听。'不答，绥恨而去。"① 戴勃病故后，戴颙为养疾而出居吴下，"士人共为筑室，聚石引水，植林开涧，少时繁密，有若自然……三吴将守及郡内衣冠要其同游野泽，堪行便往，不为矫介"，受到吴地士人拥戴。

齐梁年间，何胤、何求、何点三兄弟，隐于虎丘山，被誉为"何氏三高"。《南史》云："胤以会稽山多灵异，往游焉，居若邪山云门寺。初，胤二兄求、点并栖遁，求先卒，至是胤又隐……兄弟发迹虽异，克终皆隐，世谓何氏三高。"② 清吴伟业曾有诗云："何氏三高推小隐，一门群从重中郎。"③时人称何点为"通隐"，何胤为"小隐"，士大夫多仰慕追随他们。戴氏与何氏世家，是隐士与名士风范的典型结合，代表了魏晋时期隐逸文化的特色。

魏晋以前，士人的"仕""隐"观念有别，或仕于朝廷，或隐于林泉，成为无法调和的政治抉择。魏晋时期，"仕"与"隐"之间的关系逐步调整。西晋政权建立后，为适应新政治形势，"朝隐"成为士人群体的处世哲学与生活方式。王弼的"得意忘象"说，对士林推崇的名士风度影响巨大，成为此期隐逸文化的主要理论基础。隐逸开始注重精神上的超然无我，并不在乎行迹何处，只要能做到冥我两忘，身处庙堂，犹如遁迹山林，遂逐步调适和统一了"隐"与"仕"的关系，"心隐"理论初步形成。

魏晋时期，社会动荡不安，人们在寻找心灵的归宿之际，佛教思想及时加入，在士大夫阶层中产生了重大影响。佛教的出世精神同隐逸思想十分相近，因此不少隐士信奉佛教，托事佛门。率性而隐的名士与丛林中的方外之士相呼应，出现僧人名士化和名士僧人化的现象。④ 高僧支遁最为典型。支遁别号支硎，幼年时期流寓江南，有《圣不辩之论》《道行旨归》《学道戒》《即色游玄论》等著，提出"即色本空"的思想，成为般若学即色宗的代表人物。他又精通老庄之说，对《庄子》有独到见解。后来支遁到吴地建立支山寺，并在吴郡西部的华山、天池山开辟道场，为佛教在社会上层的传播作

---

① （唐）李延寿：《南史》卷七十五《列传·隐逸传（第六十五）》，中华书局 2000 年版，第1246 页。

② （唐）李延寿：《南史》卷三十《列传·何尚之传（第二十）》，中华书局 2000 年版，第508 页。

③ （清）吴伟业撰，程穆衡选注：《吴梅村诗集笺注》，世界书局 1936 年版，第 156 页。

④ 杨恒：《〈世说新语〉所涉僧人、名士交游研究》，青海师范大学 2009 年硕士论文，第 26 页。

出贡献。吴郡西部的白马涧、支津、支硎山都与他在此隐居有关。高僧和名士的交游与清谈，使丛林少了些许清修的寂寞，多了几分智慧空灵，佛学的法相庄严与玄学的蹈空清雅交相辉映，吴地隐逸文化的内涵日渐丰韵饱满。

二、唐朝时期

唐朝统治者把隐逸作为"励激浮躁，敦厚风俗"的手段，制定了高隐制举制度。制举制始于汉文帝诏举贤良方正，在各地推荐人才之后，皇帝亲自策问。至唐代，以制举和科举两种方式分别网罗人才。科举试经文词赋重在文艺，制举试策问重在德行智能。由于制举可以立致显仕，所以对人才颇有吸引力。有唐一代，科举选官制盛行，隐居与读书相结合，或应时出世，或待价而沽，被视为完美的处世方式。例如，卢藏用获得官职的"终南捷径"最为典型，"卢藏用始隐于终南山，中宗朝累居要职。有道士司马承祯者，睿宗遣至京，将还。藏用指终南山谓之曰：'此中大有佳处，何必在远？'承祯徐答曰：'以仆所观，乃仕宦捷径耳。'"① 隐逸的动机渐趋功利，隐逸精神的内核出现裂变，隐逸逐渐走向异化。

唐高宗年间，史德义隐于虎丘，借隐居读书博得高名，后被举荐辟用。"咸亨初，隐居武丘山，以琴书自适。或骑牛带瓢，出入郊郭廛市，号为逸人。高宗闻其名，召赴洛阳，寻称疾归。"② 公卿名流皆赋诗饯别，声动朝野。武则天当政之后，周兴推荐史德义征召入京，任朝散大夫。后来周兴失势，史德义受株连被免职，仍然归隐于丘壑，但声誉已经稍逊于前。由于晚节不保而被世人看轻，史德义亦是"终南捷径"的践行者。

以白居易《中隐》诗为主要标志的"中隐"理论，力倡"隐在留司官"，更精巧地平衡了集权制度与士大夫相对独立的矛盾，并为维系士大夫相对独立而创造出可能的条件。《中隐》："似出复似处，非忙亦非闲。不劳心与力，又免饥与寒。终岁无公事，随月有俸钱……人生处一世，其道难两全。贱即苦冻馁，贵则多忧患。唯此中隐士，致身吉且安。穷通与丰约，正在四者间。""中隐"思想在当时士大夫中影响甚大。

---

① （唐）刘肃撰，许德楠、李鼎霞点校：《大唐新语》卷十，中华书局1984年版，第158页。
② （清）顾湄重修：《虎丘山志·人物》，康熙怀嵩堂刻本，第5页。

陆龟蒙则由于科举考试不第，终生隐于农。陆龟蒙（？—约881），字鲁望，人称甫里先生，与皮日休为友，世称"皮陆"。曾为湖州刺史幕僚，后隐居松江甫里。置园顾渚山下，不与流俗交接，常乘船设蓬席，备束书、茶、笔、勺具，任游于江湖之间，自号江湖散人。陆龟蒙"有池数亩，有屋三十楹，有田奇十万步，有牛不减四十蹄，有耕夫百余指，而田污下，暑雨一昼夜则与江通，无别己田他田也"①。陆龟蒙的隐居生活与白居易所描述的"中隐"生活状态相比，颇显寒酸。他虽有地租收入，但生活并不富裕，"苦为饥寒累，未得恣闲畅"②。陆龟蒙隐居心态复杂，其诗文中常流露出隐居的无奈，如"横截春流架断虹，凭栏犹思五噫风。今来未必非梁孟，却是无人断伯通"③，"武皇徒有飘飘思，谁问山中宰相名"④，均透露出无人赏识的忧愤之情。与方外友的唱和又表明了待招的心迹："莫言洞府能招隐，会辗飙轮见玉皇。"间或有"薄俸虽休入，明霞自足餐。暗霜松粒赤，疏雨草堂寒。又凿中峰石，重修醮月坛"的洒脱，亦有"还须待致升平了，即往扁舟放五湖"的豁达与超然。其《耒耜经》《渔具诗》《樵人十咏》等诗作，反映出农耕社会隐士的生活状态。

三、两宋时期

北宋时期，一些被免职的文人官吏流落苏州，并寓居于此。苏舜钦（1008—1048），字子美，开封人。他积极参与政治革新，庆历新政被废后，苏舜钦被劾，流寓江南。其认为"吴中渚茶野酝足以销忧，莼鲈稻蟹足以适口。又多高僧隐君子，佛庙胜绝，家有园林，珍花奇石，曲池高台，鱼鸟留连，不觉日暮，遂终此不去"⑤。苏舜钦以四万贯钱买旧时废园一所，傍水造亭，因感于屈原"沧浪之水清兮，可以濯吾缨；沧浪之水浊兮，可以濯吾足"⑥，取名为沧浪亭，自号沧浪翁，并作《沧浪亭记》。欧阳修应邀作长诗

---

①　吴国良：《吴江历史人物碑传集》，苏州大学出版社2019年版，第3页。

②　赵晴湖：《陆龟蒙·皮日休诗全集》，海南出版社1992年版，第103页。

③　赵晴湖：《陆龟蒙·皮日休诗全集》，海南出版社1992年版，第33、73页。

④　赵晴湖：《陆龟蒙·皮日休诗全集》，海南出版社1992年版，第33、73页。

⑤　（明）杨循吉著，陈其弟点校：《吴中小志丛刊》，广陵书社2004年版，第4页。

⑥　（楚）屈原：《楚辞》，岳麓书社2019年版，第235页。

《沧浪亭》，以"清风明月本无价，可惜只卖四万钱"题咏此事，沧浪亭声名大振。沧浪亭成为后世文人隐居的主要意象，也开启了苏州文人私家园林的端绪。

战乱纷扰的两宋之交，吴地迎来一批文武之士。以文臣李弥大、范成大和抗金名将韩世忠为代表。李弥大（1080—1140），字似矩，号无碍居士，吴县人，与其胞兄李弥逊均为朝廷高官。金兵进犯中原，李氏昆仲作为积极的主战派，备受主和派排挤，李弥大只好致仕归乡，遂于林屋洞西麓建易老堂，筑道隐园以隐居。《无碍居士自撰道隐园记》表明其心迹："盖隐于道者，非身隐，其道隐也。"① 看似毫无怨言，然"少尝为儒，言迂而行踬，仕不合而去"，透出"无道则隐"的无奈。岳飞被冤杀之后，韩世忠亦被罢黜兵权来到吴地，其经常到灵岩山烧香拜佛，后在宁邦寺削发为僧，在山下建希夷观。他的部下亦多隐居穹窿山，韩世忠常去看望，穹窿山的"邀月台"，就是他们当年留下的遗迹。②

第三节　苏州隐逸文化的异变

一、元末明初

元末明初，苏州的隐逸文化生态遭到破坏，隐逸现象出现重要变化。张士诚据吴时期，网罗不少吴中文人，他们的生活态度和个性发展仍有一定空间。朱元璋削平张氏政权后，对这批文人深为厌恶，对于隐逸不出者，视为"不为君用"的异己，曾下诏："寰中士大夫不为君用，是自外其教者，诛其身而没其家，不为之过。"③ 朱元璋对吴地文人进行整顿，从洪武元年至十四年（1368—1381），曾有七次大规模的征召，士人"轻则充军，重则刑戮，善

---

① （清）王维德、侯鹏点校，《林屋民风》，上海古籍出版社 2018 年版，第 143 页。
② （明）牛若麟、王焕如：《崇祯吴县志》卷二十五《僧坊（二）》，上海古籍书店 1990 年版，第 85 页。
③ 张德信、毛佩琦：《洪武御制全书》，黄山书社 1995 年版，第 860 页。

终者十二三耳"①，使相对完整稳定的吴文化场域遭受严重破坏。金粟道人顾瑛即为一例，其父顾伯寿在元代就隐居不仕，顾瑛亦无意仕途，张士诚曾经征召，瑛即削发庐墓，自号金粟道人，力辞不就。朱元璋平吴之后，顾瑛父子被迫移徙濠梁（今安徽凤阳），最终客死于此。

高启在张士诚据吴时期，隐居在吴淞江的青丘，洪武初年（1368），被召修《元史》，授翰林编修，次年被授予户部侍郎。"启力辞，上应允，赐白金放还"②。高启曾描述其意欲归隐的心态："苦寒如此岂宜客？嗟我岁晚飘羁魂。寻常在舍信可乐，床头每有松醪存。山中炭贱地炉暖，儿女环坐忘卑尊。鸟飞亦断况来友，十日不敢开衡门……书生只解弄口颊，无力可报朝廷恩。不如早上乞身疏，一蓑归钓江南村。"③ 其《甪里村》："我来甪里村，如入商颜山。紫芝日已老，鸿鹄何时还？斯人神仙徒，千载形不灭。犹想苍岩中，白头卧松雪。"④ 对四皓给予充分褒扬。洪武三年（1370），高启的隐逸理想最终实现，但并未改变命运，洪武七年（1374），因受苏州知府魏观一案牵连高启被腰斩，"吴中四杰"无一善终，"北郭十子"也都没有好下场⑤。在残酷的政治现实面前，士子们最本能的反应是退隐山林，故隐逸之风再度兴起。

二、明中晚期

成化至嘉靖的近百年间，吴中文化世族再次崛起，成为市隐观念践行的主要承衍载体，以吴县"袁氏六俊"、长洲"四皇甫"及沈周家族等为主要代表，吴中士人逐渐摸索出一条足以调适多种矛盾的隐逸路线，即"市隐"。突破隐逸必须"灭迹城市"的局限，认为只要"心"能自持，"迹"可不拘，故可亦仕亦隐、心隐身不隐、无处不可隐、无事不可借以隐，因此仕、隐足以两栖。他们远绍魏晋时期隐逸的余绪，"心隐"之风再次兴起；他们寄情于精神上的世外桃源，追求悠闲适意、艺术化的生活情趣。

---

① （明）陆容：《菽园杂记》卷二，中华书局1985年版，第16页。
② （清）李铭皖、谭钧培修，冯桂芬纂：《同治苏州府志》卷五十五《人物（九）》，江苏古籍出版社1991年版，第28页。
③ （清）金檀辑注，徐澄宇、沈北宗校点：《高青丘集》，上海古籍出版社2013年版，第413页。
④ （清）金檀辑注，徐澄宇、沈北宗校点：《高青丘集》，上海古籍出版社2013年版，第195页。
⑤ 吴中四杰：高启、杨基、张羽、徐贲。一般认为，北郭十子包括：高启、杨基、张羽、徐贲、余尧臣、王行、宋克、吕敏、陈则、释递衍。

明代中晚期以来，整个知识阶层，追求闲适快意和自我愉悦的自适理论甚为流行，隐逸思想出现了积极适世的重大变化。李贽亦认可"士贵为己，务自适。如不自适而适人之适，虽伯夷、叔齐同为淫癖；不知为己，惟务为人，虽尧、舜同为尘垢秕糠"①，毫不掩饰追求自适快活的人生目的。袁宏道提出的"五大快活"，更是对自适理论的具体演绎。② 随着自我意识的觉醒，他们逐步突破各种精神藩篱，追求诗意的生活，优游于世间，充分享受人生的快意。冯保善认为，他们属于新时期里的另一种隐逸，是一种"心隐"于自然，隐于人生享乐中的特别族类③，陈继儒是主要代表。

陈继儒（1558—1639），字仲醇，号眉公、麋公，松江府华亭人（今上海市松江区），博学多通，深得当时名流器重。二十几岁时，"取儒衣冠焚弃之，隐居昆山之阳"，绝意科举，杜门著述。《明史》将陈继儒归入"隐逸"之列，但他的隐逸方式已有很大不同，行迹不再山居野处，生活也不再是躬耕自给。他曾明确声称："古隐者多躬耕，余筋骨薄，一不能；多弋钓，余禁杀，二不能；多有二顷田，八百桑，余贫瘠，三不能；多酌水带索，余不耐苦饥，四不能。乃可能者，唯嘿处、淡饭、著述而已。"④ 同时对隐居生活也进行了变通："吾山无薇蕨，然梅花可以点汤，蒼蔔、玉兰可以蘸面，牡丹可以煎酥，玫瑰、蔷薇、茱萸可以酿酱，枸杞、蒌葱、紫荆、藤花可以佐馔，其余豆荚、瓜蓏、菜苗、松粉又可以补笋脯之阙，此山癯食谱也。"⑤ 钱谦益称其"声华浮动，享高名、食清福，古称通隐，庶几近之"⑥。

陈继儒曾自称"清懒居士"，他博学多识，但绝意仕进，身为布衣，但生活优裕，既无俗务缠身又无案牍劳形，流连山水而不息影山林，名动朝野，不屑科举功名，却不避讳以文章谋求经济利益，难怪蒋士铨斥其为"装点山林大架子，附庸风雅小名家。终南捷径无心走，处士虚声尽力夸。獭祭诗书

① （明）李贽：《答周二鲁》。参见夏剑钦校点：《焚书·续焚书》，岳麓书社1990年版，第259页。
② 熊礼汇选注：《袁中郎小品》，文化艺术出版社1996年版，第6页。
③ 冯保善：《青峰遮不住的寂寞与徘徊》，上海音乐学院出版社2013年版，第22页。
④ 胡绍棠选注：《陈眉公小品》，文化艺术出版社1996年版，第112-113页。
⑤ ［日］合山究：《明清文人清言集》，上海科学技术文献出版社2018年版，第42页。
⑥ 钱谦益辑：《列朝诗集》，上海生活·读书·新知三联书店1989年版，第637页。

充著作，蝇营钟鼎润烟霞。翩然一只云间鹤，飞来飞去宰相衙"①的隐奸。显然，蒋士铨是站在传统隐逸方式的立场对其予以批评。徐茂明认为，为了挽回江南"虚矫狂慧"的士风，以陈继儒为主要代表，对隐逸进行了调适和转型。他们把自己定位为依然承担着社会责任的隐者，形成隐逸的新境界。②

明代中晚期江南士人竞修园林的风潮兴起，成为市隐之风兴盛的外在表现。何良俊称："凡家累千金，垣屋稍治，必欲营治一园。若士大夫之家，其力稍赢，尤以此相胜。大略三吴城中，园苑棋置，侵市肆民居大半。"③园林把自然景观浓缩于有限的空间，足以领略山水林泉的野逸之趣，借以除却尘俗烦扰，所谓"尘氛应可却，闭门心在万山中"④。董贵山认为明代中晚期园林的兴建，为市隐诗找到了创作的源泉，受政治和经济因素的影响，明代的士大夫已经非常世俗化，市隐诗也不是单纯地表现山水景观、归隐田园之作，而是他们市隐心态的充分体现。⑤晚明士人的身心在山林与庙堂、出世与入世间随时转换，隐逸只是不出仕，并非真正的遁世无闻和远离社会，所谓"虽与人境接，闭门成隐居"⑥。具有晚明特色的隐逸文化，已经含有许多新的特质，是对传统隐逸文化内涵的丰富与发展。以陈继儒为代表的山人文化虽然已是传统山林文化的变种，但仍然明显地与廊庙文化相疏离，与隐逸文化的传统仍保持一致。⑦

晚明时期，吴郡充满人文色彩的赵氏一族，使吴地的隐逸文化出现新的亮点。赵宦光（1559—1625），字凡夫，一字水臣，号广平，又号寒山梁鸿、墓下凡夫、寒山长，南直隶太仓（今江苏太仓）人，宋太宗赵炅第八子元俨之后，宋王室南渡，留下一脉在太仓。明万历二十二年（1594），赵宦光遵照父亲的遗愿，葬父于苏州城外西北枫桥寒山。在寒山守孝之际，凿山劈石，疏泉斩榛，依山而筑"寒山别业"，营建"千尺雪""云中庐""弹冠堂"

① （清）蒋士铨：《临川梦》，上海古籍出版社1989年版，第19页。
② 徐茂明等：《明清以来苏州文化世族与社会变迁》，中国社会科学出版社2011年版，第212页。
③ （清）何良俊：《西园雅会集序》。参见《四库全书存目丛书·集部》，齐鲁书社1997年版，第109页。
④ （明）陈继儒：《小窗幽记·卷十·集豪》，上海古籍出版社2016年版，第313页。
⑤ 董贵山：《明代中晚期市隐诗与明代市隐心态》，《吉林师范大学学报》（人文社会科学版）2013年第5期，第9-11页。
⑥ 孙建军等编：《全唐诗选注》，线装书局2002年版，第896页。
⑦ 张晓军、李迎丰：《跨域文心管窥》，陕西人民出版社2002年版，第116页。

"警虹渡""绿云楼""驰烟驿""澄怀堂""清晖楼"等诸胜，成为吴中胜境。赵宦光携妻子陆卿子来此守孝，夫妇二人深居简出，著书传家，"偕隐寒山，手辟荒秽，疏泉架壑，善自标置，引合胜流。而卿子又工于词章，翰墨流布一时，名声籍甚，以为高人逸妻，如灵真伴侣，不可梯接也。"① 寒山岭成为研习书画、修身养性之地。

赵宦光以一家三代将近百年的经营，开创了明代苏州西部山地辉煌的文化图像。清代乾隆帝六下江南，多次瞻仰其遗迹，在寒山别墅的基础上修建行宫，并赋诗赞誉。赵宦光被后人誉为"热爱自然，深怀人文，为生态文化建设殚精竭虑，构建了天人合一的和谐社会关系，是中国积极隐逸文化的奠基者"②。

三、明末至清初

历代王朝的革故鼎新，都会留下一批坚守的前朝遗民，隐居通常是他们抵制新朝的一种方式，亦称为遗民隐士。明代，苏州报国寺井内发现郑所南所著《心史》。宋亡后，郑所南隐居苏州报国寺，"闽人郑所南先生，讳思肖。宋有国时，其上世仕于吴。宋亡，遂客吴下。闻其有田数十亩，寄之城南报国寺。以田岁入寺，为祠其祖祢。遇讳日，必大恸祠下，而先生并馆谷于寺焉。先生自宋亡，誓不与北人交接，于友朋坐间，见语音异者，辄引起"③。郑所南成为遗民坚守的典范。晚清时期，民族主义者重新刊印《心史》，进行反清宣传。

明清鼎革之后，明遗民徐枋、朱用纯与杨无咎三人，"皆以先人死忠，以名节相砥砺者"④，均以国变痛其父殉国而隐居，合称"吴中三高士"，成为著名的遗民隐士。与追求适性闲适的市隐群体相比，他们的隐逸则多了一种道德层面的坚守。徐枋（1622—1694），字昭法，号俟斋，自号秦余山人，明崇祯举人。南明弘光朝覆灭，其父投虎丘新塘桥河殉国，徐枋奉父命遁迹邓

---

① 李峰：《苏州通史》人物卷（中），苏州大学出版社 2019 年版，第 124 页。
② 徐卓人：《不能释怀的赵宦光》，《光明日报》2007 年 3 月 17 日。
③ 林家钟：《林家钟文史选集》，海风出版社 2013 年版，第 304 页。
④ （清）李铭皖、谭钧培修，冯桂芬纂：《同治苏州府志卷五十四人物（八）》，江苏古籍出版社 1991 年版，第 43 页。

尉、穹窿、天池诸山间，后定居灵岩山南麓，室名"涧上草堂"。卖字画以自给，生活极为清苦，衣食恒不继，但绝不受人一钱一粟。康熙十一年（1672），川湖总督蔡毓荣慕其名，派幕友冯羽来吴以书致之，寄以药物、厚币，徐枋不受亦不答。汤斌抚吴，敬徐枋清名道气，致书礼敬，两赴山中访问，徐枋闭门不见。守约固穷终身，天下称其廉节。①

杨无咎（1636—1724），字震百（一作震伯），号易亭，幼承家教，立志向学。清顺治四年（1648），父杨廷枢因反清被捕，慷慨就义，遗留绝命诗文及血衣托孤，训以忠孝。不几年嗣父杨廷桢病卒，杨无咎依长兄谋生，不久长兄去世，遂避人匿迹于乡间，一生牢记父训，以忠孝立身于世。徐枋和杨无咎交游甚密，"徐枋临殁，以孤孙相托，无咎不避嫌怨，卒保其孤。家贫，藜藿不充，廷枢门生故旧遍海内，或登华要，无咎义不往。间有以书币招者，亦谢不应也"②。

朱用纯（1627—1698），字致一，号柏庐，父朱集璜为明末学者，守昆山抵御清军，城破投河自尽。柏庐于国变后"弃去诸生冠服……隐居教授，资修脯养母……当路重其人，将以博学宏词荐，用纯以死自誓，作《朱布衣传》以见志"③。坚辞博学鸿词之荐，终老苏州。民国时期，李根源曾于西山访寻朱用纯之墓，并加以修缮保护。

三人中杨无咎年最幼，他能笃挚友之谊，不负徐枋托孤之嘱，又撰《朱柏庐先生传》，褒扬朱用纯高义。三人惺惺相惜，相互扶持，风骨气节令人敬仰。

苏州的隐逸文化传统，历经先秦时期的滥觞，经由魏晋六朝及唐宋时期的发展，到了明代，隐逸理论和隐逸风气出现重大转变，晚明的隐逸之风越发排除消极遁世意味而转为"适世"，此风虽然随着清初政治文化环境的变化受到抑制，但并未中断。时至近代，隐逸之风在既有隐逸传统的基础上继续发展。

---

① 李峰：《苏州通史》人物卷（中），苏州大学出版社 2019 年版，第 201 页。
② （清）李铭皖、谭钧培修，冯桂芬纂：《同治苏州府志》卷五十四《人物（八）》，江苏古籍出版社 1991 年版，第 43 页。
③ （清）李铭皖、谭钧培修，冯桂芬纂：《同治苏州府志》卷六十《人物（十四）》，江苏古籍出版社 1991 年版，第 56 页。

第二章　近代苏州隐逸文化之形塑

鸦片战争之后，中国进入政治与文化转型期，传统的文化生态逐步发生异变，隐逸文化同样面临着转型的困顿。尤其是新文化运动以来，消极遁世的隐逸思想和行为被激进的爱国主义和民族主义者所诟病，隐逸文化生态产生重要变化。

第一节　近代苏州的隐逸文化生态

受到西学东渐的影响，尤其在科举制度废除之后，苏州部分世家大族教育开始转型，出现留学热潮。报纸杂志等大众媒体出现，公共园林、图书馆等公共文化设施也相继建成，苏州的文化空间发生变化，传统隐逸文化空间和载体等基本要素出现新变，如此种种促使近代隐逸文化在发展中转型，并在转型中发展。

一、西风东渐的冲击

鸦片战争以后，一些士人开始睁眼看世界。苏州士绅冯桂芬提出"知耻而图自强"，即"以中国之伦常名教为原本，辅以诸国富强之术"①，被认为是"中体西用论"的最早表达，成为引导洋务运动的重要思想资源。随着洋

---

① （清）冯桂芬：《校邠庐抗议》，中州古籍出版社 1998 年版，第 55 页。

务运动的开展，信息需求增加，促使新闻传播事业产生，报纸杂志等大众媒体出现。近代出版、翻译事业也逐步发展，以江南制造局翻译馆为主的出版机构对西学文献的翻译，促进了西学的传播。甲午战争惨败，民族危机空前，维新派对"中体西用"提出怀疑，认为必须改革中国的政治制度，才可能挽救民族危亡。维新运动以后，中国社会及中国文化的演变，进入以解决政治制度为中心的时期，政治开始主导文化潮流。①

清末新政加速了西学的传播，1901 年起，清政府陆续颁布一系列改革措施。1901 年 10 月，清廷下"兴学诏"，令各省选派学生出洋留学。清政府颁发上谕："自丙午科为始，所有乡会试一律停止，各省岁科考试亦即停止。"②科举制度就此废除。之后，学部认为："方今环球各国，实利竞尚，尤以求实业为要政，必人人有可农可工可商之才，斯下益民生，上裨国计，此尤富强之要图，而教育中最有实益者也。"③ 有明显鼓励实业的倾向。1906 年，学部奏定《考验游学毕业生章程》，鼓励游学，促进留学热潮兴起。

苏州最早接受西学的是上层士绅，如冯桂芬和王韬，他们去上海之后，接触西学的机会更多。甲午战争之后，苏州留学海外的人数与日俱增，据统计，1894 年至 1949 年，苏州出国留学生共有 967 人，专业涉及军事、外交、政法、财经、教育、生物、理化、医药、天文、地理等领域。④ 部分世家大族的教育开始转型，出现由偏文向重理的转变，并呈现实用性的特征。而民国以来，强调科学的物质层面的倾向日益增强，新文化运动倡导的科学大旗也逐渐由"精神"转向"技术"，政府和社会精英们的倡导与这些专业具有的谋生优势，即"易得位置、金钱，而图个人身家之舒服也，非为他也"⑤，影响了很多人的职业选择。此外，新式教育内容由人文性的儒家经典，转变为自然性的科学与专门技术，职业选择也开始多元分化。新型的社会职业，迫

---

① 耿云志：《近代中国文化转型研究导论》，四川人民出版社 2008 年版，第 139 页。
② 沈桐生辑：《光绪政要》卷三十一，台湾文海出版社 1985 年版，第 57 页。
③ 朱有瓛：《中国近代学制史料》（第二辑上册），华东师范大学出版社 1987 年版，第 151 页。
④ 姚永新：《苏州留学生名录》，苏州市政协文史资料委员会：《苏州文史资料》第 15 辑，内部印刷 1986 年版，第 179 页。
⑤ 吴宓著，吴学昭整理：《吴宓日记第 1 册 1910—1915》，生活·读书·新知三联书店 1998 年版，第 511 页。

使家族成员逐渐远离其出生的血缘性宗族组织，融入各自不同的城市社会圈。①

西风东渐对普通民众的影响，更多则是对西洋器物的崇尚、观念习俗的仿效，以及女权运动的兴起。1895 年，英国传教士立德夫人在上海设立天足会总会，随后苏州等地设立分会。1898 年，出身名门的江漱芳率先放足，后又集合王谢长达、胡蔡振儒等，召开放足大会，"屡次开导，果竟有效。青年女子，后竟无缠足者，即中年缠足之妇女者，亦肯解放矣"②。1882 年，美国传教士在苏州创立女子小学冠英女塾，至 20 世纪初，苏州形成创办女学的热潮，清末十余年中，苏州新创办的女学堂至少有 26 所，加上传教士创办的女学堂，至少有 29 所。③ 西风东渐，对苏州产生了不小冲击。

苏州虽然已启动近代化的步伐，但是传统力量依然强大，曾积极提倡女权的江漱芳，自"归徐氏肖石君为室，从此另入乾坤，大反以前之乐趣，兢兢自守妇道，遵父母必敬必戒之训，竭力承欢于堂前，以免贻羞于戚党"④。据陈文妍对彼时苏州士人陆风初《补过日记》的考察，苏州的不少文人在当时仍然过着较传统的生活。⑤ 郁达夫亦称 20 世纪 20 年代的苏州"只可以说是十八世纪的古都了"⑥。太平天国运动之后，江南的中心位置逐步转移至上海，津浦铁路和沪宁铁路的修建，导致苏州从原来航运中心变为内陆河运港口，影响力逐渐减弱，不过上海对苏州的辐射和吸引力大幅增加。苏州不仅接受了以上海为中介的西学辐射，并呈现出新旧杂糅的文化景观，形成近代苏州文化的独特魅力。⑦

---

① 徐茂明：《互动与转型：江南社会文化史论》，上海人民出版社 2012 年版，第 235 页。
② 江漱芳：《兰陵自传》，苏州市政协文史资料委员会：《苏州文史资料》第 15 辑，内部印刷 1986 年版，第 156 - 157 页。
③ 张海林：《苏州早期城市现代化研究》，南京大学出版社 1999 年版，第 353 页。
④ 江漱芳：《兰陵自传》，苏州市政协文史资料委员会：《苏州文史资料》第 15 辑，内部印刷 1986 年版，第 154 页。
⑤ 陈文妍：《清末民初苏州的日常生活——以〈补过日记〉为例》，2009 年中山大学硕士论文。
⑥ 郁达夫：《苏州烟雨记》。参见秦兆基：《苏州文选》，苏州大学出版社 1999 年版，第 43 - 44 页。
⑦ 许树东：《古都苏州新天堂》，白山出版社 2004 年版，第 403 页。

二、新文化与旧事物之冲突

1840 年鸦片战争后到五四及新文化运动期间，中国传统文化经历了一个相对完整的转型过程。乐黛云认为，文化转型是指在某一特定时期内，文化发展明显产生危机和断裂，同时又进行急剧的重组与更新，中国的魏晋六朝时期和五四时期，是文化转型的两个重要时段。[①] 文化转型最基本的含义，是文化改变了自己的前进和发展方向，从而也改变自己的性质和表现形式，但是这种改变都是在自身基础上发生改变，而不是完全被动地被他种文化所替换。耿云志认为，近代中国的文化转型是指中国文化是由基本封闭的，与大一统的中央集权的君主专制制度相联系的，定孔子与儒学为一尊的，压抑个性的古代文化，转变为开放式的，与近代民主制度相联系的，自由与兼容的，鼓励个性发展的近代文化。[②] 但是，近代文化转型中的古今问题和中西问题，并没有得到实质的调适与解决，仍然处于激烈的辩论和探索之中。隐逸文化作为传统文化的一个组成部分，不可避免地会受到冲击和重新审视。

历代统治者以至士林学子，多持"尊隐""美隐"态度，并成为一种激浊扬清的象征。但是，随着新文化运动的兴起，隐士被作为消极退缩的落后形象加以批判，隐逸成为一种不合时宜的人生观而遭到批评。树立新人生观，做新青年，成为一股新潮流。1915 年，陈独秀在《新青年》创刊号发表《敬告青年》，号召青年树立新的人生观，摒弃旧的落后的人生观，其内涵之一即"要进取的而非退隐的"：

夫生存竞争，势所不免，一息尚存，即无守退安隐之余地。排万难而前行乃人生之天职，以善意解之，退隐为高人出世之行，以恶意解之，退隐为弱者不适竞争之现象。欧俗以横厉无前为上德，亚洲以闲逸恬淡为美风。东西民族强弱之原因，斯其一矣。此退隐主义之根本缺点也。若夫吾国之俗，习为萎靡，苟取利禄者，不在论列之数。自好之士，希声隐沦。食粟衣帛，无益于世。世以雅人名士目之，实与游惰无择也。人心秽浊，不以此辈而有

---

① 乐黛云：《文化转型与文化冲突》，《民族艺术》1998 年第 2 期，第 48－56 页。

② 耿云志：《近代中国的文化转型：问题与趋向》，《广东社会科学》2008 年 3 期，第 106－115 页。

所补救。而国民抗往之风，植产之习，于焉以斩。人之生也，应战胜恶社会而不可为恶社会所征服，应超出恶社会进冒险苦斗之兵，而不可逃遁恶社会作退避安闲之想。鸣呼，欧罗巴铁骑入汝室矣，将高卧白云何处也。吾愿青年之为孔、墨，而不愿其为巢、由。吾愿青年之为托尔斯泰与达噶尔（R. Tagore，印度隐遁诗人），不若其为哥伦布与安莺根。①

陈独秀号召青年不要效法巢父、许由等古代隐士，应该树立积极进取的人生观，因为退隐是不适合生存的弱者表现，是导致我们民族柔弱的原因之一，已经不适合当今世界的竞争形势，由此凸显时人对对隐逸态度的变化。

文学革命运动中，陈独秀、鲁迅等新文学代表，把矛头指向旧文学与山林文学。1917 年，陈独秀的《文学革命论》明确指出："余甘冒全国学究之敌，高张'文学革命军'大旗，以为吾友之声援。旗上大书特书吾革命军三大主义：曰，推倒雕琢的阿谀的贵族文学，建设平易的抒情的国民文学；曰，推倒陈腐的铺张的古典文学，建设新鲜的立诚的写实文学；曰，推倒迂晦的艰涩的山林文学，建设明了的通俗的社会文学。"② 陈独秀认为山林文学，多关注个人的穷通利达，多为无用之著述，于国家和社会并无裨益，应该属于排斥和淘汰之列。随后，五四运动给予新文化运动巨大的推助力量，一切被认为是保守的、消极的旧思想和旧学术都受到批判，对隐逸文化的批判成为适时合理的行为。

刘再复、刘剑梅指出，五四以来，在革命即拯救和解放全人类的名义下，山林文化、隐逸文化被声讨被围剿，逍遥之境没有存在的合理性，作家的自由就从这里开始丧失。③ 对山林文学偏激的态度，直接导致了隐逸精神丧失存身之所，隐逸文学在现代文坛也失去了立足之地。1935 年 2 月 20 日，鲁迅在《太白》半月刊发表《隐士》一文，对当时的隐士及假隐士予以辛辣的嘲讽和毫不留情的批判，影响了时人对有隐逸倾向的作家及隐逸文学的看法。刘再复认为，文学革命运动中对隐士的嘲讽，对隐逸文学的抨击，不容庄子、伯夷、叔齐式人物的存在方式和抽离是非的边缘思维方式，使得中国近现代

---

① 陈独秀：《敬告青年》，《青年杂志》1 卷 1 号，1915 年 9 月 15 日。
② 陈独秀：《文学革命论》，《新青年》1917 年第 2 卷第 6 期，第 6—9 页。
③ 刘再复、刘剑梅：《东西方的两种伟大心灵景观》，《书屋》2008 年第 6 期，第 10—18 页。

知识分子丧失逍遥的自由、放任山水的自由。文学界对隐逸文化的批评，以及对闲适作品的批判，也间接影响了现代文学的走向。

在国民革命的实际斗争中，又的确不允许隐士的存在，当时的政治局势和社会舆论，已经不容许退隐之举。1908 年《民报》被禁，章太炎萌发出家之意，同盟会同志对其进行劝阻，希望他能继续革命。1914 年，柳亚子归隐汾湖，南社同人纷纷劝其打消退念，这在对《汾湖旧隐图》的题词中可见一斑。1928 年，《兴华》杂志刊载《目前国民革命的危机：退隐主义与出洋主义》一文，认为"消极的退隐主义，就是对一切国家大事情不闻不问，是变相的闹意见，当然够上了自杀之路"①。呼吁在革命最困难的时候，不能退隐懈怠，一定要把北伐大业进行到底。鼓舞士气之外，并对革命队伍中的消极隐退现象予以变相的批评。

然而，来自文学界、革命界的呼吁和批判，并未能消除根深蒂固的隐逸思想。对于不少知识分子而言，归隐仍是一种难以割舍的情结。九一八事变后，日本占领东三省，国人陷入激愤悲观状态。1932 年 11 月 1 日，《东方杂志》策划了征求"新年的梦想"活动，向全国各界人士发出征稿函约 400 份。北平中法大学教授曾觉之的梦想，代表了不少知识分子的心声：

> 现在的社会正在急激的转变中，我们是其中过渡的人物；虽然自己极力想使生活有定、有规则，结果每每失败，环境不许你这样！即个人心中亦表示十分的不安与矛盾，自己对于个人的生活有许多的梦想！

> 我个人生活前半是旧式教育，受中国诗词小说的影响颇深，后来在欧洲住了八年，无形中得了西洋的深刻印象；因此，我一方面梦想消极的、独善其身、悠游山林的高人逸士生活；另一方面，我又梦想为活动的、有益于社会国家、有益于我同类的事业中的生活。但我很明白这都是不可实现的梦想。前者不可能，后者则为我力所不及，我是好思想而不甚能动作的人，可以说：我个人生活大半在梦中。不过，无论谁人，总想有益于自己的同类，我不能如赘瘤地过这一生；因为人家的幸福即自己的幸福。②

---

① 德徽：《目前国民革命的危机：退隐主义与出洋主义》，《兴华》1928 年第 25 卷第 8 期，第 49-50 页。

② 林语堂：《1933，聆听民国》，中信出版社 2014 年版，第 164 页。

此番告白袒露了当时知识分子的真实心态，道出了知识分子群体的无奈境遇。他们既向往稳定的、独善其身的隐士生活，又胸怀有益于社会国家和民族的梦想，但愿能独善其身，又能兼济天下。但是前者既遥不可及，后者又力不能及，只好在矛盾的梦中生活。

抗日战争时期，在民族生死存亡关头，鼓舞民心士气，塑造新的人生观问题再次被宣扬。1942 年，罗家伦在重庆出版《新人生观》一书，呼吁为了生存，必须培养新的人生观：

> 对于国家，每个人也都有责任。"国家兴亡，匹夫有责"也是这个道理，若每个人只在乎自己，不尽己责，到时国家灭亡，民族灭亡，自己也就跟着灭亡，所以人人要尽自己的本分是很重要的事。我们要生存，我们要有意义的生存，我们就必须消除掉一切使我们怠惰的因素，那些错误的思想就是因循、颓废、倚赖、卑怯，所以我们要挥着慧剑，来斩除这些生命的毒菌，不单只是消除毒菌，我们还需要培养出新的骨干，培养出正确的人生哲理，使自己能够拥有正确且美好的人生观。①

新的人生观包括行动的、创造的、大我的三种，必须依靠向上向前的动力、坚强的意志，以及克服困难的自强自立才能实现，这些均与传统隐逸的价值观迥异。1943 年，蒋星煜《中国隐士与中国文化》一著出版，认为"隐士是农村社会的产物……今日的政治是全民性的，政治制度民主化，所谓隐士这一类思想，自然是不合时代，并且落伍了"②，亦对隐士予以批判。近代时局的变化以及舆论导向的转变，成为抵制隐逸行为及思想的重要现实因素。

三、公共文化空间的形成

近代以来，由报刊、出版发行系统、书店、阅报社和书报社等构成的大众传媒系统，由公共图书馆、报馆、学会及社会团体、演讲会、演艺场所等构成的公共文化空间，对文化的传播、交流，以及人们观念的更新起着重要

---

① 罗家伦：《新人生观》，辽宁教育出版社 1997 年版，第 1 页。
② 蒋星煜：《中国隐士与中国文化》序，中华书局 1943 年版，第 1-2 页。

的推动作用①，个人已经很难再局限于狭小的隐秘空间，传统的隐逸模式被迫进行调整和适应。维新运动前后，受强学会"开大书藏"的影响，各地公共图书馆观念得到传播和发展。1897 年 7 月，章钰、张一麐、孔昭晋、汪荣宝等人在苏州发起成立苏学会，在《时务报》上发表《苏学会公启》："今拟各集同志，量为酾资，多购书籍，以增智慧。定期讲习，以证见闻，不开标榜之门，力屏门户之见，远师亭林有耻博文之宗旨，近法校邠采西益中之通论，精卫片石，容有益于宏流，漆室悲吟，或无伤于越俎，四方君子，幸而教之。"② 在苏州士林中产生了极大影响。张一麐曾言："是时风气初开，长老惊诧，至有'厉气所钟'之考语。"③

　　1914 年 9 月，在清末正谊书院、存古学堂的基础上筹办的江苏省立第二图书馆在可园成立。1915 年，常熟县建立图书馆，瞿启甲为首任馆长。1917年 2 月，吴江县在怡园设立通俗图书馆，所藏文献由名绅钱崇威、黄亮叔捐赠，后改名为松陵图书馆。随后昆山图书馆、太仓县图书馆亦相继设立。1925 年 8 月，江阴士绅奚萼铭捐资筹建苏州图书馆（后改名为吴县图书馆）。公共图书馆系统的建立，为普通民众提供了阅览的场所，也影响了传统私家藏书理念，藏书楼不再是文人的私密空间，而应该具有开放的意识。

　　清末民初，私家园林仅供极少数人孤芳自赏的格局逐渐被打破，园林建筑的公开展示性受到重视，古典园林一以贯之的隐逸元素逐渐消解。城市公共园林的建设，拓展了普通民众和底层知识分子的休闲空间。植园是近代苏州政府修建的第一个公共园林，光绪末年由苏州知府何刚德承办营建。1911年，江苏巡抚程德全加以扩展，划分为园林区、农田区等，并略建小屋，扩大了民众的休闲空间。1925 年，由奚萼铭捐资筹建、法国园艺家若索姆规划设计的苏州公园，是苏州第一座现代公园，俗称大公园。1927 年 7 月，在园中部建成一座两层的图书馆，图书馆东侧临池建"东斋"茶室，西南角建西亭，苏州大公园被民众誉为城内唯一的清静之地。大公园成为隐逸之士重要

　　① 耿云志：《近代中国文化转型研究导论》，四川人民出版社 2008 年版，第 165 页。

　　② 汤志钧、陈祖恩：《中国近代教育史资料汇编戊戌时期教育》，上海教育出版社 1993 年版，第101 页。

　　③ 张一麐：《古红梅阁笔记》，上海书店出版社 1998 年版，第 28 页。

的休闲之地，陈衍、邓邦述、费树蔚等常在东斋雅集，时称"东斋十老"。[①]
1930 年，苏州又陆续开发了北局小公园，公共休闲空间逐步增加。

第二节　近代苏州隐逸思想的递嬗

隐逸思想，亦称隐逸观念，早在先秦时期既已奠基，《周易》已有隐逸思
想的萌芽，基本奠定儒、道两家隐逸思想框架。孔子、孟子深化了儒家隐逸
思想，老子、庄子对道家隐逸思想予以诠释。魏晋以来，儒、释、道相互渗
透，隐逸思想内涵逐渐丰富。唐代白居易的"中隐"理论得到广泛接受，并
延及宋元时期。明中期以来，吴地"市隐"观念兴起。时至近代，隐逸之士
逐步把治国平天下的理想，转化为关注民生与具体而微的地方社会治理。疏
离政治的悠闲文人，远绍晚明自适观念的余绪，提出"游戏世界，追求快乐"
的宣言。而近代佛教出现积极的入世倾向，亦未违背佛教出世的原旨。

一、隐逸思想的传统承继

我国历史上的隐逸现象几乎与中华文化同时产生，先秦典籍《周易》已
经有相关问题的探讨。《周易》蕴含的隐逸思想相当丰富，既开启了儒家手段
式的"待时之隐"，也启发了道家目的式的"适性之隐"，对后世隐逸思想的
发展起着重要的奠基作用。

《周易》的核心思想为隐以待时，潜以修德，核心内容就是"时"，君子
在不得时之际，应该隐遁，以远害全身。《遁》卦："遁，亨，小利贞。"陆
德明解释为："遁，隐退也。匿迹避时之谓。"[②]指出隐逸的原因是不得时之
故。孔颖达注："遁者，隐退逃避之名。阴长之卦，小人方用，君子日消。君
子当此之时，若不隐遁避世，即受其害。须遁而后得通，故曰遁亨。"象曰：
"天下有山，遁；君子以远小人，不恶而严。"[③]《否》卦更强调"时"的重
要："否之匪人，不利君子贞，大往小来。则是天地不交而万物不通也，上下

---

① 良夫：《陶醉之公园》，《大光明报》1930 年 7 月 30 日。

② 马振彪著，张善文整理：《周易学说》，花城出版社 2002 年版，第 327 页。

③ （唐）孔颖达著，余培德点校：《周易正义》，九州出版社 2004 年版，第 333 页。

不交而天下无邦也；内阴而外阳，内柔而外刚。内小人而外君子。小人道长，而君子道消也。"① 在此情形下，只有隐以随时。

隐逸之终极目的则是蓄养而待，待时机成熟，即脱隐而出。犹如"潜龙"，经过深渊的潜藏，最终仍要飞上中天。"龙，德而隐者也。不易乎世，不成乎名，遁世无闷，不见是而无闷。乐则行之、忧则违之，确乎其不可拔，'潜龙'也。"② 要时刻保持进德修业，提升能力，而且潜修之时，并非要离群独居：

九三曰"君子终日乾乾，夕惕若厉，无咎"，何谓也？子曰："君子进德修业。忠信，所以进德也。修辞立其诚，所以居业也。知至至之，可与言几也。知终终之，可与存义也。是故居上位而不骄，在下位而不忧，故乾乾因其时而惕，虽危无咎矣。"

九四曰"或跃在渊，无咎"，何谓也？子曰："上下无常，非为邪也。进退无恒，非离群也。君子进德修业，欲及时也，故无咎。"③

《乾》卦辞形象描绘了君子由隐而显的过程：潜龙勿用、见龙在田、终日乾乾、飞龙在天，而且君子应知进退，知存亡，进退有度，"知进而不知退，知存而不知亡，知得而不知丧。其唯圣人乎！知进退存亡而不失其正者，其唯圣人乎！"④ 进退之间的取舍，被后世演绎为适时退隐，成为后世儒家知识分子隐逸观的重要思想来源和依据。

英国学者汤因比关于文明生长的退隐与复出的论述，与儒家的隐逸观有诸多相似之处：

退隐可以使这个人物充分认识到他自己内部所有的力量，如果他不能够暂时摆脱他的社会劳苦和障碍，他的这些力量就不能觉醒。这种退隐可能是他的自愿的行为，也可能是被他所无法控制的环境逼成的；但是不管怎样，这种退隐都是一种机会，也许还是一种必要的条件……复出是整个运动的实

① 杨天才译注：《周易》第十二卦《否》，中华书局 2022 年版，第 126 页。
② 杨天才译注：《周易》第一卦《乾》，中华书局 2022 年版，第 11 页。
③ 杨天才译注：《周易》第一卦《乾》，中华书局 2022 年版，第 15 页。
④ 杨天才译注：《周易》第一卦《乾》，中华书局 2022 年版，第 25 页。

质，也是它的最终目的。①

《周易》还指出了另一条道路：隐逸是人生的归宿和最终目的。就此奠定了道家隐逸思想的根基。《蛊·上九》："不事王侯，高尚其事。"象曰："不事王侯，志可则也。"② 指出与出仕相对的另一条道路，即不事王侯，志趣清虚，值得人们效仿。退隐是安全的，不会受到外界损害，《履·九二》："履道坦坦，幽人贞吉。"③ 而且隐居生活是充实、愉快的，《大过·象》曰："泽灭木，大过；君子以独立不惧，遁世无闷。"④ 隐遁不仅清虚高尚，又足以自乐，"最处外极，无应于内，超然绝志，心无疑顾。忧患不能累，矰缴不能及，是以肥遁无不利也"⑤。退隐无往而不利，也就没有必要出仕了。

《周易》对隐逸的理解，给后世隐逸思想的阐释提供了蓝本，《论语》和《庄子》在理论上进行了深入的诠释和阐述，分别代表了儒家和道家的隐逸观。孔子隐逸思想的核心是"隐居以求其志，行义以达其道"。隐逸以"邦无道"为前提，如《泰伯》："笃信好学，守死善道。危邦不入，乱邦不居。天下有道则见，无道则隐。"⑥ 隐逸要蓄藏以待、审时而动。对于儒家者言，隐逸只是积极入世的功能性环节，是为复出做准备，"修身、齐家、治国、平天下"乃为终极目标。孟子认为："故士穷不失义，达不离道。穷不失义，故士得己焉；达不离道，故民不失望焉。古之人，得志，泽加于民，不得志，修身见于世，穷则独善其身，达则兼善天下。"⑦ 进一步发展了儒家的隐逸思想，"穷则独善其身，达则兼善天下"，成为后世儒家士子的理想化追求。

以老、庄为代表的道家，则发扬了另一条隐逸之路。冯友兰认为庄子学说集隐士思想之大成，所谓"道家者盖出于隐者"也。⑧ 庄子强调生命的个体利益，注重自主自由的精神生存状态，如何摆脱为外物所役是要解决的根本问题。庄子认为，名利、仁义等给生命本体的危害尤为严重，《骈拇》："天

---

① ［英］汤因比：《历史研究》，汤成伟、刘东灵译，上海人民出版社 1997 年版，第 274 页。
② 杨天才译注：《周易》，中华书局 2022 年版，第 181 页。
③ 杨天才译注：《周易》，中华书局 2022 年版，第 109 页。
④ 杨天才译注：《周易》，中华书局 2022 年版，第 258 页。
⑤ 王弼：《王弼集校释》，中华书局 1980 年版，第 384 页。
⑥ 张燕婴译注：《论语·泰伯（第八）》，中华书局 2006 年版，第 111 页。
⑦ 方勇译注：《孟子·尽心（上）》，中华书局 2010 年版，第 261 页。
⑧ 冯友兰：《中国哲学简史》，北京大学出版社 1985 年版，第 44 页。

下莫不以物易其性矣。小人则以身殉利，士则以身殉名，大夫则以身殉家，圣人则以身殉天下。故此数子者，事业不同，名声异号，其于伤性，以身为殉，一也。"① 逃避名利是道家不愿出仕的理论基点："鹪鹩巢于深林，不过一枝；偃鼠饮河，不过满腹。归休乎君！"② 他们以各种理由拒绝出仕，只因为"仕"会增加束缚，给人的生命造成危害。"夫欲免为形者，莫如弃世。弃世则无累，无累则正平，正平则与彼更生，更生则几矣。"③ 因此，道家的隐逸更为彻底，试图通过隐逸这种"无为"的生存方式，以享受最大限度的自由。故而张岱年先生认为："道家是隐士的思想，虽非显学，而影响广远。"④

冯友兰先生认为，从根本上来说，中国传统哲学精神既是入世的，也是出世的，儒道两家的精神也都符合这个特征。儒家强调人的社会责任，道家则强调人内部的自然自发的东西。儒道两家演习着一种力的平衡，使得中国人对于入世和出世具有良好的平衡感。⑤ 儒道的对立互补共同构成了隐逸文化的根基。在后世的发展演进中，儒道两家的隐逸思想虽然有了新的阐释，但整体上没有脱离《周易》隐逸思想的基本框架。

自东汉末年起，佛教传入以后，儒、道、释三家并存，相互渗透。士人的隐逸观念因此产生重要变化，隐逸文化的内涵逐渐丰富。西晋以来，人们不再以穴居野处、不接人事作为隐逸的依据，出现了由"身隐"向"心隐"的重大转变。"朝隐"成为士人的一种处世方式，即身在官场，而心向自然，兼顾入仕的责任感与出世的自由感。东方朔即有"陆沉于俗，避世金马门。宫殿中可以避世全身，何必深山之中、蒿庐之下"⑥ 之论。隐显不再是居于岩岫或朝市的问题，而需视隐逸者的心态如何。

《后汉书》云："然观其甘心畎亩之中，憔悴江海之上，岂必亲鱼鸟乐林草哉？亦云性分所至而已。"⑦ 将隐逸归因于性分的观念，与当时盛行的"适

① 方勇译注：《庄子·骈拇》，中华书局2010年版，第136页。
② 方勇译注：《庄子·逍遥游》，中华书局2010年版，第8页。
③ 方勇译注：《庄子·达生》，中华书局2010年版，第295页。
④ 深圳大学国学研究所：《中国文化与中国哲学》，东方出版社1986年版，第1页。
⑤ 冯友兰：《中国哲学简史》，北京大学出版社1985年版，第44页。
⑥ （汉）司马迁：《史记》卷一百二十六《列传·滑稽列传》，中国社会科学出版社2021年版，第7706页。
⑦ （南朝）范晔：《后汉书》卷八十三《逸民列传》，中华书局2000年版，第1861页。

性逍遥"理论有关。郭象认为："天性所受，各有本分，不可逃，亦不可加。"① 不同事物的形体大小、能力高低各不相同，如若顺应各自的本性，则都可以获得自由和逍遥，因此"夫圣人虽在庙堂之上，然其心无异于山林之中，世岂识之哉"② 这一思想流传广泛，影响深远。

唐代由于选拔人才的科举制度及制举制度日臻完善，仕与隐的纠结，延及大多数官员和知识分子群体。"仕"与"隐"相结合的方式被社会主流思想和统治者认可，白居易的《中隐》诗描绘出一幅安逸的中隐生活图景，"中隐"思想被广泛接受。传统隐逸的消极反抗意义变弱，隐逸与入仕的冲突淡化，形成仕隐关系的新特点。不少研究者认为，"中隐"观念消减了士人相对独立的社会理想和人格价值，隐逸成为士人追求安逸世俗生活的借口，大隐小隐沦为士人解决生计和存身保命的现实策略。③ 隐逸精神逐步走向世俗化和功利化。

吴地有着悠久的隐逸传统，然而，直至元末明初，吴地士子对"隐逸"的理解和认识，仍然依据社会隐逸风气的主流，并无独创性的理论和新的见解。高启在《野潜稿序》中对"潜"（隐）与"显"的阐述，具有较强的代表性：

> 夫鱼潜于渊，兽潜于薮，常也；士而潜于野，岂常也哉？盖潜非君子之所欲也，不得已焉尔。当时泰，则行其道以膏泽于人民，端冕委佩，立于朝庙之上，光宠烜赫，为众之所具仰，而潜云乎哉！时否，故全其道以自乐，耦耒耜之夫，谢干旄之使，匿耀伏迹于田亩之间，唯恐世之知己也，而显云乎哉？故君子之潜于野者，时也，非常也。……《传》曰："君子在野"。《书》曰："野无遗贤"。是时不同，而君子之有潜显也。④

高启以仕而显为"常"，"潜于野"为"非常"，所论未超出儒家"兼济"和"独善"的范畴，并且着重强调了"时"的重要性，出仕与否取决于世道的治乱和君主的贤昏，具有明显的"无道则隐"之意。

---

① （晋）郭象：《庄子注》。参见（清）郭庆藩：《庄子集释》，中华书局2013年版，第128页。
② （晋）郭象：《庄子注》。参见（清）郭庆藩：《庄子集释》，中华书局2013年版，第1页。
③ 王爱玲：《唐代士人的隐逸观》，《中州学刊》2013年第9期，第121－125页。
④ （明）高启著，（清）金檀辑注，徐澄宇校点：《高青丘集》（下），上海古籍出版社2013年版，第880页。

都穆的《隐说》亦提供了佐证，都穆（1459—1525），字玄敬，吴县人，弘治十二年（1499）进士，其《隐说》："隐一也，昔之人谓有天隐、有地隐、有人隐、有名隐，又有所谓充隐、通隐、仕隐，其说各异。天隐者，无往而不适，如严子陵之类是也；地隐者，避地而隐，如伯夷太公之类是也；人隐者，踪迹混俗，不异众人，如东方朔之类是也；名隐者，不求名而隐，如刘遗民之类是也。他如晋皇甫希之人称充隐，梁何点人称通隐，唐唐畅为江西从事，不亲公务，人称仕隐。然予观白乐天诗云：大隐在朝市，小隐入丘樊，不如作中隐，隐在留司间。则隐又有三者之不同矣。"[1] 对于隐逸亦无新的见解。

明代中后期，随着苏州城市的繁荣、市民生活的丰富，吴中文人群体出现潇洒恣意、追求世俗之乐的生活风尚，并摸索出调和仕隐矛盾的"市隐"路径。文徵明《顾春潜先生传》高度概括了"市隐"的内涵：

> 或谓昔之隐者，必林栖野处，灭迹城市。而春潜既仕有官，且尝宣力于时，而随缘里井，未始异于人人，而以为潜，得微有鰲乎？虽然，此其迹也。苟以其迹，则渊明固曾为建始参军，为彭泽令矣。而千载之下，不废为处士，其志有在也。[2]

只要"心"能自持，"迹"可不拘，而且不必受"时"的限制约束，故而可亦仕亦隐、心隐身不隐，无处不可隐，无事不可借以隐。"市隐"理论提供了一个与时俱进，既能自由出入仕途，又能享受生活，解除精神重负的生存方式，隐逸思想最终实现了从"身隐"到"心隐"的转型。居庙堂之高者，内心仍然可以保持远离官场黑暗政治，坚守文人士大夫的禀赋与独立人格。处江湖之远者，亦无愤世嫉俗的幽怨，转而关注身边的生活日常。

二、隐逸思想的近代新变

随着近代民族危机的加深与西学东渐的影响，广大士人群体力图在中西文化交融中寻找救国自强之路，并贯穿于整个中国近代社会，由此影响了大部分知识分子的思想取向。但是，自科举制废除之后，士人群体实际上远离

---

[1] （明）都穆：《听雨纪谈》，中华书局 1985 年版，第 10 页。
[2] 周道振辑校：《文徵明集》卷二十七，上海古籍出版社 1987 年版，第 652 页。

了政权,知识与权力之间紧密的共生关系断裂,他们开始游离于政治体系之外自谋生路,寻求自身的生存与发展。孔凡义认为,军绅政治体制下,随着军人政治地位的崛起,中国传统知识分子失去了往日的优越性,而被日益边缘化,他们不再期望控制中国的政治事件,虽然他们作为一个精英实体在社会中继续存在。①

民国初年,传统的道统和政统观念发生重要变化,政统转变为当局政权是否合乎中华民国约法的法统,并作为维护"正义"的主要依据。道统则转变为维护孙中山先生所提倡的共和宗旨,二次革命、护国运动、护法运动等,均以此为号召。军阀混战时期,上述理由亦被屡次运用。军阀不把自己当作军阀,派系也不把自己看成派系,他们结成派系时总有名正言顺的理由或成套的理论,为了国家的富强、人民的福利,那是每个派系对自己的看法。② 这些理由或理论,是当权者为了得到舆论同情和支持而寻找的正义的"道统",也为失势者逃避制裁或惩罚提供了借口和庇护。近代媒体的话语体系中,"下野""退隐""寓公"等词频繁出现,体现了政权军权更替的时代特点,并与潜以待时、适时进退的思想密切相关。军界和政坛人物的下野、退隐,实质乃是假以暂时的休整,积蓄力量以图东山再起。不少失势者的隐退实际上是为了逃避制裁或惩罚,并寻求合适的机会复出。

诸多军政界人士为了维护各自所崇尚的法统和正义,依然信守"天下有道则见,无道则隐"。1915 年,袁世凯违背共和潮流意欲称帝,费树蔚力谏无效后襆被还乡,张一麐则避居他处。1923 年,曹锟贿选总统,不少维护法统的军政人士,如李根源、徐兆玮等愤而退隐。蒋介石发动四一二反革命政变,与孙中山的革命理想相悖,陈去病、凌敏刚等因此退出革命队伍。南怀瑾先生认为:"中国一般的知识分子中,走隐士路线的人并不是不关心国家天下大事,而是非常关心,也许可以说关心得太过了,往往把自己站开了,而站开并不是不管。"③ 李根源退隐苏州后,仍胸怀天下,《松海》中不少诗作都有所流露。如《水龙吟》:"望神州壮怀难了,南阳栖隐,东山高卧,一般襟抱,

① 孔凡义:《近代中国军阀政治研究》,中国社会科学出版社 2010 年版,第 143 页。
② 陈志让:《军绅政权:近代中国的军阀时期》,广西师范大学出版社 2008 年版,第 100 页。
③ 南怀瑾:《南怀瑾选集》,复旦大学出版社 2013 年版,第 700 页。

袖手看云，听泉倚树，闲情多少。恐风云起蛰，未容龙卧向空山老。"① 众好友对李根源隐居，均持乐观态度，认为有朝一日终会被重新起用，为国效力。赵廷玉《松海歌》："桃源何必在尘外，小山招隐岂知己。"② 汤国梨《松海赠印泉先生》："未许斯人说避秦，十年养志息征尘。凭君莫问兴亡事，乱世桃源有逸民。"③ 均表达了这种愿望。

李根源退隐苏州，被时人誉为"山中宰相""白衣宰相"。有称其为大隐者，如"大隐似隆中，看台读孝经……尽得湖山秀，小王真世外。"④ 有称其为小隐者，如《松海分咏四首》："小隐隆中好，山深万壑云。英雄还未老，成败论三分。"⑤ 李根源主张"座上客常满，樽中酒不空"⑥，道出李根源疏离政治，但不离人事的生活实态。他们已不是传统意义上遁世无闻的隐士，很难区分他们是隐者抑或名流。另外，随着报纸杂志等大众媒体的出现，他们的社会活动，乃至私生活都受到媒体的关注，并经常见诸报端。

在近代中国复杂动荡的局势下，"乱世不容刘琨隐"，归隐何处？成为不少知识分子思索的问题。他们仍然渴望"种秫可以酿酒，养鱼莳蔬，可以供祭祀，享宾客"的隐逸生活，但已经有诸多身不由己的无奈，柳亚子归隐汾湖后，南社文友在《汾湖旧隐图》的题词，充分表达了这种心情。金天羽（松岑）在《石庄小隐诗序》云：

> 天下何地不可隐乎，一笏之山，半亩之池，种竹千个，栽梅百本，吟啸其间，足以遗外世俗，乐而忘老。天下何地而可隐乎，雁宕龙湫，黄山天都，奇秀甲乎寰宇，而红尘鼎鼎，过客不留，充隐者乃相率卜筑于城市，虽然，使吾居城市而隐，几可以见山之烟云，登楼可以望江之波澜，使吾居山林，而种秫可以酿酒，养鱼莳蔬，可以供祭祀，享宾客，自君子视之，则皆可隐者也，而余两不能兼之……余固欲高隐而无其地者也。局居吴会，回思十载以前，振衣迎江之塔，举杯大观之亭，落帽龙山，仰天长啸，光景在目，未

---

① 李根源辑：《松海》，曲石精庐1936年版，第7页。
② 李根源辑：《松海》，曲石精庐1936年版，第4页。
③ 李根源辑：《松海》，曲石精庐1936年版，第9页。
④ 李根源辑：《松海》，曲石精庐1936年版，第12页。
⑤ 李根源辑：《松海》，曲石精庐1936年版，第37页。
⑥ 李根源辑：《松海》，曲石精庐1936年版，第17页。

知何日得与慕巢抵掌论诗，而诵淮南招隐之章耶。①

20 世纪 20 年代兴起的闲适文化思潮，在以鸳鸯蝴蝶派为主要代表的文人群体中影响广泛。疏离政治而游戏文字的文人，追求快乐闲适的生活而毫不隐讳。1923 年，周瘦鹃在《快活》发刊词中明确表达其快活主义。周瘦鹃、郑逸梅等的小品文及散文作品，多流露出追求自适快乐的倾向。为了谋生，他们大多只能身居闹市，身隐既不可能，只有追求表象的快乐与心灵的归隐。他们疏离政治，试图远离黑暗和斗争，以追求所向往的闲适生活。这种快活自适主义，实则受道家不役于物、不为物累思想的影响，追求个体精神的逍遥自在，同时也承继了晚明士人群体适世自适的观念。

第三节　近代苏州隐逸群体素描

给予隐士阶层一个合理恰当的定位，是历代修史者和研究者们试图厘清的一个重要环节。由于历代社会环境的差异，隐士们归隐的原因与方式各有不同。《后汉书》首次设立《逸民传》，最早给隐士立传，以隐逸原因作为判定的主要依据。《梁书·处士传》把隐士分为上、中、下三个等级，《旧唐书·隐逸传》始有真假隐士的名实之辨，主要的判断依据是他们与政治和仕途的界限是否分明。欧阳修《新唐书·隐逸传》同样指出隐士的真假问题。明代对隐逸问题的探讨多集中于文人笔记，对隐士类型的划分更加复杂多元。地方史乘中"隐逸"类的划分标准，多以正史为圭臬，野史、笔记中的类分，亦不同程度地受到正史的影响。纵观历代正史、野史、笔记，以及近人对隐士阶层的划分，均以归隐原因、动机以及与政治的关系作为主要依据。近代以来，传统隐士的划分标准受到挑战，局限性凸显。本书以他们隐逸之前的主要职业或社会活动作为划分的基本依据，对近代苏州的隐逸之士进行类分。

---

① 金天羽：《天放楼文言》。参见沈云龙：《近代中国史料丛刊》第 31 辑，台湾文海出版社 1973 年版，第 116 页。

一、隐逸群体的分类依据

近代的隐逸现象、模式和内涵发生重大变化，传统史家所采用的分类方式远不足以描述新的隐逸生态。生活在近代新旧杂糅文化场域的隐逸之士，面临与传统的疏离和决裂，虽然与传统的社会、文化有着天然的联系，但是他们的诸多行为，已然迥异于传统隐士。本书在借鉴前人分类标准的基础上，打破以地缘划分为主的惯例，对近代苏州的隐逸群体进行划分。

第一，采用职业关联的方法，以隐逸者归隐前的职业或社会活动作为分类的主要依据。由于时局动荡，他们多有结束隐居生活复出的经历，并多从事旧业。清末民初，政坛、军界、学界关系诡谲复杂，盘根错节，不少人兼具多重身份。李根源由革命者涉足军界和政界，逐步成为军政要人，陆荣廷原属于西南实力派军阀，他们失势下野后均曾隐居苏州。张一麐、费树蔚曾为袁世凯的幕僚，参与政治活动，后辞职回到苏州。章太炎、金天羽前半生主要从事革命活动，后转为国学救国。黄宗仰与印光法师，受佛教改革运动及救国思潮的影响，由隐而显，后仍隐于佛门。吴荫培、邹福保等具有显著的遗民特征，归入遗民隐士类型。

第二，近代苏州的隐逸之士，既有苏州本地人士，亦有不少流寓苏州者，本书打破历代史志依据地缘关系划分的标准，把传统语境下"流寓"或"寓居"苏州的隐逸之士，亦归入苏州的隐逸群体。处于近代混乱之世，不少流寓者已经很难再终老故土，他们心中的故乡逐渐失去归隐的意象，而面临着身归何处与心归何处的抉择，边游边隐成为一种生活方式。陈衍一生旅食四方，被迫辗转于福州、上海与苏州之间，虽然渴盼稳定安逸的生活，现实却无法提供基本的生存保障。

二、隐逸群体的类型

（一）退隐的军政界人士

辛亥革命前后，受民族革命思想的影响，部分士人逐步转变为革命者，他们既受过良好的传统文化教育，又受到新学和西学的影响，或接受过军事学校的学习和训练，参与推翻清朝统治的实际斗争，成为重要的军事力量。中华民国建立后，他们又参与了政权建设，成为政界人物。军阀混战时期，军界和政界关系复杂，军政界人物退隐、下野现象频繁，苏州成为失势的军阀政客退隐的绝佳去处。李根源、陆荣廷、岑春煊等西南实力派人士，均曾一度寓居苏州。中华民国成立之初，部分革命者认为革命已经成功，即可解甲归隐，息隐林泉。在二次革命、护国运动、护法运动中，随着政治斗争局势的日益残酷，部分革命者心灰意冷，最终在理想与现实的巨大反差中退出革命队伍。

（二）悠游林下的文人

苏州是南社孕育诞生的大本营，南社的不少成员具有强烈的革命意识。他们与国家政治关系密切，被称为革命诗人、国家诗人或政治诗人，以柳亚子为主要代表。柳亚子曾满怀"欲凭文字播风潮"的豪情，具有强烈的革命浪漫主义和理想主义情怀。值得玩味的是，一旦在现实斗争中受挫，他就会不自觉地流露出消极的归隐之思，时至1949年，柳亚子仍有"安得南征驰捷报，汾湖便是子陵滩"之意。① 然而，南社诗人"绝大多数，还是属于山水田园派，他们寓有隐逸遁世的思想、冲淡闲适的情调，借诗来陶醉自己。也有些凭着灵感，逞着才华为诗而诗"②。他们一生远离政治旋涡，这类诗人当以陈衍为代表。鬻文于上海的鸳鸯蝴蝶派作家群体，较少涉足军政活动，他们有着浓郁的苏州情结，往返于上海、苏州两地，以周瘦鹃、郑逸梅等为主要代表，作品时常流露出羡隐、归隐的情思。1922年，藏书家邓邦述迁居吴县，以"漫道闭门甘小隐"言其志。

（三）既隐又显的方外之士

梁启超指出："晚清思想有一伏流曰佛学……故晚清所谓新学家者，殆无一不与佛学有关系，而凡有真信仰者率皈依文会。"③ 这一伏流促成了佛教界本身的反省和改革。民国以来，佛教成立教育机构、创办教学刊物，呈现出顺应时代变革的新趋势，表现出强烈的入世精神。部分佛门弟子受民族革命思潮的影响投身革命，乌目山僧黄宗仰，积极支持并参与辛亥革命，革命成功后认为"乾坤事了续修禅"而悄然隐退。印光法师于普陀山法雨寺潜修多

---

① 曹雪娟：《南社百杰》，上海文艺出版社2009年版，第253页。

② 郑逸梅：《南社丛谈：历史与人物》，中华书局2006年版，第358页。

③ 梁启超：《清代学术概论》，中华书局2011年版，第130页。

年，1912 年，缘于在《佛学丛报》发表《净土法门普被三根论》《宗教不宜混滥论》《佛教以孝为本论》和《如来随机利生浅近论》而渐为世人关注，后终因人事繁杂不堪其扰，并于 1930 年在苏州报国寺闭关。

（四）坚守的前清遗民

遗民是历代隐逸的重要类型之一，清民鼎革时期亦不例外。清帝逊位后，以遗民或遗老自居者多聚集于天津、青岛、上海，苏州亦有为数不少的遗民。学界对于清末民初遗民的研究多为个案研究，群体研究则主要指向遗民集中的租界，如熊月之的《辛亥鼎革与租界遗老》从特殊的地理环境租界入手，探讨民初遗民群体的相关活动。[①] 李丹的《晚清广东遗民群体初探》则重点研究广东的遗民群体。[②] 学界对苏州遗民群体的关注仍较缺乏，此期苏州的遗民，既包括苏州籍遗民，也有不少寓居的外来者。

三、隐逸群体间的相互关系

近代苏州的各类隐逸之士，其隐逸原因、隐逸动机各有不同，但他们声气互通，惺惺相惜，形成一个特殊群体。他们并非遁世无闻不接世事，而是通过多种途径参与社会活动，有着广泛的交游圈。归隐故土者，利用在本地的知名度及原有的人脉资源，与名流士绅交接。如张一麐、费树蔚等，回乡后声誉不减，与本地官绅关系密切，不少社会活动多有参与，影响力不俗。寓居苏州的外地人士，则多凭师友、同僚、同乡及姻亲关系，形成自己的交游圈。各类隐逸群体间的交游，多通过朋僚、乡贤及社团等网络得以拓展。金天羽等组织"九九消寒会"，邀请李根源入会，使其得以"获交吴中贤俊"[③]。此外，由于公共文化空间的扩展，大众传媒进入公众视野，隐逸之士在苏州的活动受到媒体的关注，无形中扩大了他们在当地的影响力。

于不同领域中退隐的隐逸之士，以自己的方式践行各自的隐居生活。

---

① 熊月之：《辛亥鼎革与租界遗老》，《学术月刊》2001 年第 9 期，第 12 - 15 页。

② 李丹：《晚清广东遗民群体初探》，《五邑大学学报》（社会科学版）2014 年第 4 期，第 47 - 50、91 页。

③ 李根源：《雪生年录》卷三。参见沈云龙：《近代中国史料丛刊》，台湾文海出版社 1966 年版，第 119 页。

他们多建有园林式的居所，大体上仍保留着传统的隐逸形式。但是，他们并没有真正遁世闲居，而是眼光向下，隐而不闲，隐而未休。他们根据自己的学养爱好和职业习惯，通过多种方式参与社会活动，如考察古迹、保护文物、传承国学教育、筹办实业等，成为此时期隐逸文化的重要成果。从表面上看，他们隐于苏州的生活日常，不仅是对传统隐逸形式的延续和继承，而他们对当地社会事务的参与，又赋予了隐逸文化新的内涵。"隐逸"与"济世"这对貌似悖反的矛盾得到了较好的调适，近代隐逸文化上升到了一个新高度。

第三章　隐者面相（上）

中华民国建立后，各地实力派逐步转化为割据势力，"政客借实力以自雄，军人假名流以为重"①，政界与军界关系更加密切。军政界人物的退隐之风，与当时中国的军绅政治体制有重要关系，军阀混战中形成的"穷寇勿追，网开一面"的作风，刺激了失势者下野之风的盛行。② 民国初年，一些革命者解甲归隐苏州，知名幕僚张一麐、费树蔚亦相继归隐故土。20 世纪 30 年代初，形成失意的军政界人士齐聚苏州的场景。退隐的军政界人士是近代苏州隐逸群体的重要类型，也是此期隐逸文化的一大特色。

第一节　退隐苏州的军政界人士

20 世纪初年，中国的士绅阶层出现分化，但从根本上看，这些分裂为不同集团的群体仍有着共同的源头，他们在传统文化的熏陶和浸染中成长起来，骨子里仍遗存浓郁的传统气质。乃至在科举制度废除之后，留学日本、英美的学生，亦未能完全消除传统政治、文化的浸染。退隐苏州的军政界人物，多受过系统的传统儒家教育，虽受到新思想的影响，但骨子里仍暗含传统士人的隐逸情结。

---

① 饶汉祥：《珀玕诗文集》，湖北人民出版社 1998 年版，第 15 页。
② 陈志让：《军绅政权：近代中国的军阀时期》，广西师范大学出版社 2008 年版，第 107 页。

一、随幕主显隐的幕僚群体

清末科举制度废除之后，士人的入仕途径日益狭窄，到知名幕府做幕僚，成为不少人施展抱负的路径之一。同时，封疆大吏为了扩充实力，也极力延揽人才，于是出现具有新时代特征的幕僚阶层。他们在政坛的台前幕后发挥着作用，以其个人的识见、智能、人格和作风对不少历史事件产生间接影响，并且随幕主的显达或失势沉浮于宦海。袁世凯在清末迅速崛起，曾网罗一批文武幕僚。1909 年 1 月，袁世凯遭弹劾被开缺回籍，回到河南老家，随后迁至彰德府（今安阳市）北门外洹上村赋闲垂钓。《东方杂志》曾刊登袁世凯在洹上村"蓑笠垂钓图"的照片，以示寄情山水，不再过问政治，首开军政界人士的退隐下野之风。

袁世凯退隐，其幕僚大多另谋出路，或投奔他人，或归隐故土，其中即有袁氏"幕僚中的三要角"之一的张一麐。张一麐（1867—1943），又名一麟，字仲仁，号民佣，江苏吴县人，1903 年经济特科进士。"始先生分省湖北，世凯与之洞争之力，乃改今省，入幕办文案"，① 成为袁世凯重要的文案人员，袁氏失势后，张一麐回到苏州。1911 年底，袁世凯被清廷重新启用，张一麐再次为其效力。1912 年之后，袁世凯卷入与革命党人的权力之争，1913 年，云南督军蔡锷被袁世凯调至北京加以监视。后来蔡锷寻机易名逃离北京，临行时送给张一麐两盆桂树，寓有"盆者朋也，桂者归也，隐风以朋友偕归之意"②，暗示其归隐，但张一麐未能会意。袁世凯称帝后不久，张一麐离开北京辗转去日本，后又寓居天津。1916 年 3 月 22 日恢复民国年号，由冯国璋代理大总统，张一麐任总统府秘书长。1918 年，冯国璋被迫下台，张一麐解职南归，回到苏州。1919 年 10 月 23 日，张一麐、熊希龄、张謇、蔡元培等联名拍发通电，组织和平期成会，劝告南北息争，号召停止内战。南北两政府各派代表在上海召开和会，张一麐奔走其间，但未能成功。1921 年回到苏州，自此不复谈国政。

1915 年 11 月，袁世凯幕僚之一的费树蔚，亦回到苏州。费树蔚（1883—

---

① 张一麐：《古红梅阁笔记》，上海书店出版社 1998 年版，第 61 页。
② 张一麐：《古红梅阁笔记》，上海书店出版社 1998 年版，第 62 页。

1935），字仲深，又号韦斋、愿梨。费树蔚与袁世凯长子袁克定同为吴大澂女婿，后来由张一麐推介给袁世凯入其幕府，两人"共书晨夕，决疑定计，遂结为兄弟交"。1910 年丁母忧回苏州，不复有出山之计。1915 年 7 月，费树蔚应召入京任政事堂肃政史，曾直言劝谏袁世凯，但未被采纳，遂槥被还乡，以元遗山（好问）的《还山吟》韵十叠，有"颍川文若何足羡"之句以明志。① 张一麐与费树蔚"相宅于邻，两家晨夕往还，情好益挚"。李根源曾有评论："仲仁、仲深先生在吴中称二仲，负有清名，盖以袁柄国时，一长教育，一官肃政使，洪宪议起，规谏不听，拂袖去职。"② 两人在苏州有较高威望。

二、迷茫困惑的革命者

"二次革命"失败后，孙中山、黄兴等流亡日本，革命阵营受到沉重打击。同时，革命阵营内部的混乱与阴谋，使一些革命者日益认识到斗争的复杂艰巨，对革命前途陷入迷茫困惑而渐生归隐之意。沈瓞民（1878—1969），名祖绵，浙江钱塘人，光复会创始人之一。沈氏家族为宋代沈括后裔，数代俱为易学大家。1897 年，沈瓞民去日本早稻田大学历史地理科学习，在东京结识孙中山、陶成章，加入同盟会，投身民主革命。戊戌变法期间，沈瓞民回上海，创办时宜学塾，并创设"识字处"，宣传救国思想，后被清政府通缉追捕流亡日本，化名"高山独立郎"，重进早稻田大学求学。③ 辛亥革命期间，沈瓞民率领光复会同志参加了攻占上海制造局的战斗。1911 年冬，浙江都督府成立，沈瓞民应招入杭州担任都督府秘书。1913 年，沈瓞民事先和上海的陈其美、杭州的朱瑞约定，同举反袁义旗，后以失败告终，沈瓞民被叛徒出卖遭到逮捕，经光复会同志营救后再次出亡日本。他在日本曾作《释问五首》："浪迹京华类转蓬，三公与我马牛风。剧怜多少趋时客，尽效痴顽不

① 张一麐：《心太平室集》，台湾文海出版社 1966 年版，第 215 页。
② 李根源：《雪生年录》卷三。参见沈云龙：《近代中国史料丛刊》，台湾文海出版社 1966 年版，第 120 页。
③ 沈延国：《沈瓞民先生传略》。参见苏州市档案局：《苏州史志资料选辑》第 3 辑（内部发行）1984 年版，第 23－39 页。

倒翁。满眼云泥睽上下，伺人月旦说西东。陆沉名利蝇营辈，直在南柯一梦中。"① 视前期的革命生涯为南柯一梦。

1916 年袁世凯去世后，沈瓞民才得以结束流亡生活，归国后担任南洋公学教习，在上海授徒卖文维持生计。时局纷乱，革命前途渺茫，加之家风浸染，沈瓞民最终选择归隐。1921 年，沈瓞民寓居苏州研究《易》学。1933年，由黄炎培相助，沈瓞民将《中国外患史》书稿连同版权一并出售，所得资金数千元，在苏州购得德寿坊房屋一所，定居苏州。此后潜心著述，一度在章氏国学讲习所担任特约讲习。沈瓞民曾经运用风水理论试图使苏州免遭兵祸，1931 年，时任南京中央大学教授的吴梅回苏州居住数月，"今从景德路出金门，气象迥非昔比。金门为前年所改，旧名新阊门，为玄学大家沈瓞民（祖绵）所定方向，门偏向西南，意在避兵也。今则正西向，大改沈氏之意矣。"② 淞沪抗战爆发后，苏州遭到日机的大肆轰炸，不知是纯属巧合抑或玄机被破所致。

蒋介石发动"四·一二"反革命政变后，曾参与国民政府北伐的凌敏刚，亦退隐吴江。③ 凌敏刚（1875—1944），字毅然，湖南平江人。1904 年入江南将备学堂，1907 年转入江南陆军讲武堂，后遇孙中山，加入同盟会。曾任南京讲武堂堂长，钱大钧、顾祝同等均为其学生。上海光复后，凌敏刚任沪军都督府训练科长。1922 年，受孙中山派遣，赴湖南开创国民党党务工作。1926 年北伐开始后，凌敏刚参加北伐，任军、师参谋长等职，蒋介石叛变革命后，凌敏刚愤而退隐吴江。庞树柏（1884—1916），字檗子，号芑庵，常熟塘桥（今属张家港）人。曾组织参加三千剑气文社，以诗文宣传革命，并参加上海光复起义，参与二次革命。庞树柏在辛亥革命成果被窃取，并受到造谣中伤后，对社会现实深感失望，产生悲观厌世思想，决意远离政事。④

---

① 苏州市政协文史委员会：《苏州辛亥人物诗词选：辛亥革命八十周年专辑》（内部发行）1991年版，第 53 页。

② 吴梅：《吴梅全集：日记卷》，河北教育出版社 2002 年版，第 6 页。

③ 虞掌玖：《宅园访幽》，古吴轩出版社 2006 年版，第 128 页。

④ 曹雪娟：《南社百杰》，上海文艺出版社 2009 年版，第 219 页。

三、抗日将领的无奈退隐

"曲线救国何辞难，诈伪迁苏道弯弯。屡屡请缨归未得，焉知家身属另端"①，是对东北抗日将领苏炳文一生遭遇的总结。1933 年，华北协议签订后，苏炳文及其秘书郭竹书，遵从上峰指示解甲南下，卜居姑苏，两人在苏州度过了数年的隐居生活。苏炳文与郭竹书关系密切，有吴佩孚和杨云史之誉。② 苏炳文（1892—1975），字翰章，辽宁省新民县人。1912 年入保定军官学校第一期步兵科。毕业后入选袁世凯在北京成立的"模范团"，1917 年升为该团第一营一连连长，在讨伐张勋复辟战斗中战绩颇著。1917 年 8 月 14日，北洋政府对德宣战，派驻北京南苑的陆军第九师组成驻崴（海参崴）支队出兵远东，苏炳文任第二营营长。第一次世界大战结束后，驻崴支队恢复原建制，苏炳文任该师第三十六团第一营少校营长。

1928 年张学良东北易帜后，苏炳文任东北边防军驻黑龙江副司令官公署参谋长，黑龙江省政府委员。1930 年 10 月，苏炳文调任呼伦贝尔警备司令。1932 年 4 月 1 日，马占山电约苏炳文起兵，两人决定择机起事。1932 年 10 月1 日，"东北民众救国军"成立，推举苏炳文为总司令，通电全国，抗日讨逆。日伪向救国军发起大规模的"围剿"，苏炳文带领救国军官兵四千余人，被迫退入苏联境内，后转道欧洲，于 1933 年 3 月率部归国。华北停战协议签订后，马占山和苏炳文先后接到南京国民政府的指示回南方休养。1933 年 7月，苏州《大光明》报透露《马占山行将寓苏》的消息：

　　抗日英雄马占山将军，自与苏炳文将军回国后，因华北协定，既已签字，抗日工作，暂时不谈。守藏器待时之戒。行将侨居苏垣，暂作寓公。兹闻接近将军者谈，已委托观前街，承德银团中莫君，代觅一三上三下之住宅，以作寄寓。租金每月至多百元，押租至多千元。一俟寓所勘定，即将携眷

---

① 陈捷延：《过客吟：捷延咏史诗存》，中国文史出版社 2012 年版，第 2234 页。
② 1921 年，杨云史经好友潘毓桂介绍，拜访吴佩孚。吴佩孚说："杨先生是江东才士。"礼延入幕，委以秘书长，极宾主之欢。云史尝写信给夫人徐檀，谈到遇合之乐，曰："三年择妇而得君，十年择主而得吴。"杨云史一生与吴佩孚最为相知，吴佩孚亦倚畀极深。杨云史在吴佩孚幕府时，所经大小战役，几乎都有诗记之，向有"诗史"之目。据章君谷：《吴佩孚传》，团结出版社 2007 年版。

来苏。①

　　苏炳文来到苏州后，曾得章太炎相助，《大光明》报载《苏炳文将暂居章邸》："民族英雄苏炳文将军，近以身体不适。拟来苏觅屋居住。外间谓已购妥泗井房屋。非信言也。文学泰斗章太炎先生，在苏侍其巷，置有房屋二所，空关已久，近由税警团租赁一所。其毗连一宅。无人居住。章知苏氏拟来苏居住。一时尚无相当房屋，慨然以该屋暂假苏氏。"② 章太炎此时已隐于苏州讲学，"九一八"事变后，力主抗日，听闻抗日将领即将来苏无处可居，遂慨然相让其寓所。1933 年 7 月 12 日《大光明》报刊载《苏将军寓苏之宗旨》，详述苏炳文及其部属当时抗日条件之艰苦，及拒绝伪满洲国威逼利诱之情状：

　　外间或有以春秋之义，责备苏氏者，似未能尽知将军之人格与怀抱。抗日之义务，非仅属于军人，凡中华民国之国民，人人皆有抗日之义务。九一八之役，苏氏以种种窒碍，致未能揭竿而起，卒至十月一日旅次誓师消息传出，世界为惊，而其时吾国代表颜惠庆，正以东三省三千万人民推戴之所谓一满洲国，消息传递国联，颜氏忿然无词以应，比接苏将军誓师之消息，精神为之一振。而国联之未能率而承认所谓满洲国者，皆苏将军誓师之功。光荣灿烂，占抗日史中重要一页。卒以粮尽绝援，不得已而退入苏联，当其时也，鬼哭神嚎，天地为惊，惨状怵目，亘古罕见。将军犹焕发精神，勉嘱将士，以大丈夫复国有日，一时之得失，何足介意。据苏将军谓，其时伪国，威逼利诱，无所不用其极，而诸将士不为威迫，不为利诱，无他，为中华民国国民争人格耳……今政府初无抗日明令，军人以服从为天职。苏将军赤手空拳，何从抗起。似未免过于明于责人。又据将军谓，政府果有明令，赴汤蹈火，皆所不辞。③

　　由于政府没有抗日命令，军人固当以服从为天职，如若政府有令，则赴汤蹈火在所不辞，足以表明苏炳文的抗日心情。

　　苏炳文一行来苏州以后，苏州党政当局准备宴请苏炳文，以示对抗日功勋的敬重。当请柬送到秘书长郭竹书手上时，他却没有接受，认为但愿把苏

　　① 拾得：《马占山行将寓苏》，《大光明》报 1933 年 7 月 12 日。
　　② 钵池：《苏炳文将暂居章邸》，《大光明》报 1933 年 7 月 19 日。
　　③ 一索：《苏将军寓苏之宗旨》，《大光明》报 1933 年 7 月 12 日。

州人宴请的热情，转移到抗日的实际工作中来①。后来尊重两人的意愿，改用茶点，原来宴请的费用拟充国难时期之抗日军费。② 两人的言行足以表明他们抗日的决心与无奈。但是也引起一些人的不满，认为郭竹书拒人千里过于清高。"七七事变"以后，苏炳文以为报国有期，屡次请缨奔赴前线，但国民政府没有回应。抗战胜利后，当局以"思想异端"为由，迫使苏炳文退出军籍，无奈返回东北故里。

第二节 李根源：十年养志息征尘

苏州优越的地理位置，恬静优雅的文化氛围，成为倦于政坛军界斗争者舒缓身心的首选之地。范烟桥认为吴中风俗醇厚，景物清嘉，"故近年失意巨公，多来买宅，以遂初服"。③ 李根源退居苏州后，被公认为下野要人寓居吴门的领袖，影响力非同一般。李根源（1879—1965），字雪生，又字印泉、养溪，别署高黎贡山人，云南腾冲人，1905 年加入同盟会，1909 年任云南陆军讲武堂监督、总办。辛亥革命后，曾任云南军政府军政部总长兼参议院院长等职，参与反袁护国战争和护法运动。1922 年，任北洋政府航空督办、农商总长，兼国务总理。1921 年，李根源在苏州葑门十全街买下云南同乡前云南学政姚稷臣的旧宅，与母亲阙老夫人寓居于此。1927 年母亲去世以后，李根源买山葬母庐墓小王山。李根源曾深入苏州西部山区考察文物古迹，兴学小王山，并进行善人桥新村建设，在当地影响较大，给后人留下诸多研究兴趣。

一、派系斗争中的沉浮

李根源自幼接受儒家文化教育，具备传统士人的基本素养。1903 年，李根源在昆明高等学堂读书期间，阅读了大量宣传革命的文献，如《植书》《革命军》《湖南新报》《清议报》及《新民丛报》等，视野骤然开阔，思想日益激进。1905 年，李根源赴日本留学，在东京结识黄兴、宋教仁，曾有"革命

---

① 白燕：《苏将军谨辞盛宴》，《大光明》报 1933 年 8 月 3 日。

② 当风：《郭竹书之拒人千里谈》，《大光明》报 1933 年 8 月 11 日。

③ 范烟桥：《茶烟歇》，上海书店出版社 1934 年版，第 6 页。

群中宰相才，结交初在骏河台"之怀事诗。[①] 在横滨结识孙中山，加入同盟会，走上革命道路。回国后在云南与蔡锷等发动新军响应武昌起义，后又参加二次革命、护国战争等一系列革命运动。

1916 年的护国运动中，西南独立各省在广东肇庆正式成立军务院，以代行国务院职权，尊黎元洪为大总统。1916 年 6 月，黎元洪依法继任总统，段祺瑞为内阁总理。黎元洪就职后，段祺瑞电请西南护国军取消军务院。护国军军务院取消后，李根源被任命为陕西省省长，黎元洪邀其进京。此后，南北派系斗争激烈，以南方军政府成员为主的政学会成立，李根源成为政学会的实际首领，吴佩孚曾有"北有安福，南有政学，国之蟊贼，厥罪惟均"之论，[②] 足见两派势力对当时政坛的影响。由于安福系从中挑拨离间，以南方军政府中的李根源、岑春煊和陆荣廷为主要瓦解对象，终于爆发滇军风潮。1920 年 10 月，李根源部失去云南地盘，只好通电下野，"偕西林离广州归上海，住威海卫路"。[③] 政学系的地盘被根本推翻，在北京和上海的活动中心被迫解散。不久李根源在上海遇刺，所幸未在寓所而逃过此劫。1921 年 8 月，李根源买下苏州葑门十全街的新造桥宅，并于年底奉母入居。

1922 年北方政局发生重大变化，黎元洪继任总统，李根源被再次起用。黎元洪派专员来迎请李根源出山，特任航空督办、农商总长并兼代总理。[④] 但是仍被处处掣肘，不能自由行使职权，李根源曾愤慨："余志在开边西藏之行，昔于袁世凯、朱尔典，今又扼于曹锟，命也！"[⑤] 1923 年 6 月，曹锟为夺取总统职位，逼使黎元洪撤销内阁，李根源只好"护大总统走天津"，随后又去上海。1925 年，孙中山、胡景翼相继离世，使李根源备受打击。前者是其战友，后者是其后期准备依靠的主要力量。李根源在南北政争中屡次受挫，把希望寄托于胡景翼身上，但是胡景翼却"不意左臂患疔疮，四月十日延西

① 陆星：《李根源传》，中国文史出版社 1998 年版，第 17 页。

② 谢彬：《民国政党史》，中华书局 2007 年版，第 180 页。

③ 李根源：《雪生年录》卷二。参见沈云龙：《近代中国史料丛刊》，台湾文海出版社 1966 年版，第 95 页。

④ 李根源：《雪生年录》卷二。参见沈云龙：《近代中国史料丛刊》，台湾文海出版社 1966 年版，第 102 页。

⑤ 李根源：《雪生年录》卷二。参见沈云龙：《近代中国史料丛刊》，台湾文海出版社 1966 年版，第 103 页。

医割治，误于蒙药，竟至不起"①。希望再次破灭，促成李根源下定归隐决心。在亲自护送胡景翼灵柩到郑州后，逾日便南归抵苏，闭门谢客。"浮沉军政，甘苦备尝，痛心政治黑暗，时局悲观，卜宅吴门，莳花娱老，誓不作出岫春云"②，道出个中原因。

李根源后人及研究者都对其归隐原因予以分析，大致总结为两个方面：第一，李根源半生戎马倥偬，多次遭遇被暗杀、通缉的危险，仍未能施展自己的理想。曹锟贿选总统成功后，黎元洪被排挤出局，以李根源为核心的政学系失势，对政治官场心生倦意。1925 年，孙中山和胡景翼相继去世，李根源更是心无所依，身心俱疲。第二，苏州具有优越的地理位置，紧靠南京和上海，扼两地咽喉，同时相对于南方诸地，苏州环境清净，大隐隐于市，既可胸怀国家，又可独善其身。③ 虽然道出其隐居苏州的主要原因，但是李根源家族内部的隐逸基因不容忽视，从其自传《雪生年录》中可以窥知，李根源盛年退隐有其必然性。

二、娱亲养母守家风

李根源生于将门世家，祖籍山东益都，始祖李德在朱元璋征讨云南中"随师平滇，勤劳克著"有功，得以"子孙世袭千户罔替"的奖赏。正统年间，为镇压麓川少数民族头领的反叛，李氏子孙在云南腾冲落户。④ 到祖上李镇雄一代，官至都指挥金事，封武略将军，在明末保护南明朝廷的战乱中，与永历帝失散，只得回到腾越曲石，过隐居生活，并"戒子孙勿求仕进。"李镇雄子（李旭）、李镇雄孙（李琼伯）"均绩学能文，遵遗命不与考试，以布衣终，三世为明遗臣。"⑤ 李根源从小受其家族风气的影响，富有民族气节。章太炎认为李根源的民族革命思想，受其祖李镇雄的影响较大，隐居生活对于李根源而言并不陌生。

---

① 李根源：《雪生年录》卷三。参见沈云龙：《近代中国史料丛刊》，台湾文海出版社 1966 年版，第 117 页。
② 《过去要人：李根源在苏隐居》，《兴华》1934 年第 47 期，第 44－46 页。
③ 沈红娣：《李根源与小王山》，古吴轩出版社 2011 年版，第 9 页。
④ 陆星：《李根源传》，中国文史出版社 1998 年版，第 3 页。
⑤ 李根源：《雪生年录》卷一。参见沈云龙主编：《近代中国史料丛刊》，台湾文海出版社 1966 年版，第 2 页。

　　李根源受传统文化熏陶甚早，自幼奠定深厚的国学功底及扎实的史地基础。六岁时，祖母即教以《三字经》《百家姓》《千字文》，七岁时授以《鉴略》《孝经》等启蒙书，教导李根源"为学宜恒，立身宜正，做事宜诚"。同时，父亲李大茂讲授《出师表》《正气歌》、史可法的《复睿亲王书》及《朱柏庐治家格言》等，"少不率教，鞭扑随之"①。李大茂订阅《上海新闻报》，每当乡邮员把报纸送到家里，李根源都要认真细读一番，从此关心国家大事。

　　李根源十七岁时拜赵端礼为师，并受教八年。赵端礼教育注重史地，把一些经典列为必读书目，其间李根源阅读《云南通志》《滇南诗略》《滇南文略》《滇诗词音集》《重光集》《南诏小腆纪年》等，打下坚实的史地基础。自此始留心乡邦文献嗜好金石，"立身行己不敢有所苟且"，在道德学问上进步很大。1900年，李根源到昆明参加乡试，结识黄膺先生，精通金石掌故之学，他曾将其比作秦末教张良于圮桥之上的黄石公，李根源酷嗜金石文献及稳健的思想方法都与黄膺有关。李根源每到一处，在军政闲暇之余，都十分关注地方文化，并对金石古迹感兴趣，与其早年所受教育有密切关系。

　　李根源孝敬母亲娱亲读书，也深受家族影响。祖父李殿琼为龙陵营千总官，1856年死于杜文秀之难。祖母黄恭人历尽艰辛把子女抚养成人，并督导读书，子大茂"12岁毕五经"②，李大茂不仅具有强烈的爱国精神，而且孝敬母亲。李根源母亲阙氏对婆婆黄恭人也极尽孝心，给李根源留下深刻印象。李根源归国后投身革命，其间祖母、父亲去世，均未能奔丧尽孝，"先考弃养，家人不以告，来年三月始知"，甚是悲痛，自恨"小子直狗彘之"，一直心怀愧疚。③ 李根源曾向岑春煊慨叹："吾母行年逾六十，徒以奔走国事，弗克归省，又弗克迎养，报国何若尚不敢知，而所以报吾母者，尤不知何若。"④可见，其娱亲养母之心早已有之。阙老夫人常劝李根源信佛行善，对其隐居期间的日常生活亦产生一定影响。

<hr/>

① 李根源：《雪生年录》卷一。参见沈云龙主编：《近代中国史料丛刊》，台湾文海出版社1966年版，第5页。
② 李根源：《雪生年录》卷一。参见沈云龙：《近代中国史料丛刊》，台湾文海出版社1966年版，第4页。
③ 李根源：《雪生年录》卷二。参见沈云龙：《近代中国史料丛刊》，台湾文海出版社1966年版，第68页。
④ 李根源：《观贞老人寿序录》，曲石精庐1927年版，第4页。

李根源沿袭了传统的隐逸方式，李根源"奉吾母阙太夫人入居葑门新造桥宅，别辟宅西南隙地为老人游息之所，署曰阙园"①。是一所园林式的住宅，阙园大门北向，入内依次有门屋、起居楼、书房等建筑。书房称为"曲石精庐"，又名"且住轩"。张一麐对阙园赞誉有加："吴中流寓多名贤，曲石先生此息肩。卫公功业轩天地，郇侯栖遁拟神仙。风尘澒洞何时已，泉石徜徉别有天。"② 李根源邀约吴中俊彦在阙园雅集，举行消寒会，"丙寅初春，吴中贤硕集消寒会于兹园，乘兴有作，霏金戛玉佳章鳞集，因辑录之"③，并对消寒会诸友的诗文加以整理，辑成《娱亲雅言》，取老莱子彩衣娱亲之意。阙太夫人寿辰，李根源邀约好友聚会，并将母亲六十四岁和七十岁寿辰时，众好友祝寿的贺词结集刊印而成《观贞老人叙录》，是为《阙园集刻》之一。吴荫培曾对阙园风景以及李根源的孝义之举大加赞赏："腾越有奇贤，云是老聃胄，肯来作寓公，增我吴山秀，筑室鲟溪边，占地逾五亩，迎人有春色，三径植梅柳，命名曰阙园，专以娱阿母，大孝风斯世。"④

1927 年 3 月 9 日，阙太夫人病逝，李根源连续数日在《申报》刊登讣告："先妣李母阙太夫人，痛于民国十六年四月十日即夏历丁卯三月初九日卯时，寿终苏宅。谨筮于阳历五月五日成主六日展奠七日发引，暂厝上方山治平寺择期安葬，恐讣未周哀此报。"⑤ 由于"李与军政界多有交谊，日来前往吊奠致赗者已络绎于道云"⑥。阴历四月初七日，停枢于石湖治平寺的听松僧院，后来由刘敬义方丈亲寻兆域，最终定于穹窿小王山酉山卯向，吴县十四都十五图下盎字圩。并于次年阴历二月初二日辰时，"迁安先母于小王山东麓。"⑦ 李氏昆仲将家传、墓志铭、墓碑铭、墓碣、诔、灵表、赞、祭文、哀状、挽诗 10 首，挽联 406 联，于 1928 年 4 月刻印为《观贞老人哀挽录》。

---

①　李根源：《娱亲雅言》，曲石精庐 1927 年版，第 2 页。

②　范君博：《吴门园墅文献》。参见宫楚涵、齐希：《中国稀见地方史料集成》，学苑出版社 2014 年版，第 89 页。

③　李根源：《娱亲雅言》，曲石精庐 1927 年版，第 2 页。

④　李根源：《娱亲雅言》，曲石精庐 1927 年版，第 4 页。

⑤　《申报》：1927 年 4 月 22 日，5 月 1 日，5 月 3 日。

⑥　《申报》：1927 年 4 月 26 日。

⑦　李根源：《雪生年录》卷三。参见沈云龙：《近代中国史料丛刊》，台湾文海出版社 1966 年版，第 129 页。

李根源买山葬母，并发愿"服中誓不出吴县境内一步"。① 与明代著名隐士赵宧光买山葬父，营建寒山胜景之举颇多相似。1927 年，李根源在小王山修建墓庐平房十余间，请张一麐题名"阙茔村舍"并在此乡居。在小王山植树造林，疏泉凿石，先后修建万松亭、听松亭、湖山堂、听泉石、卧狮窝、小隆中、灵池、梨云涧、孝经台、吹绿峰、可桥、水龙吟等十余景，由陈衍借黄山云海景色而引申命名为"松海"。李根源在松海筑一瓦屋，名曰"小隆中"，"苟全于乱世，不觉入山深。高卧小隆中，聊为梁父吟"②，以诸葛亮自喻，有其深刻的人生寄意。"奉老母晨昏，辟吴会五亩园，花竹图书能养志，共斯人忧乐，定神州百年计，江湖廊庙尚关心"③，道出李根源退隐后仍心怀魏阙的心态。

三、"短衣芒屦戴星出"

李根源隐居苏州，修阙园建松海，一副超脱的隐者形象。他在苏州的访古探幽之旅，则又切实体现其务实之作风。1926 年，李根源对苏州西部诸山的古迹、金石进行了一次较全面的考查，分别形成《吴郡西山访古记》《虎阜金石经眼录》《洞庭山金石》三部著作。李根源以吴县地方志、故老相传及乡人提供的线索为依据，分四次进行访古考察：第一次是 4 月 12 日至 4 月 30 日，第二次是 5 月 24 日至 5 月 30 日，第三次为 6 月 8 日，第四次是 10 月 7 日，并于 1926 年底由上海泰东图书局整理成《吴郡西山访古记》出版。李根源坦言："出游以来，日行六七十里，夜局促舟中，篝灯写日记至三鼓，毫无疲敝状。"④ 金天羽（松岑）序云：

> 荒山破寺，披榛丛，剔藓迹，甄录宋以来石刻无遗。历访先贤兆域百余所，凭吊其松楸而徘徊其绰楔。其或幽隐芒昧，则诸于亭长野老，证以史志，相其阴阳，得佚于畦陇间，于是韩襄毅、徐武功、董香光、钱湘龄、王剔甫、曹秀贞夫妇墓，近百年来文人学士，课虚叩寂于荒陉穷谷，茧足不知其所往，

① 李根源：《雪生年录》卷三。参见沈云龙：《近代中国史料丛刊》，台湾文海出版社 1966 年版，第 127 页。
② 李根源：《松海》，曲石精庐 1936 年版，第 12 页。
③ 李根源：《娱亲雅言》，曲石精庐 1927 年版，第 55 页。
④ 李根源：《吴郡西山访古记》，上海泰东图书局 1926 年版，第 3 页。

一旦骨脉呈露，昭晰无疑。其尤久且远，如吴朱桓、梁陆云公、钱氏元僚佳域幽壤，绵历纪祚，亦复披豁以诏当世，公之功于是为勤。①

李根源此次匿迹出游，曾引起坊间及好友猜测，以为他又耐不住寂寞而重搞政治。有人认为李根源"久蛰者思启，久潜者思噬，尺蠖之屈，所以求伸，公之不能忘情于用世也，其将微服以赴津门乎"②，后来在金天羽（松岑）组织的狮林饥春之会上，李根源展示其文稿后，才打消人们的疑虑。此次考察得到苏州名流士绅的一致肯定，金天羽赞其"以是胸中掌故比吴郡诸老宿尤为翔实"③，张一麐称："君则苔径所经必探，夫贞石芒鞋遍踏。痛恨乎发邱树坊表于郑公之乡，禁樵采于展禽之垄，攀藤扪葛补方志之阙，遗断碣残碑披沉霾之姓字，遂使吴中文献昭若发矇，古代衣冠望而罗拜，凡斯风义可格人天。"④ 由于李根源的这次考察，使得不少吴中文献重见天日。

继西山访古之后，李根源复游虎丘，遍拓摩崖题名、佛幢碑版、石室刻经等编成《虎阜金石经眼录》，对虎丘地区的金石碑刻进行了调查统计。王德森认为此录"辨潘翁旧录之讹，补吴王幽宫之记，乃艺林之快事，非文苑之浮词"⑤。李根源对潘瘦羊（钟瑞）《虎阜石刻仅存录》中的一些错讹之处，一一考核并驳正，有功于碑版之学。此后，李根源又亲自查考探访，在洞庭山"征文考献于莫釐间，遍游两山，访古墓，寻招提以及明以来贤人君子之第宅园林，著为游记"⑥，是为《洞庭山金石》，补充了原有文献著录的不足与遗漏。

李根源深入实地考察的精神，深受其父李大茂的影响，他曾深入中缅交界处的深山密林，勘察滇缅军务，发现古代天马、汉龙两关遗址。李根源每

---

① 金天羽：《吴郡西山访古记》序二。参见《吴郡西山访古记》，台湾文海出版社1971年版，第6页。
② 金天羽：《吴郡西山访古记》序二。参见《吴郡西山访古记》，台湾文海出版社1971年版，第6页。
③ 金天羽：《吴郡西山访古记》序二。参见《吴郡西山访古记》，台湾文海出版社1971年版，第8页。
④ 张一麐：《吴郡西山访古记》序一。参见《吴郡西山访古记》，台湾文海出版社1971年版，第5页。
⑤ 王德森：《虎阜金石经眼录》序。参见李根源：《曲石丛书》，曲石精庐1928年版，第5页。
⑥ 王佩诤：《洞庭山金石》序。参见李根源：《曲石丛书》，曲石精庐1928年版，第2页。

到一处，都要对该地的历史、地理、文物、典故，作一番考察和研究。1931年，李根源参与《吴县志》的编纂，负责撰写《冢墓卷》《金石卷》。作为一个外来寓居者，能够参与苏州史志的编纂，足见对李根源的信任。李根源嗜好金石碑刻，自己有不少收藏，并编有《曲石庐藏碑目》四册。他曾收藏有一件象笏，为吴江周迦陵（麟书）十三世祖周用遗物，李根源得知后慷慨相赠，周迦陵分外感激，在故宅专门筹建"传笏堂"以供奉，并请名家绘制《还笏图》，李根源的义举被传为美谈。1950年，李根源将家藏图书数万册、唐墓志九十三方，以及唐泉男生墓出土之唐三彩、陶马等，捐赠给苏州市文物管理委员会。

第三节　何澄：解甲归隐兴实业

辛亥革命前后，部分士人群体裂变为具有强烈的民族革命意识，以推翻清朝统治为目的的革命者，成为辛亥革命的主要推动力量。然而，至于推翻清朝统治之后，建立什么样的国家形态，以及中国具体的出路，却没有明确的建设蓝图与发展路径。中华民国成立之初，一批革命者怀着"功成身退，息影林泉"之良愿，响应裁军号召而解甲归田。

一、革命党人的恬退隐忍

晚清以来，随着民族危机的加深，清政府的统治逐渐被视为异族对汉族人民的压迫，民族主义浪潮兴起。英国学者爱德华·卡尔认为："民族主义通常被用来表示个人、群体和一个民族内部成员的一种意识，或者是增进自我民族的力量、自由或财富的一种愿望。"[1]晚清民族主义的源头，可以追溯至明清易代之际。随着西方列强的不断入侵，相似的时代境遇，汉族知识分子心中再次敲响"夷夏之别"的警钟。有关清初统治者杀戮汉人的史籍和资料大量刊行，作为反抗清朝统治、宣传革命正义的历史资源，希望激起汉人心

---

① 转引自王联：《世界民族主义论》，北京大学出版社2002年版，第15页。

中的亡国之痛，"华夷之别"的文化意识被重新阐述。① 这种相对狭隘的民族主义思想，影响了不少革命者的斗争意志及后来的革命道路。一些革命团体具有浓厚的帮会和侠义色彩，如光复会入会誓词为"光复汉族，还我山河，以身许国，功成身退"，与兴中会"驱除鞑虏、恢复中华"相似，具有激烈的民族革命倾向，颇能反映革命者的心态。此类貌似无私的功成身退思想，为辛亥革命胜利后部分革命者的自觉隐退埋下伏笔，亦给后来的革命斗争带来隐患。

革命党中部分主要领导人的思想，无形中助推了民国初期革命者隐逸之风。黄兴（1874—1916）作为早期光复会的成员、同盟会会员，出身于名门望族，其远祖曾有"永不出仕清朝"的遗训。② 1912 年 1 月，南京临时政府成立，黄兴任陆军总长。临时政府北迁后，黄兴留守南京主持整编南方各军。此后黄兴多次申述其"归息林泉"之意，在致唐绍仪电中更是坦言："俟布置略定，仍当归息林泉，以遂初志。"③ 在 4 月 28 日的《南京留守公启》中又强调："俟办理就绪，即当归田。"④ 1912 年 5 月，黄兴曾数次电催袁世凯拨发军饷，但无音讯，最终迫使黄兴裁撤留守府，并遣散南方军队。黄兴在《布告将士文》中"以债殉国则国危，以民养兵则国困。诸君子痛国权之损失，慨民力之难支，于是减薪捐俸，以济时艰，裁兵归农，以节军费"。⑤ 黄兴虽有强烈的爱国情怀，但总的来说还是一个比较传统的知识分子，读书人独有的善良、软弱和历史的局限，使得在全国革命局势大好的情况下，却选择了退让与放弃。黄兴于 1912 年 6 月辞职，退居上海。

1912 年 7 月 31 日，沪军都督府撤销，改为江苏都督行辕，所有军队及事务均由江苏都督接收。陈其美亦请自解兵权，将沪军移交给江苏都督程德全，黄郛为参谋长，筹办南京上海善后事宜，黄郛率先解散所在部的第二十三师，缩编为一个独立团。8 月 30 日，黄郛致电袁世凯，自请取消二十三师司令部："虽本师兵数众多，服装武器，亦较完备，而回顾国库左支右绌之状况，实不

---

① 刘志刚：《天人之际：灾害、生态与明清易代》，中南大学出版社 2013 年版，第 209 页。
② 中国人民政协文史资料委员会：《辛亥革命回忆录》，中华书局 1961 年版，第 183 页。
③ 文明国：《黄兴自述》，人民日报出版社 2011 年版，第 108 页。
④ 文明国：《黄兴自述》，人民日报出版社 2011 年版，第 111 页。
⑤ 湖南省社会科学院：《黄兴集》，中华书局 2011 年版，第 348 页。

忍再握重兵，加重负于国民，故早呈请江苏都督拟将所部遣散，以节国用，而纾民困……将校兵士，均深明大义，挥泪作别。"① 自动放弃兵权。

二、解甲归隐安居苏州

革命党人的退让隐忍及自解兵权，直接影响了参与各地光复的部下。1913 年，沪军第二十三师参谋长何澄，响应军权交还中央的倡议，解甲归田来到苏州。何澄（1880—1946），又名何亚农，字真山，山西灵石县两渡镇人。1902 年，何澄自费东渡日本，就读于日本振武学堂和日本陆军士官学校。1905 年，加入同盟会，是同盟会秘密外围组织"铁血丈夫团"的主要发起者之一。回国后任陆军部保定陆军军官学校教官，1906 年受孙中山派遣回山西宣传革命。1911 年何澄南下协助陈其美光复上海。

何澄解职后并没有回山西老家，1912 年 8 月下旬，携家眷到苏州定居。何澄来苏州安居的主要原因，缘于他与苏州女子王季山的联姻。1909 年冬，何澄入陆军部军谘处，结识苏州名门之后王季烈，由其牵线，娶其四妹王季山为妻。1913 年，何澄在十全街王家老宅"怀厚堂"附近，建造了一处日式私宅，取名"灵石何寓"，又名"两渡书屋"，以示不忘故乡两渡镇。何澄曾是陈其美的幕僚，两人过往甚密，1916 年 5 月，陈其美遇刺身亡，何澄深感政坛险恶，对革命更感心灰意冷。

三、实业兴邦的艰难尝试

何澄隐居苏州期间，曾积极尝试投资实业。1913 年下半年，何澄在亲友的资助下，着手建造厂房，开办益亚织布厂。② 他之所以要开办织布厂，一是由于苏松地区是中国最大的手工棉纺织业区，可利用产地集中的便利优势，寻找一种适合中型企业生存的空间；二是因为侄子何浙生曾在北京办过织布厂，何澄想借鉴其办厂、印染和销售经验，而开办布厂。何澄从日本长崎赤司广乐园购买厂房所用木料，仿造四十台日式脚踏铁木机，以脚踏飞轮为动力，月出布二百七十达。何澄将品牌命名为"爱国布"，凸显其实业救国的意

---

① 苏华、张济：《何澄（上）》，三晋出版社 2011 年版，184 页。
② 苏华、张济：《何澄（上）》，三晋出版社 2011 年版，第 215 页。

愿，并在上海的报纸上做宣传，其中一种丝光布质量很好，销路不错。南洋爪哇首都巴达维亚（今雅加达）的振林公司曾专门来函商其批发、包销及专卖事宜。

第一次世界大战结束后，西方列强加大商品倾销力度，中国民族工业举步维艰。一家中小型的织布厂，生存发展实属不易。1919 年 8 月 6 日，益亚织布厂在上海商业储蓄银行的存款仅为 1553 元。资金周转困难，何澄不得不向亲友借款，"敝厂幸蒙福佑，日渐发达，惟各处货款月底方能收齐。此时应用原料非现款不可。周转弗灵，愁思无策，不得已而求援"①，从最初办厂的兴奋到经营过程的艰辛，何澄体会良深。他曾致函钟丰玉（璞岑）："敝工厂入秋以来，生意尚可，心血耗得无量，仅获微利，较诸为官难易迥殊，良可恨也。"② 1920 年前后，何澄只好将益亚织布厂卖给一位彭姓商人，后更名为新益亚织布厂。

此后，何澄还开办过"涌源面粉公司"，以儿子何泽涌、何泽源最后一个字命名，最大的股东是其族兄何厚琦（子彰），但没经营多久，就易股换了主人。1920 年代，各地兴起一股垦荒热，各种名目和背景的垦荒公司纷纷挂牌。对于买地垦荒，像日本那样满山遍地都是树，何澄的兴趣更大。从汉口荒经公司到安徽林垦公司，他都托亲友打探，意欲购买合适之地垦荒植树，但是最终由于资金短缺和亲友的反对而未果。

何澄亦很关注民生问题，1926 年，他有感于北方大旱，江苏风雨不调，粮价上涨，给《太平导报》的赵正平写了一封长信，畅谈时局和粮食问题。1926 年 6 月 8 日该报刊发《何亚农论时局与粮食问题书》，何澄不仅关注粮荒问题，并对军阀官僚在位不作为、去位不潜心、不为国家社会服务的现状予以抨击："我辈所见之一班志士伟人、军阀官僚，得志在位，纵欲自杀，失意下野，堕落忧愤，或以嗜好消遣，或以邪道运动，急图复兴，纯以个人得失为忧喜，不明白做事乃为国家社会服务，绝不知在位时勤谨办事，去位后潜心平气研究社会上一切不明白、不熟悉的事，故纵然侥幸再

---

① 苏华、张济：《何澄（上）》，三晋出版社 2011 年版，第 224 页。
② 苏华、张济：《何澄（上）》，三晋出版社 2011 年版，第 226 页。

得位，其根本欲为恶者，不必论矣。"① 无论得志在位还是失意下野，都不能以个人得失为忧喜，而仍应该关心国家和社会，关注民生，代表了不少有良知人士的心声。

北伐战争开始后，为了尽快实现南北统一，1927 年 4 月，黄郛请何澄复出，他终于下定决心，踏上打倒军阀统一中国的征程。抗日战争期间日本占领上海后，何澄在日本士官学校读书时的同学多方拉拢，威胁利诱其出任伪政权要职。他宁死不当汉奸，避居苏州深居简出，很少与外界接触。他素喜文物收藏与鉴赏，与当时借寓网师园的张大千、张善子、叶恭绰交往甚密。

---

① 何澄：《何亚农论时局与粮食问题书》，《太平导报》1926 年第 1 卷第 22 期，第 18－22 页。

第四章　隐者面相（中）

苏州历来人文荟萃，不仅本地士子有着强烈的乡邦之恋，对于流寓吴地的文人雅士亦有不俗的吸引力。近代以来，封闭的地缘界限被进一步打破，苏州吸引了众多骚人墨客驻足，不仅诞生了满怀"吾曹不出苍生何"之豪情的南社诸子，而且孕育了旅沪作家群体浓郁的苏州情结。20 世纪 30 年代初，曾为中国革命尽力奔走的章太炎，隐居于苏州的一条幽静小巷，肩负起为天下继绝学的重任。

第一节　忧国忧民的南社文人

1909 年，南社在苏州成立，召集大批文人以配合同盟会的活动，为辛亥革命做了重要的舆论准备。这批来自江南小镇的"国家诗人"，以柳亚子为核心，"欲凭文字播风潮"，多在诗文中抒发革命意气，成为南社的精神领袖。但是始终与残酷的革命现实保持一定的距离，浪漫的革命理想一旦受到挫折，遁世思想和归隐情绪便自然流露，诗人与战士之间的差异自不待言。

一、来自江南小镇的文人

1909 年 11 月 6 日，上海《民吁报》的一则《南社雅集小启》，宣告了一个承前启后的文学社团的诞生："孟冬十月，朔日丁丑，天气肃清，春意微动。詹尹来告曰：重阴下坠，一阳不斩，芙蓉弄妍，岭梅吐萼。微乎微乎，彼南枝乎，殆生机其来复乎？爰集鸥侣，觞于虎丘。踵东坡之逸韵，载展重阳；萃南国之名流，来寻胜会。登高能赋，文采彬焉；兹乐无穷，神仙几矣。凡我侪侣，幸毋忽诸！敬洁清尊，恭迟芳躅！"①

南社首次雅集是在虎丘，推动南社成立的几位核心人物则来自吴江小镇。启事作者陈去病（巢南）来自同里，南社的精神领袖柳亚子来自黎里。从南社的成员分布来看，以吴江、吴县、金山三地居多。有人曾把南社喻为一个大家庭，以吴江为大房，吴县为二房，金山为三房。其中吴江籍的社友最多，总共83人，占苏州籍社员总数的52.87%，占江苏籍社员总数的19.53%，占全部社员总数的7%。② 吴江位于吴越交界处，东临上海，南接杭州，北依苏州，地理位置优越，是沟通上海和苏州的主要通道，成为不少文人的活动中心。同里镇四周五湖环抱，内湖纵横，吴骥《同里先哲志》云："宋元以来，尤多名家望族，故儒绅大夫彬彬辈出，而功业声光为时所重。"③ 吴江历史上即有结社传统，几社、复社等均以吴江人为中坚。明末清初，在吴江成立的以苏南浙北遗民为主体的惊隐诗社，名气仅次于复社。

清末由于党禁松弛和民族危机加深，忧国之士试图以文学为武器唤起民众，吴江成为活跃的文化中心。除了南社之外，由吴江人发起组织的社团就有八个。1898年，同里镇的金天羽（松岑）与陈去病等组织"雪耻学会"，陈去病自撰楹联："炎黄种族皆兄弟，华夏兴亡在匹夫。"1909年，柳亚子与沈昌眉、沈昌直在芦墟镇创办"汾湖文社"，沈昌眉曾撰《分湖文社序》。1910年范烟桥在同里镇结"同南社"，入社者达五百余人，并编辑印行《同南》刊。1915年秋，柳亚子、顾悼秋、黄病蝶等在黎里镇创办"酒社"，每年于中秋前后举行雅集，前后共13次，朱剑芒曾撰有《酒社诗录序》。1916年夏，周云于黎里镇开鉴草堂结"消夏社"，柳亚子、王大觉、凌萃子等人参加。1917年冬，柳亚子等人在黎里创办"消寒社"，诗作集成《消寒集》，另外还有顾悼秋在黎里镇创办的"黎社"。

以柳亚子、陈去病、金天羽等为代表的知识分子，为何能够如此逍遥于

---

① 陈去病：《南社雅集小启》，《民吁报》1909年11月6日。
② 郑逸梅：《南社丛谈》，上海人民出版社1981年版，第2页。
③ （明）吴骥：《同里先哲志》抄本，吴江市图书馆藏。

江南小镇，游走于上海、吴江、苏州三地，值得玩味。小田认为，这些江南小镇的知识分子与近代法国社会的"边缘人物"极其相似。① 法国学者孟德拉斯认为："显贵人物们既生活在外部世界，也生活在乡村世界，有时生活在外部世界的时间要多得多。他们阅读报纸和杂志，与邻近地区的同一阶层人士保持着联系。"② 这种边缘人的身份，给他们在外部世界的活动提供了方便，可以进退自由。江南小镇上的知识分子，他们可以到上海及时了解并接受新思潮，把相关活动发展至本镇，一旦活动失败或受到追捕，又有相对隐蔽的避难之所。或回归故乡，或退至苏州，进退之间多了层保护而更加安全。柳亚子尽得地利之便，辗转于上海、苏州和同里之间，可以从他的人生经历及其活动轨迹得以佐证。

二、与实际革命斗争的疏离

柳亚子（1887—1958），初名慰高，更名人权，字亚子，黎里镇人，早年曾中秀才。在吴江应考时，认识陈去病和金天羽，曾作《岁暮述怀》："思想界中初革命，欲凭文字播风潮。"③ 突显欲用文字掀起思想革命的志向。1903年，柳亚子在上海加入中国教育会，并参加该会同里支部，随后成立黎里支部，以楔湖书院（养正学堂）为会址，每周登坛演说。④ 后又创办《新黎里》月刊，由于在镇上不能立足，遂去上海加入爱国学社。在上海始识黄宗仰、蔡元培、吴稚晖、章太炎、邹容等，并资助刊印邹容《革命军》。1906年，柳亚子加入同盟会，后又加入光复会，自认为"是双料的革命党"。⑤

柳亚子自认是双料的革命党，诗文中亦往往充满革命激情，但他并未脱离柔弱文人的心性，与实际革命斗争保持着相当的距离。1911年4月，赵伯先自香港来信，叮嘱柳亚子为广州起义筹措军款，柳亚子以诗作复："鲍叔谊原应指困，阮孚穷奈不名钱。此情或得皇穹谅，忍死犹堪睹凯旋。"⑥ 黄花岗

---

① 小田：《苏州史纪：近现代》，苏州大学出版社 1999 年版，第 314 页。
② ［法］H. 孟德拉斯：《农民的终结》，李培林译，中国社会科学出版社 1991 年版，第 43 页。
③ 亚卢：《岁暮述怀》，《江苏》第 8 期，1904 年 1 月 17 日。
④ 柳亚子：《柳亚子自述》，人民日报出版社 2012 年版，第 13 页。
⑤ 柳无忌：《柳亚子年谱》，中国社会科学出版社 1983 年版，第 22 页。
⑥ 柳亚子：《磨剑室诗词集》，上海人民出版社 1985 年版，第 138 页。

起义失败，赵伯先以忧愤殁，柳亚子仍赋诗以哭之："南国岂应销霸业？中原从此坏长城。"① 武昌起义以后，各方人士都把苏州作为工作的重点，以期打开光复江浙的局面。1911 年 10 月 24 日，柳亚子收到一封署名"亦是同胞"的信，劝我江南志士"援手梓桑"：

> 当此之时，正丈夫用武、英雄得志之秋也。自前月黎君起义，鄙人以为我江南志士，必能援手梓桑；何意至今尚杳然无闻，岂欲坐观成败耶？窃以为江督苏抚究属汉种，有胆大心细之士，入其署而游说之，不白旗遍地者，吾不信也。贵社人才济济，此中真谛，自不劳饶舌。至于军械辎重，无须多备。新军煽动于姑苏，商团呼啸于沪渎，则一举而苏、沪归正，常、镇、太必有响应，即浙之杭、嘉、湖亦定卜同谋矣。趁此天心与人心巧合之际，望诸君勿失此机会也。②

但是柳亚子认为"这封信投到我书呆子手上来，自然是不生效力的了"，并未采取行动施以援手，暴露其文人品性，并不热衷实际的革命斗争。1912年元旦，柳亚子通过雷铁崖举荐，赴南京任总统府秘书，主持骈体文文件，"与朱少屏、邹亚重、叶楚伧等游山玩水，喝酒作诗，凡三日，因病辞职返沪"，自云"卷铺盖而出总统府，还到上海来当流氓了"③。足见其文人习气未改，并不适应复杂的政治生活。

在南北议和问题上，南社社员活跃于政界者主张议和，活跃于文坛者主张北伐。柳亚子任《天铎报》主笔，著文反对南北议和，并攻击主和派，痛骂袁世凯，"如此这般搅了一个月左右，终于文字无灵，南北统一"，甚为失望气愤。④ 柳亚子曾查究山阳县惨案，为周实丹、阮梦桃两位烈士报仇，捉拿姚荣泽，在上海举行追悼大会，并做祭文悼念。不料后来袁世凯特赦姚荣泽

---

① 柳亚子：《磨剑室诗词集》，上海人民出版社 1985 年版，第 140 页。

② 柳亚子：《南社纪略》。参见沈云龙：《近代中国史料丛刊续编》，台湾文海出版社 1984 年版，第 37 页。

③ 柳亚子：《南社纪略》。参见沈云龙：《近代中国史料丛刊续编》，台湾文海出版社 1984 年版，第 44 页。

④ 柳亚子：《南社纪略》。参见沈云龙：《近代中国史料丛刊续编》，台湾文海出版社 1984 年版，第 45 页。

免死，复仇事件半途而废。柳亚子徒有愤慨："我们几个书呆子，又中什么用呢？"① 袁世凯窃取辛亥革命成果后，南社社员"颇有英雄末路的感慨"②，革命胜利短暂的欢愉之后，面对的却是更加黑暗的现实。社友们生活日益消极颓废，柳亚子在《民声日报》《太平洋报》期间，与苏曼殊、叶楚伧大吃花酒，"妇人醇酒寻常事，谁把钧天醉赵家"③。由于对政治斗争的复杂性和残酷性认识不足，一旦遇到挫折，极易由盲目乐观走向消极悲观。

二次革命失败后，柳亚子感慨"我是一个书呆子，既非军人，又非政客，更无直接参加革命的资格，只好弄弄笔头，长歌当哭"④。1915 年，袁世凯接受日本"二十一条"，柳亚子认为，"可怜我是手无寸铁的书呆子，只好抱着满腔孤愤，寄沉痛于逍遥"⑤，他觉得国事无可为，再加上南社事务争端，于是归隐故乡吴江汾湖。

孙中山逝世后，诸多以其思想为圭臬的追随者，颇感革命无望。陈去病大半生追随孙中山，四一二反革命政变后，其痛恨蒋介石违反孙先生遗教，发誓"终身勿与蒋氏共事"。国民政府定都南京后，任命陈去病为江苏省政府主席，他没有接受，请他任江苏省党部监察委员，又遭到拒绝。陈去病专注于教学和论著，仅参与江苏革命博物馆的筹备工作。1931 年，他陆续辞去所任各职，隐居同里。其《垂虹亭长传》描绘出一位胸怀大志，但报国无门，无奈归隐的任侠形象：

> 垂虹亭长者，吴松陵笠泽间人也。年少好事，任侠慷慨，有策马中原、上嵩高、登泰岱、观日出入，浮于黄河探源积石之志。或逾塞出庐，龙度大漠，寻匈奴龙庭，蹑屩狼居胥山，骧首以问北溟而后快。顾志弗获，遂栖栖吴越间，年未四十，发星星白，且病痿废一足焉。乃归隐吴门。⑥

---

① 柳亚子：《南社纪略》。参见沈云龙：《近代中国史料丛刊续编》，台湾文海出版社 1984 年版，第 47 页。

② 柳亚子：《柳亚子诗文选》，华东师范大学出版社 1995 年版，第 262 页。

③ 柳无忌：《柳亚子年谱》，中国社会科学出版社 1983 年版，第 342 页。

④ 柳亚子：《南社纪略》。参见沈云龙：《近代中国史料丛刊续编》，台湾文海出版社 1984 年版，第 54 页。

⑤ 柳亚子：《南社纪略》。参见沈云龙：《近代中国史料丛刊续编》，台湾文海出版社 1984 年版，第 71 页。

⑥ 卞孝萱、唐文权：《民国人物碑传集》，凤凰出版社 2011 年版，第 596 页。

三、社友对《汾湖旧隐图》之论争

柳亚子出生于汾湖侧畔，自幼垂钓游玩于此，汾湖成为他归隐情结的主要依托。每当遇到挫折无法排解之时，其汾湖情结就越发强烈。南北议和之后，柳亚子对时局失望之余，曾有《感事》诗云："痛哭贾生愁赋鹏，飘零王粲漫依刘。不如归去分湖好，烟水能容一钓舟。"[①] 归隐汾湖后，柳亚子请社友陆子美作《汾湖旧隐图》和《汾湖水村图》，并刻"汾湖旧隐"图章一枚，作为纪念。其《索子美画〈汾湖旧隐图〉》四首，最后一绝云："耦耕倘遂他年约，雨笠烟蓑过此生。"[②] 柳亚子的归隐，引发不少社友同好共鸣，自1914年到1920年，共得图文诗词曲293件，绘画21幅，题首38幅，题诗题词234幅。叶楚伧发出"亚子隐矣，余将安归"[③] 之感慨。朱梁任题《分湖旧隐图》："一曲分湖水，高贤此卜居。手磨三尺剑，腹贮五车书。旧隐今何处，长吟入画图。秋风弹指起，岭外忆莼鲈。"[④] 对隐居生活充满向往。

然而，亦有不少社友反对柳亚子归隐，在《汾湖旧隐图》题词中可以窥见一斑。杨铨（杏佛）、丘复等纷纷劝其打消退念。"一勺分湖水，问年年、扁舟选胜，俊游能几？乱世不容刘琨隐，满眼湖山杀气。更谁辨渔樵滋味！……何处是扶危奇士？不畏侏儒能席卷，怕匹夫不解奴为耻。肩此责，吾与子。"[⑤]（杨铨《贺新凉》）以"国家兴亡，匹夫有责"的责任感奉劝柳亚子。

丘复（1874—1950），字果园，别号荷生，福建上杭县人。1911年加入南社，倾向民主革命，他曾于1914年夏作《四十初度感怀》四首抒发其壮志难酬的惆怅，以及共和难以实现的忧虑。但仍对革命充满信心，不赞成柳亚子的归隐之举，他在题《汾湖旧隐图》中坦言：

念陆沈於胡底，正欧战之方酣。嗟乎亚子！锦绣神州，炎黄古国，卧榻之侧，鼾睡由人；刀俎而前，鱼肉视我。匈奴未灭，何以家为？国步多艰，

---

① 柳亚子：《磨剑室诗词集》，上海人民出版社1985年版，第148页。
② 柳亚子：《磨剑室诗词集》，上海人民出版社1985年版，第193页。
③ 叶楚伧：《诗柳亚子分湖旧隐图》，《艺浪》1933年第9期，第99页。
④ 柳亚子：《南社诗集》第1册，中华书局1939年版，第252页。
⑤ 杨天石、王学庄：《南社史长编》，中国人民大学出版社1995年版，第349页。

恐难隐去。漫吟"残月晓风"之句，上接屯田；且挥横槊露布之才，再续磨盾。

他日金瓯巩固，玉烛调和；闾阎无鸡犬之惊，边境息虎狼之欲。然后幅巾归里，文酒娱宾；证金粟之如来，问海棠其开否？予将从君湖上，重题吊梦之诗；访子芦中，再结逃盟之社。质之亚子，以为何如？①

此文引经据典文辞优美，实则为一篇严谨缜密的政论文，希望柳亚子在"闾阎无鸡犬之惊，边境息虎狼之欲"后，再归里还乡，颇有功成身退之良好愿望。雷铁崖（原名昭性），笔名铁崖、雪崖，1905 年赴日留学，加入同盟会，归国后曾因鼓吹革命被通缉，逃至杭州白云庵为僧，后仍以教育为名，从事革命活动。雷铁崖为革命奔走，亦不主张在国家危难之时归隐故里，他在题《柳亚子汾湖旧隐图》中认为"红黎虽足居诗伯，欲避暴秦终不适"，并甘受被掌掴的风险予以劝诫："题诗意与招隐逆，路遥幸免闻呵责。他日相逢犹未释，虬髯面滑请一掴。"② 颇能反映出部分革命者的坚毅斗志。

以柳亚子《汾湖旧隐图》为中心的论争，表明羡隐虽为传统文人的普遍心态，但是"乱世不容刘琨隐"已成为不少人的共识，成为革命志士前进的动力。柳亚子后来虽又参与政治活动，但其归隐情结并未消退。1926 年 9 月，柳亚子因不满国民党二届二中全会通过"整理党务案"，以母病促归为辞，离开广州返回黎里，"睹天下事未可为，浩然有退志"③。1949 年初，柳亚子在与毛泽东等共产党人的交往中，仍有"安得南征驰捷报，分湖便是子陵滩"④的向往，诗人的浪漫与天真本色不减。近代来自江南小镇的知识分子群体，他们为了理想而奔走，但隐逸文化的基因贯穿始终，只是潜显程度不同而已，归隐成为他们应对外部冲击和人生失意的最后屏障。就骨子里而言，柳亚子仍属于传统文人甚至是来自乡村的文人。在理想与现实出现落差之际，逃避到故乡保护伞之下的意愿就愈发强烈，彰显了新旧转型期知识分子的普遍心态。

---

① 丘复著，丘复宪点校：《丘复集》（下），福建人民出版社，第 1736 页。
② 雷昭性：《题亚子分湖旧隐图》，《时事新报》1916 年 9 月 24 日。
③ 柳无忌：《柳亚子年谱》，中国社会科学出版社 1983 年版，第 74 页。
④ 柳亚子：《磨剑室诗词集》，上海人民出版社 1985 年版，第 1549 页。

从南社成立的初衷及其成员的整体学养而言，他们更倾向于传统的文人名士，而不是坚强的革命者和战士。① 柳亚子、叶楚伧等都曾从政，由于不习惯官场而重新回归文人的生活状态。他们的生活方式处处表现出名士风度，诗作也被称作"名士诗"。② 他们的诗作中虽然有充满革命激情的文字，但仍以对人生哀乐的咏叹、多愁善感的缠绵之情为主流。一旦浪漫的理想与现实有差距，归隐心态的泛滥也就不足为怪。对政局的失望使他们的政治热情减退，对政治的自我疏离成为必然选择。鲁迅曾敏锐地指出南社在民国成立前后的变化，并把南社文人与俄国十月革命时期的文人做比较：

希望革命的文人，革命一到，反而沉默下去的例子，在中国便曾有过的，即如清末的南社，便是鼓吹革命的文学团体，他们叹汉族的被压制，愤懑人的凶横，渴望着"光复旧物"。但民国成立以后，倒寂然无声了。我想，这是因为他们的理想，是在革命以后，"重见汉官威仪"，峨冠博带。而事实并不这样，所以反而索然无味，不想执笔了。俄国的例子尤为明显，十月革命开初，也曾有许多革命文学家非常惊喜，欢迎这暴风雨的袭来，愿受风雷的试炼，但后来，诗人叶遂宁，小说家索波里自杀了，近来还听说有名的小说家爱伦堡有些反动。这是什么缘故呢？就因为四面袭来的并不是暴风雨，来试炼的也并非风雷，却是老老实实的"革命"。空想被击碎了，人也就活不下去。③

在遇到实际的革命时，部分被称为革命诗人、国家诗人的南社文人所表现出来的倾向，与俄国十月革命后部分革命文学家的选择有诸多相似之处。他们虽然没有选择自杀，但是思想日趋保守，与政治日益疏离，部分人退隐，部分人落伍。中华民国成立后，南社虽然仍有一段激昂的反袁斗争，但是在革命目标实现后，南社也逐渐失去动力和方向，随着政治局势的变幻而最终风流云散。

---

① 曾景忠：《传统文化与西潮之交汇：南社创立思潮酝酿过程研讨》，《南京理工大学学报》（社会科学版），2000 年第 6 期，第 83－90 页。

② 李国平：《南社文人的生活与社会活动方式》，《史学月刊》2008 年第 5 期，第 135－136 页。

③ 鲁迅：《鲁迅选集》，四川人民出版社 1995 年版，第 229 页。

第二节　疏离政治的文人

　　然而仍有部分文人为了文学艺术的执着追求，而自觉选择对政治的疏离。他们或流连于自然山水，或埋头于文献典籍的收藏，追求闲适的艺术化生活。郑逸梅认为大多数南社社友仍属于山水田园派，寓有隐逸遁世的思想、冲淡闲适的情调，借诗来陶醉自己。[①] 其中以晚年定居苏州的陈衍最为典型，他平生以诗歌为主要生活内容，能够敏锐感知政治现实，同时又有意疏离政治，始终保持其边缘知识分子的角色。邓邦述一生以购书藏书为主要活动，终因财力不足而隐居吴门。

一、陈衍：“我是无官有诗者”

　　陈衍（1856—1937），号石遗，晚号石遗老人，福建侯官人。第五代始祖陈奇珍曾“以军官征台湾，战殁，捡骨归葬东关外金鸡山，世袭云骑尉”[②]，传至祖父陈起龙、父亲陈用宾，几代人皆“积学不仕”，以设馆授徒为生。陈衍一生旅食四方，曾先后至台湾、湖南、上海、武汉、北京等地谋生。1886年9月，他应刘铭传之聘至台湾入其幕府，于1887年底归乡。1890年到1898年，陈衍入上海制造局总办刘照祥幕府，并兼方言馆汉文教习，生活暂时稳定，直至刘照祥病逝。1898年到1907年间在武汉相继入张之洞和端方幕府。1907年至1911年，陈衍在北京任学部主事、京师大学堂教习。辛亥革命后，陈衍到南北各地大学讲学。

　　陈衍虽一生漂泊，但终不改风雅之志，每至一处即尽力营造优雅的生活环境，作为诗词创作的场景和动力。1902年秋天，陈衍曾作《秋早作》：“平生麋鹿性，见绿喜无度。携家走四方，所至必种树。流连生意足，丧志听坐误。此来真四壁，无可下锄处。隔墙见高梧，大叶飒轩霩。对窗照书案，慰

---

　　① 郑逸梅：《南社丛谈》，上海人民出版社1981年版，第313页。
　　② 陈声暨、王真：《石遗先生年谱》，台湾文海出版社1976年版，第10页。

藉劳眷顾。"① 以"麋鹿"喻隐逸之志，是历代文人笔下一个重要意象。"平生麋鹿性，见绿喜无度。携家走四方，所至必种树"，是陈衍毕生倾力营造的一种隐逸氛围。他没有足够财力修建雅致的园林，生活所迫亦不能完全纵情于山水，但仍怀有融于大自然的渴望。陈衍随遇而安且喜游名山大川，即为此种心态的显现。早在上海期间，陈衍租住于高昌庙，名为"小院花草堂"，院中植以老梅、梧桐、芭蕉、桃、杏等花木，临河的一边隔着篱笆，莳以各种花卉，房前屋后尽是杂花满铺。陈衍时常沉醉其中，体味自己创造的审美意境。

1907 年春，陈衍应林赞虞之邀北上入京，"京师友朋之多，花树之盛，文酒之乐，皆胜于四方"②，正是合适的去处。陈衍居住在宣武门外上斜街的"小秀野草堂"，为长洲文学家顾嗣立旧居。自 1907 年到 1916 年，陈衍在北京主持或参加各种诗酒文会相当频繁，《石遗室诗集》有诗赋之的就达十三次。并成立诗社，每于人日、花朝、寒食、上巳等良辰佳日，便择一名胜之地举行雅集，并把期间创作的诗歌收入《石遗室诗话》加以品评。

1916 年春，陈衍应福建省省长许世英之聘担任《福建通志》总纂，他在福州又重新延续其闲雅意趣。1917 年 2 月，在福州文镐坊大光里住宅后修一"匹"字形小花园，故名"匹园"，园西北隅建有两层小楼，名"皆山楼"，后更名"花光阁"。陈衍连作《匹园记》《皆山楼记》《花光阁记》以咏此事：

凡人之自卑视崇，渐远则崇者渐卑，于是视其尤远者则反是。今吾楼丈有三尺，加入焉，崇丈有八九尺，以视二丈二尺之屋山，固以卑视崇也。然吾楼之距屋山，则三丈有奇，二者相为乘除，则屋山之崇于楼者仅，楼之远屋山者多矣。虽在里巷阗溢、屋宇鳞比之中，吾自有不阗溢鳞比者。故楼之能尽其才，亦吾之能尽楼之才也。③

将一个狭小花园里的小楼描绘出如此意境，实需不俗的审美眼光。但"凡人之自卑视崇，渐远则崇者渐卑，于是视其尤远者则反是"的个中深意，只有陈衍自知。1920 年 2 月，福建省议院院长林翰等结"说诗社"向陈衍学

---

① 林东源：《坚守在荒寒之路：陈衍评传》，福建教育出版社 2006 年版，第 120 页。
② 林东源：《坚守在荒寒之路：陈衍评传》，福建教育出版社 2006 年版，第 162 页。
③ 黄启权：《三坊七巷志》，海潮摄影艺术出版社 2009 年版，第 235 页。

诗，福州的诗文酒会一时繁盛。1922 年，福建成为南北对抗的前沿阵地，陈衍只好离开福州避兵上海，"十载乘桴三避兵，旁人悯我太劳生。渔童莞尔樵青晒，只筹浮家泛宅行"①。他离苏州越来越近了。

1931 年 9 月，陈衍受聘无锡国学专修学校讲师，并最终把目光投向苏州。不久，他在苏州胭脂桥下的茅家弄买下一处住宅，命名为"聿来堂"，并于年底迁入。聿来堂为半西洋式建筑，书室前的小花园杂植奇花异卉。寓居苏州期间，陈衍的诗酒文会之习没有改变，曾有赋云："鲥鱼莼菜罗吴市，燕子桃花入敝庐。肯向聿来堂下过，斜街秀野较何如？"②将其在吴门的生活与昔日在北京的情状作比。

陈衍生命的最后七年多在苏州度过，成为知名的"东斋十老"之一。据郑逸梅回忆："吴中王废基，为张士诚宫室故址。设有东斋茶肆，诸耆旧常聚其处，因有东斋十老之称。十老为陈石遗、邓孝先、费仲深、蔡巽堪、吴九珠、江隽之、林肖蝓、陈渭士、庞次准、宗十戬。"③章太炎晚年亦隐居苏州，两人志同道合，并与金天羽、李根源、张一麐等倡议成立国学会。陈衍在苏州名气日增，"海内文人过往苏州者无不登门造访，或以图书乞题，或奉诗文请正，案头如积薪"④。1933 年 9 月 13 日，《大光明》报刊登《陈石遗吴下寻题主》消息，他收到一封来自浙江海宁的信函，求题"碧霞楼"三字，并附润笔费洋钞五百元，但是没留地址与姓氏，陈衍遍托好友四出探听无果，只好等其自来领取。1937 年 6 月，陈衍由苏州返归故里，不幸于 7 月 7 日病逝。

按照美国学者爱德华·W. 萨义德对于知识分子的的定义，近代知识分子属于"放逐者和边缘人"⑤。陈衍是近代"边缘化"知识分子的典型，他没有直接介入政治，而是坚守于诗坛和教坛。辛亥革命以后，陈衍尽量摆脱对政治和权力的依赖，"自入民国，既不为官，绝口不谈政治"⑥。1916 年，筹安

---

① 林东源：《坚守在荒寒之路：陈衍评传》，福建教育出版社 2006 年版，第 199 页。
② 张寅彭：《民国诗话丛编》第 2 册，上海书店出版社 2002 年版，第 118 页。
③ 郑逸梅：《艺林散叶续编》，中华书局 1987 年版，第 1260 页。
④ 赵麟斌：《闽文化的人文解读》，同济大学出版社 2011 年版，第 182 页。
⑤ ［美］爱德华·W. 萨义德：《知识分子论》，单德兴译，生活·读书·新知三联书店 2016 年版，第 60 页。
⑥ 陈声暨、王真：《石遗先生年谱》。参见沈云龙：《近代中国史料丛刊》，台湾文海出版社 1968 年版，第 251 页。

会事起，要求"硕学通儒凡学问经济有大名者"签名劝进袁世凯称帝，有人强拉陈衍列名其中，被他严词拒绝，要求断然除名。① 其清醒的政治立场和淡泊心态，难能可贵。

陈衍刻意疏离政治的背后，是其淡泊隐逸追求自由的心态。当应京师大学堂之邀入京时，张之洞曾再三挽留，陈衍则说："一落江湖拾稻粱，捉将官里太仓皇。鲁连纵黠如黄鹄，山北张罗尔许强。"② 羡慕鲁仲连黄鹄般的自由。"瞻衡何处松三径，誓墓归来墨一池。我是无官有诗者，故应延伫起幽思"③，表明其鲜明的立场。陈衍虽然加入南社，但明显没有以诗歌为革命服务的倾向。他毕生追求诗歌的纯净，并在心灵自我放逐的过程中享受自由的乐趣。

二、邓邦述："漫道闭门甘小隐"

1921 年，苏州迎来了一位另类文人——藏书家邓邦述。邓邦述（1868—1939），字孝先，号正暗，晚号群碧翁，又号沤梦老人。邓邦述出身金陵望族，祖籍苏州洞庭西山明月湾，曾祖父是两广总督邓廷桢。1898 年中进士，授翰林院编修。1901 年入湖北巡抚端方幕府，曾随端方赴欧美考察。1907 年至 1911 年 6 月，任吉林省民政司使，不料"辛亥国变，贫不自给"④。1921 年夏，邓邦述移居吴县。其终生无其他嗜好，唯以藏书为第一要务，伦明有评："半生仕宦为书穷，可奈书随债俱空。群碧徒知尊古本，一篇《释骨》语懵懵。"⑤ 概述其藏书经历。

邓邦述嗜好藏书，与其家族、岳父赵烈文以及端方都有一定的关系。金陵邓氏是著名的文化世族，世居金陵中华门西南隅"万竹园"，九世祖邓旭建有藏书楼"青藜阁"藏书万卷，惜全毁于太平天国战火。邓邦述虽未能继承这些遗产，但祖上的藏书事迹无疑对其具有相当的激励作用。他曾于 1924 年到万竹园旧居凭吊，并编印有《邓氏家集》《群碧楼丛刻》，都体现对家族文

---

① 陈声暨、王真：《石遗先生年谱》。参见沈云龙：《近代中国史料丛刊》，台湾文海出版社 1968 年版，第 253 页。

② 林东源：《坚守在荒寒之路：陈衍评传》，福建教育出版社 2006 年版，第 130 页。

③ 林东源：《坚守在荒寒之路：陈衍评传》，福建教育出版社 2006 年版，第 110 页。

④ 邓邦述：《群碧楼善本书录》卷一，上海古籍出版社 2014 年版，第 41 页。

⑤ 伦明：《辛亥以来藏书纪事诗》，燕山出版社 2008 年版，第 36 页。

化传统的敬仰。① 邓邦述 22 岁时与藏书家赵烈文四女成婚，"余年廿始就婚于虞山，外舅能静赵先生筑天放楼，藏书数万卷，得读未见之籍"②。此外，邓邦述曾为端方幕僚，亦受其爱好考证、鉴别之学和收藏金石、古籍的影响而收藏典籍。

1904 年邓邦述曾客居吴县，开始致力于收藏图书。1906 年，编纂藏书目录《双沤居藏书目初编》，后在上海得到黄丕烈"士礼居"旧藏《群玉集》和《碧云集》，便将藏书处称为"群碧楼"。1909 年，邓邦述利用入京述职之便，在北京大肆购买书籍，举债亦无所惜，被坊友视为豪客。1911 年 6 月，已经收藏宋本 816 卷、元本 2743 卷、明本 15488 卷、抄本 5338 卷和批校本 849 卷，以史部和集部图书为多，达到其藏书生涯的高峰。孰料辛亥革命爆发，其生活每况愈下。1912 年开始，邓邦述已经从大量购书逐渐转向售书，他曾托傅增湘将《周易》《春秋》等宋刻本卖给袁克文。

1921 年 5 月，邓邦述决意南归，因祖上世居洞庭西山明月湾，父母的坟墓亦在尧峰之麓，叶落归根，遂决定移居吴县，"旧家明月半湾前，曾棹西山万顷烟。肃谒祠堂经故里，拜瞻陇墓有新阡。灌畦喜辟耘蔬圃，负郭犹虚种秫田。回首乡园无限思，蓊荆无计只潸然"③，一派凄凉之景。邓邦述移居苏州后，心境已有很大不同："漫道闭门甘小隐，出门还有稻粱谋。归去来兮胡不归，始知今是昨全非。埋头课子还初服，绕膝娱亲戏采衣。"④ 固然愿意闭门隐居，但仍要为生计奔波，同时也体会到课子娱亲的天伦之乐。

1926 年，邓邦述在苏州城内侍其巷买下一处住宅，此宅坐北朝南，东西两路，"门庭湫隘"⑤。此时，邓邦述已经出售不少藏书，与当初的插架万轴相比不可同日而语。后来，他根据收藏的明刊本《孟东野诗集》《贾浪仙长江集》，以"郊寒岛瘦"自嘲，改群碧楼为寒瘦山房，寓有同昔日藏书盛况不再相称之意。

邓邦述回到吴县后，投入更多精力整理藏书，补写了大量题记辑录为

① 江庆柏：《近代江苏藏书研究》，安徽文艺出版社 2000 年版，第 38－39 页。
② 丁辉，陈心蓉：《中国进士藏书家考略》，黄山书社 2017 年版，第 261 页。
③ 邓邦述：《邓邦述家书》，苏州图书馆藏。
④ 邓邦述：《邓邦述家书》，苏州图书馆藏。
⑤ 邓邦述：《群碧楼善本书录》，上海古籍出版社 2014 年版，第 1 页。

《书衣杂识》。《群碧楼善本书录》和《寒瘦山房鬻存善本书目》中的题跋，大都是此期翻阅旧藏时所记，常见有"检记"字样，留下非常可贵的图书版本资料。① 邓邦述当初为买书不顾实力而债台高筑，1927 年无奈将大部分藏书卖给国立中央研究院以还巨债。他曾感慨："昔借债以买书，今鬻书以偿债。"② 邓邦述寓苏期间，曾帮李根源刊刻《曲石丛书》。晚年居家校书之余以作画自娱，曾刻印"四十学书，五十学诗，六十学词，七十学画"。1939 年，邓邦述病逝于苏州，其家眷将藏书售于苏州集宝斋和北京景事阁及文殿阁③，一代大家的收藏很快烟消云散。

第三节　章太炎：从革命救国到学术济世

20 世纪 30 年代初，曾为中国革命尽力奔走鼓吹的章太炎，隐居于苏州的一条幽静小巷。这位曾以革命家形象闻名于世的文人最后归隐苏州有其必然性，正如小田分析的："走出书斋，呼号几十年的太炎先生累了，他又回到了书斋，企图寻觅本该属于学者的一份宁静。"④ 学界对章太炎的研究，多关注其大半生为革命奔走的精神，及其乐此不疲的从政活动，却忽视了作为社会文化转型期的知识分子，其内心深处的柔弱与挣扎。章太炎隐于苏州以讲学终老，有其渊源所自而非一时冲动。纵观其一生的经历，足以窥见其内心深处的出世与隐逸情怀。

一、出世与归隐思想的萌发

章太炎（1869—1936），原名学乘，后易名炳麟，浙江余杭人。因慕顾炎武的为人行事而改名绛，号太炎，早年曾号膏兰室主人、刘子骏私淑弟子等，后自称民国遗民。章太炎"小时候因读蒋氏《东华录》，其中有戴名世、曾静、查嗣庭诸人的案件，便就胸中发愤，觉得异种乱华，是我们心里第一恨

---

① 江庆柏：《近代江苏藏书研究》，安徽文艺出版社 2000 年版，第 51 页。
② 伦明：《辛亥以来藏书纪事诗》，燕山出版社 2008 年版，第 36 页。
③ 杨维忠：《东山名彦：苏州东山历代人物传》，古吴轩出版社 2007 年版，第 393 页。
④ 小田：《苏州史纪：近现代》，苏州大学出版社 1999 年版，第 152 页。

事。后来读郑所南、王船山两先生的书，全是那些保卫汉种的话，民族思想渐渐发达"①。1897 年章太炎离开杭州去上海，任《时务报》撰述，开始其革命生涯，后因参加维新运动被通缉流亡日本。1903 年因发表《驳康有为论革命书》，并为邹容《革命军》作序被捕。1906 年出狱后，孙中山迎至日本，加入同盟会，主编《民报》，与改良派展开论战。辛亥革命后回国，主编《大共和日报》，并任总统府枢密顾问。1913 年因讨伐袁世凯被禁锢于北京，袁氏死后才被释放，所谓"七被追捕，三入牢狱，而革命之志，终不屈挠者，并世无第二人"②，足见章太炎的曲折经历与革命激情。

鲁迅认为早期的章太炎"是有学问的革命家"，兼具革命家和学问家的双重身份，是清末民初不少学者的共性。邵盈午认为，近代知识分子大多具有"吾曹不出苍生何"的豪情和"振臂一呼江山易帜"的雄姿，在救亡图存的压力下，从政情结和"革命"崇拜，使一大批知识分子追逐风潮，成为激进的革命者。但事实上，由于缺少政治的具体操作技术，缺乏政治智慧，文人从政，大多心劳计绌，难见成效。③ 他"自己以为政治是其专长，学问文艺只是失意时的消遣"④，但是其友人及弟子都认为他的政治成绩不好。周作人说："他谈政治的成绩最是不好，本来没有真正的政见，所以很容易受人家的包围和利用。"⑤ 马叙伦评价说："盖太炎讲学则可，与政则不可，其才不适此也。"⑥ 足见他在人们心目中的主要身份定位仍是学问家。

章太炎大半生活跃于政治舞台，但是也有意志消沉和动摇的时候，出家学佛即为其愿望之一。"苏报案"使章太炎名满天下，1906 年出狱以后，东渡日本主编《民报》。1908 年 10 月，《民报》被禁，黄侃回忆："日本政府受言于清廷，假事封民报馆，禁报不得刊鬻。先生与日本政府讼，数月，卒不得胜，遂退居，教授诸游学者以国学。"⑦ 章太炎"睹国事愈坏，党人无远

①　章太炎：《章太炎选集》，上海人民出版社 1981 年版，第 387 页。
②　鲁迅：《关于太炎先生二三事》。参见《鲁迅选集》卷三，海南出版社 2013 年版，第 306 页。
③　邵盈午：《中国近代士阶层研究》，中国社科出版社 2008 年版，第 302 页。
④　高俊林：《现代文人与"魏晋风度"》，河南人民出版社 2007 年版，第 362 页。
⑤　陈平原、杜玲玲：《追忆章太炎》（增补本），生活·读书·新知三联书店 2009 年版，第 283 页。
⑥　马叙伦：《马叙伦自述》，中国大百科全书出版社 2012 年版，第 128 页。
⑦　汤志钧：《章太炎年谱长编》，中华书局 2013 年版，第 171 页。

略，则大愤，思适印度为浮屠。"① 遂萌发学佛之念。苏曼殊曾云："前太炎有信来，命曼随行，南入印度，现路费未足，未能预定行期。"② 可见确有此事。章太炎曾通过刘师培向端方借钱以筹措路费，此举深为革命阵营内部人士所不齿，成为其一生中备受诟病的污点，然而印度之旅最终未能成行。

章太炎曾言："余自三十岁后，便怀出世之念，宿障所缠，未得自在。既遭王贼之难，幸免横夭，复为人事牵引，浊世昌披，人怀幡恨……非速引去，有呕血死耳。当于戊申孟夏披剃入山。"③ 其出世之念并非一时兴起。1908 年 4 月 27 日，广州《国民报》刊登《章炳麟出家》的话剧，以嘲弄章太炎：

（同志扫板唱）：章炳麟抛却了、平生抱负；（慢板）眼见得汉人中、少个帮扶；披袈裟，坐蒲团，不顾宗祖；纵不念、众同胞，该念妻孥。况且是、我支那、蹉跎国步。望同志，抱热心，休作浮屠。

（章炳麟中板唱）：因此上，除却了三千苦恼，逼着我请个高僧来到东京披剃头毛。我非是、主持厌世遁入空门爱栖净土，我国人莫予肯殼故把禅逃，从今后理乱不闻兴亡不顾，入沙门，参佛祖做贝叶工夫。④

1908 年 5 月 24 日，上海《神州日报》刊出一则《炳麟启事》："世风卑靡，营利竞巧，立宪革命，两难成就。遗弃世事，不撄尘网，固夙志所存也。近有假鄙名登报或结会者，均是子虚，嗣后闭门却扫，研精（经）释典，不日即延高僧剃度，超出凡尘，无论新故诸友，如以此事见问者，概行谢绝。"⑤ 不久，章太炎在《民报》刊登《特别广告》，否认曾刊出该启事，认为是他人蓄意伪造。这次风波虽与革命阵营的内讧有关，但也表明当时章太炎确有出世之心。1909 年春夏之际，他曾聘请印度梵师密史逻为他开讲梵文，并约鲁迅兄弟两人同去听课。

护法运动的失败，再次勾起章太炎出家的意愿。章太炎追随孙中山，一路从上海到广州再到西南，游说于各路军阀，结果却是一场空。1918 年 9 月 10 日，北京《晨钟报》详载了章太炎出家的离奇之事："章太炎自入川以来，

---

① 汤志钧：《章太炎年谱长编》，中华书局 2013 年版，第 295 页。
② 苏曼殊：《曼殊全集》第 1 册，北新书局 1985 年版，第 197 页。
③ 冬藏：《章太炎与曼殊和尚》，《越风》1936 年第 18 期，第 5 页。
④ 《章炳麟出家》，《国民报》1908 年 4 月 27 日。
⑤ 《炳麟启事》，《神州日报》1908 年 5 月 24 日。

颇不得志，终日语言颠倒，举止错乱，与郭同人者相依为命。近日忽传其中蜀之峨眉山受戒为僧。"①

此文不免有道听途说，调侃戏谑的成分，真实性不足为据。但无论章太炎出家的真实性与否，他对佛学有深入的研究则毋庸置疑。章太炎早年结识宋恕、夏曾佑，两人曾劝其研读佛典，为其接触佛学之始，然而他最初对佛经的印象是"读竟，亦不甚好"，特别不喜欢佛学的"持空论言捷径"。《苏报》案一狱，影响了章太炎对佛学的态度，被囚禁期间，敏感的政治性书报自然看不到，只能研习佛教经典以排遣愤恨，《读佛典杂记》是其在狱中晨夕研诵佛籍的实证。出狱之后，章太炎第一个大力宣传的就是"要用宗教发起信心"②，对佛学的看法已经有重大改变。

1913 年 8 月，章太炎被袁世凯拘禁于北京，突如其来的牢狱之灾，给章太炎思想上造成不小打击。章太炎被幽禁期间，与夫人汤国梨的家书中流露出其思想的转变，由最初对夫妇偕隐的向往，到后来对政局的失望，逐渐转向对人生的绝望。赴北京之初，章太炎对时局的判断比较乐观。"自入京师，杜门不出，知好来者，时与对谈，未尝忤物。昔人云：小隐隐山林，大隐隐朝市，颇亦似之。老骥伏枥，志在千里，况吾犹未老耶。如必无成，则老莱偕隐，孟光赁春，亦从君之雅志也"③（1913 年 8 月 26 日函），把在北京的生活喻为"大隐隐朝市"，如果不成功，则仍可以如梁鸿孟光般归隐。"君之雅志"指汤国梨一直期待的夫妇偕隐，她在婚礼上曾作《隐居诗》："生来淡泊习篷门，书剑携将隐小邨。留有形骸随遇适，更无怀抱人间喧。"④ 故章太炎有此说法。

随着局势变换和时间推移，章太炎的心态发生了明显变化。"愤慨既极，惟吟诗以自遣，有时翻阅医书，此为性之所喜，但行箧此种殊少尔。家中医籍尚多，务望保藏弗失。昔人云，不为良相，当为良医，此亦吾之志也"⑤

① 《章太炎与郭同》，《晨钟报》1918 年 9 月 10 日。
② 汤志钧编：《章太炎政论选集》，中华书局 1977 年版，第 269－280 页。
③ 陈存仁：《章太炎师一生最珍贵文献：情文并茂的八十四封家书》。参见朱传誉：《章太炎传记资料》（三），台北天一出版社 1985 年版，第 161 页。
④ 华强：《章太炎大传》，上海交通大学出版社 2011 年版，第 205 页。
⑤ 陈存仁：《章太炎师一生最珍贵文献：情文并茂的八十四封家书》。参见朱传誉：《章太炎传记资料》（三），台北天一出版社 1985 年版，第 162 页。

（1913 年 9 月 28 日函）。传统知识分子的夙志显现，良相既不能作，只好退而求其次，愿当良医了，章太炎遂在狱中以翻阅医书自遣。研究医学典籍之外，1913 年底，章太炎在《致宗仰上人书》中与黄宗仰探讨佛学："佛学正素心所向，然北上无可与语，南方又不可速归，以是为恨耳！从前所购日本小字藏经，在东已多被鼠伤不可用，拟购频加精舍藏经一部……譬如饮食，而佛典比之日光、月光、明烛。"① 对佛学的态度有了重大改变。

章太炎在久不得自由，极其苦闷之际，曾有求死的想法。"前书自言求死，乃悲愁过当之言。昔人云，人生实难，其有不获死乎！蛰居一室，都不自由，感激诧傺之余，情自中发，乃欲以此快意耳。"（1913 年 10 月 17 日家书）② 从隐于市到隐于医的自我安慰，再到寻求宗教解脱以至最终听天由命以求速死，是中国历代知识分子在面对黑暗势力、政治压力所经常采取的消极态度。章太炎尽管鄙夷袁世凯"乃腐败官僚之魁首"，却只能采用精神胜利法以自欺："苟遇曹孟德，虽为祢衡亦何不愿，奈其人无孟德之能力何！"③（1913 年 11 月 4 日）激进幼稚的革命文人遇上精明的弄权高手，只有如此自嘲。

章太炎被拘期间，汤国梨多方营救，曾致函袁世凯和徐世昌："外子好谈得失，罔知忌讳，语或轻发，心实无他。自古文人积习，好与势逆，处境愈困，发言愈狂，屈子忧愤，乃作离骚，贾生痛哭，卒以夭折，是可哀也。"对他性格的剖析较为精准。汤国梨恳求待其出狱后："俾得伏处田间，读书养气，以终余年，侍母得间，益当劝令杜门，无轻交接。"④ 劝章太炎读书养性，亦有令其归隐之意。

1916 年 6 月，黎元洪继任总统后，曾去面见章太炎，"临别谓乡思甚切，意在归隐，不复出山，黎允其请，将以蒲轮送回"⑤。6 月 21 日，浙江都督吕公望致电黎元洪、段祺瑞，准备派员北迎章太炎："太炎先生直言招祸，横遭

---

① 何新：《章太炎论佛哲学佚书二札》，《学习与探索》1983 年第 4 期，第 62－65 页。
② 陈存仁：《章太炎师一生最珍贵文献：情文并茂的八十四封家书》。参见朱传誉：《章太炎传记资料》（三），台北天一出版社 1985 年版，第 162 页。
③ 陈存仁：《章太炎师一生最珍贵文献：情文并茂的八十四封家书》。参见朱传誉：《章太炎传记资料》（三），台北天一出版社 1985 年版第 163 页。
④ 《章太炎幽居记》，《正志》1915 年第 1 期，第 180－181 页。
⑤ 汤志钧：《章太炎年谱长编》，中华书局 2013 年版，第 528 页。

羁留，已经三载……此公文章气节，冠冕东南，虎口余生，频思归隐。若为安车蒲轮之送，以示礼贤下士之忱，岂惟薄海播为美谈，行见史册得其盛德。"① 均提到章太炎的归隐之愿。7月1日，章太炎从北京南归抵达上海，受到各界名流的欢迎，但是其强烈的归隐之意随着对国事的继续热衷而渐然淡化。

二、隐于苏州与醉心国学

章太炎每于斗争受挫，首先想到的就是讲学，其一生讲学主要有四次。第一次是于1908年《民报》被禁之后，"《民报》既被禁，余闲外与诸子讲学"，在东京创办章氏国学讲习会。第二次是自1913年12月9日起，章太炎在北京化石桥共和党本部，以"国学会"之名义开讲，"穷愁抑郁，既以伤生；纵酒谩骂，尤非长局。党中同人，商允先生讲学，国学讲习所剋期成立"②，但为期仅一月，即被袁世凯逮捕下狱。第三次是1922年4月至6月，章太炎应江苏省教育会的邀请，在上海讲授国学，一共十讲，上海各大报如《申报》等均有详细的跟踪报道。第四次是1934年冬至1936年6月，在苏州以"章氏国学讲演会"和"章氏国学讲习会"名义进行，以"研究固有文化，造就国学人才"为宗旨，此次讲学时间最长，影响最大。

章太炎曾是俞樾先生的得意门生，后虽因理念不同而产生分歧，但恩师的处世态度仍对其有潜移默化的影响。周作人认为，俞樾和章太炎晚年不约而同定居苏州并非偶然，而是有着割舍不断的学术渊源。俞樾（1821—1907），字荫甫，浙江德清人，一代经学大师。1865年春，应聘主讲苏州紫阳书院，后修建曲园，寓居苏州，俞樾有诗序记："余故里无家，久寓吴下。去年（按：1873年）马医科西头买得潘氏废地一区，筑室三十余楹，其旁隙地筑为小园。垒石凿池，杂莳花木，以其形曲，名为'曲园'。"③ 1868年春，俞樾赴杭州主讲诂经精舍，但多住在苏州，只在春秋两季赴杭讲学。

1890年至1896年，章太炎在诂经精舍师从俞樾受业六年，奠定了坚实的

---

① 《浙江吕都督请派员北迎章太炎南归电》，《时事新报》1916年6月26日。
② 汤志钧：《章太炎年谱长编》，中华书局2013年版，第263页。
③ 魏嘉瓒：《苏州历代园林录》，燕山出版社1992年版，第260页。

国学基础。1897年章太炎去上海发展，俞先生对于此事"颇不怿"①。师徒二人由于各自选择的人生道路不同出现分歧。1898年，俞樾辞去诂经精舍教席定居苏州。1901年夏，章太炎为躲避清廷追捕而避祸苏州，受聘于东吴大学，曾专程拜访业师，却被先生大加训斥："闻尔游台湾。尔好隐，不事科举，好隐则为梁鸿、韩康可也。今入异域，背父母陵墓，不孝；讼言索虏之祸毒敷诸夏，与人书指斥乘舆，不忠。不孝不忠，非人类也，小子鸣鼓而攻之可也。"②章太炎回去后立即草就《谢本师》一文，宣布脱离师生关系。

直至民国初年，章太炎主要寓居上海，喜与豪侠交游，不愿和学者文人交接往来。此后又历经近十年沉浮，章太炎逐渐归于平静。他晚年对上海充满厌倦，"泳居市井，终日与贩夫为伍者"。1927年，章太炎六十寿辰《生日自述》："蹉跎今六十，斯世孰为徒？学佛无乾慧，储书不愈愚。握中余玉虎，楼上对香炉。见说兴亡事，挐舟望五湖。"③反映其内心的苦闷与颓唐。北伐胜利以后，象征共和的五色国旗被换成青天白日旗，章太炎认为："拔五色旗，立青天白日旗，即是背叛中华民国……一夺一与，情所不安，宁作民国遗老耳。"④对政治活动的兴趣渐减。1929年的《长夏纪事》透露其隐居的生活状态：

> 我本山谷士，失路趋堂廉。伐华既十稔，重兹风日炎。荃葛甫在御，短制无垂襜。粥定正代莽，斋美如遗盐。啖此胜百牢，披襟步长檐。蔼蔼出墙树，淙淙筒中瀸。市间或问字，百名方一缣。漱笔藉颠棘，淀尽颖自铦。挽玉得越巾，破舻逾苍磝。故书适一启，蠹食殊无缀。呼童下香药，胼汗勤自拈。平生远膏沐，两鬓常鬤鬤。朋来跣不袜，夷惠宜可兼。时复效禽戏，而不求青黏。⑤

昔日的革命激情已经不复存在，大隐于市的心态跃然纸上。"九一八"事变后，章太炎力主抗日救国，1932年初，与熊希龄、马相伯等组织中华民国国难救济会，此后北上见张学良，并发表演说号召青年救国，但已深感人心

① 章太炎：《太炎先生自定年谱》，龙门书店1965年版，第13页。
② 郑振模：《清俞曲园先生樾年谱》，台湾商务印书馆1982年版，第93页。
③ 汤志钧：《章太炎年谱长编》卷四，中华书局2013年版，第883页。
④ 马勇：《章太炎全集》书信集，上海人民出版社2022年版，第923页。
⑤ 汤志钧：《章太炎年谱长编》，中华书局2013年版，第521页。

更加险恶，便默然南归上海。恰巧金天羽、陈衍、李根源等皆在苏州，便邀章太炎到苏州讲学，遂欣然前往。

李根源与章太炎曾为金兰之交，两人不断有书信往来。早在 1924 年 7 月，李根源曾邀请章太炎夫妇来苏州。1924 年 11 月，章太炎已经考虑在苏州置宅："护龙街一宅，以为租不如买。据守园人寻，索价万金。故实万金亦可出售。弟转与言之，则幸甚。"① 1925 年 6 月 9 日致李根源的信中，章太炎曾提到上海局势动荡，"内子当急欲迁避，苦于无地"事。②

章太炎认为苏州"其地盖范文正、顾宁人之所生产也。今虽学不如古，士大夫犹循礼教，愈于他俗。及夫博学屠守之士，亦往往而见"③，促使其将苏州作为其学术生涯和生命历程的最后驿站。1932 年秋，章太炎在苏州大公园图书馆、北局青年会、三元坊沧浪亭等地讲学将近一个月，受到热烈欢迎。1933 年，章太炎在与李根源的信中，又表达了迁居苏州之意："吾近亦觉上海可厌，盖往来人士，有书卷气者绝少耳。苏州文化，毕竟未衰。前数年颇愿移家，匆匆未就。今时局推迁，桅（扼）我者已不如前之甚，此志又复发矣。其有屋宇稍宽、可赁可典者，望为我物色……菟裘宿愿，或者可果。"④ 后经几番周折，终于在锦帆路购得一处理想住宅，并于 1934 年秋迁入新居。

章太炎历经半世政治浮沉，最后归隐苏州，重复先师的讲学之路，他是否考虑到此举实属命中注定？俞樾先生大骂章太炎的那年秋末，听闻沪上有人公开议废经学，悲愤不已，认为西学流行中国将无孔子无天地矣。老先生曾作《愤言》诗："公然倡议废群经，异论高谈不可听，万古秋阳常皛皛。一朝秦焰又荧荧，铺张海国新闻见，播弃尼山旧典型，昔抱三忧今竟验，坐看白日变幽冥！"⑤ 对经学的前途充满忧虑。值得欣慰的是，昔日的高徒最终拾起国学大旗，学术薪火得以传承。对于章太炎而言，归隐讲学才是他内心的真正回归，亦是他一生中最正确的选择。

---

① 马勇：《章太炎全集》书信集，上海人民出版社 2022 年版，第 902 页。
② 马勇：《章太炎全集》书信集，上海人民出版社 2022 年版，第 913 页。
③ 朱传誉：《章太炎传记资料》（六），台北天一出版社 1985 年版，第 386 页。
④ 马勇：《章太炎书信集》，河北人民出版社 2003 年版，第 713 页。
⑤ 郑振模：《清俞曲园先生樾年谱》，台湾商务印书馆 1982 年版，第 94 页。

三、章氏国学讲习会的学术薪火

1932 年秋，章太炎在苏州讲学过程中，深念"扶微业辅绝学之道，诚莫如学会便"，遂决定在苏州组织国学会，由金松岑（天羽）主持具体事务。1934 年冬，由于多种原因，章太炎"与国学会旨趣不合"，另发起成立"章氏国学讲习会"。因此，20 世纪 30 年代的苏州，同时存在两个国学讲习会。1935 年 3 月 29 日，国民政府派章太炎老友张继、丁维汾等到苏州省视，并"致万金为疗疾费"。章太炎经与汤国梨商议，以"取诸政府，还诸大众"的办法，决意用这笔经费创设"章氏国学讲习会"和《制言》半月刊。章太炎在讲习会成立时说："余自民国二十一年，返自旧都，知当世无可为，讲学吴中三年矣！始曰国学会，顷更冠以章氏之号，以地址有异，且所召集与会者，所从来亦不同也。言有不尽，更与同志杂志以宣之，命曰：制言，窃去曾子制言之义。"①

章太炎创办章氏国学讲习会，社会各界反应不一。社会名流冯玉祥、曹亚伯、段祺瑞、吴佩孚等纷纷予以赞助。1935 年 7 月 6 日《申报》载文《马相伯赞助章太炎讲学》，对章太炎优游世外讲坛授业，予以较高评价。1935 年 8 月 16 日，《申报》刊登消息："朴学大师余杭章太炎先生，自卜筑苏州以来，日以著书自娱。今春国府致送万金，以示敬老，章氏即以该款充作讲学会筹备费，俾得建筑讲堂，广设学座，招收四方学者来苏听讲，寄宿会中……他日昌明文化，复兴国学，一线生机，胥系于此。"② 把复兴国学的希望寄托于讲习会。经过媒体宣传，章氏国学讲习会在全国影响很大，"各地学子，纷纷负笈来苏。据学会中统计，学员年龄最长者为七十三岁，最幼的十八岁，有曾任大学讲师、中学国文教师的，以大学专科学生占大多数，籍贯有十九省之不同。住宿学会里，约有一百余人"③。

《章氏国学讲习会简章》规定了讲习会的名称和宗旨："本会为章太炎先生讲演而集。又其经费由章先生负责筹集，故定名章氏国学讲习会。"讲习会

---

① 江柔：《章太炎之"制言"》。参见朱传誉：《章太炎传记资料》（十一），台北天一出版社 1985 年版，第 196 页。

② 姚奠中、黄国炎：《章太炎学术年谱》，三晋出版社 2014 年版，第 472 页。

③ 吴晨：《章太炎与西湖》，杭州出版社 2013 年版，第 85-89 页。

以研究固有文化，造就国学人才为宗旨。凡有国学常识，文理通顺，有志深造者。无论男女，均可报名听讲。讲习期限二年，分为四期。章太炎逝世后，章氏国学讲习会推举马相伯为董事长，汤国梨为理事长，坚持讲学。抗日战争爆发后，部分学员转至峨眉山复性书院深造。苏州沦陷后讲习会转移至上海，下设太炎文学院和附属中学，1941 年停办。

　　章太炎除了自己担任主讲外，其门人弟子成为讲课的主要力量。朱希祖、汪东、孙世扬、王謇、潘承弼、汪柏年、马宗芗、王绍兰、马宗霍、沈延国、金毓黻、潘重规、黄焯任等章氏弟子，均曾在此授课。国学讲习会还增设特别演讲，章太炎曾请老友王小徐、蒋竹庄及沈瓞民等担任特约讲师。章太炎每周讲三次，每次两小时，对于经学、史学、子学、文学均有系统的讲述，最后教授《尚书》。1935 年 4 月起，又开设章氏星期讲演会，每期听者颇多。章氏星期讲演会第三期为《论读经有利而无弊》，曾连载于 1935 年 6 月 15、16 日天津《大公报》。章太炎的讲稿后来被弟子整理成《在苏州国学讲习会的讲稿》出版。

　　章太炎在主持章氏国学讲习会期间，已是体弱多病。但他每次讲课极为认真，旁征博引，析难解疑，赢得听讲者的好评与钦佩。章太炎除了主讲章氏国学讲习会之外，也曾到无锡讲学。1933 年 3 月 14 日，在无锡国学专门学校讲演《国学之统宗》。随后又在江苏省立无锡师范学校讲《历史之重要》，分析经与史关系，认为"经术乃是为人之基本，若论运用之法，历史更为重要……夫人不读经书，则不知自处之道；不读史书，则无从爱其国家。即如吾人今日，欲知中华民国之疆域，东西南北究以何为界，便非读史不可；有史而不读，是国家之根本先拔矣"[①]，可谓用心良苦。陈柱曾说："太炎先生皓首穷经人伦师表，诸先生发起讲学会宏开绛帐作风雨之鸣鸡，挽狂澜于既倒，无任赞同之至。"[②] 一代"革命元勋，国学泰斗"章太炎，隐于姑苏的一条静谧小巷，以苍老之躯，毅然肩负起为天下继绝学的重任，近代苏州又多了重文脉的积淀与传承。

---

① 汤志钧：《章太炎年谱长编》，中华书局 2013 年版，第 537 页。
② 朱传誉：《章太炎传记资料》（七），台北天一出版社 1985 年版，第 422 页。

第四节 旅沪文人的苏州情结

民国时期旅沪的苏州文人群体，大多无园林雅居，亦无世产继承，只能凭借自己的文字功底，在上海的文坛报馆鬻文谋生。他们经济独立，精神自由，较少涉足军政活动，吴文化的土壤孕育了他们独特的气质，远绍晚明时期吴中士人闲雅适世心态之余绪。苏沪两地文化空间的差异，加深了他们对苏州的眷恋，上海是其谋生的主要场所，苏州则是他们的精神家园。

一、旅沪文人心目中的上海与苏州

上海开埠以后，迅速发展为全国经济、文化中心和远东金融中心，吸引大量人口涌入，苏州人成为较早的移民群体之一，沪宁铁路开通和公路交通的兴起，加速了苏沪两地间的人口流动。1860 年以后，上海形成了一个新知识生态空间，成为新文化的发展基地和传播中心。[①] 随着新式学堂的广泛建立和报刊、出版业的发展，文人不再视"入仕"为实现人生理想的唯一途径。民国年间，上海已经成为苏州籍作家的大本营。郑逸梅曾说："苏州的著作家，住居上海的，如天笑唎，卓呆唎，瘦鹃唎，红蕉唎，澹庐唎，共有好几位。"[②] 苏州籍作家居留上海已经是普遍现象。

民国初年，苏州与上海已有天壤之别，"苏州人颇慕上海人之举动服饰，而於摩托车之风驰电掣。慕之尤甚，但苏州马路不能四达，且崎岖未治，真使英雄无用武之地。于是一般绅士，遂将包车装以摩托车上之喇叭，行时居然亦能啵啵作响，借以慰情。"[③] 有人将苏州的市容与上海作比，已经发现两地的巨大差异。[④]

然而在旅沪作家的眼里，上海却充斥着肮脏与庸俗。对上海的厌恶和反感，成为他们笔下的普遍现象："顾地处海滨，实无山林点缀其间，足以供游

---

① 李长莉：《晚清上海的新知识空间》，《学术月刊》2006 年 10 期，第 144 - 151 页。
② 郑逸梅：《上海著作家之与苏州》，《新上海》1925 年第 2 期，第 24 页。
③ 郑逸梅：《苏州人之慕上海》，《新上海》1925 年第 4 期，第 108 页。
④ 团圆生：《苏州人心目中的上海》，《新上海》1925 年第 7 期，第 93 - 94 页。

览者。余居沪十年，心每厌其烦嚣，徒以职业所系，不能舍而他去。"① 周瘦鹃在谈及上海时说："我的故乡虽是苏州，而我却生于上海，长于上海的，在上海度过了上半世的三十几个春秋，真是衣于斯、食于斯、歌哭于斯，跟上海是血肉相连呼吸相通而不可分割的……而我却怕上海，憎上海，简直当它是一个杀人如草不闻声的魔窟。"② 凸显文人与普通大众不同的审美眼光，普通人关注的是经济、商业的发展，新奇事物、娱乐、市政等城市的现代性，而文人关注更多的则是两地迥异的文化底蕴。

对上海表示厌恶的同时，他们得出在苏州生活的种种优越性，茶馆成为一个重要的比较项。郑逸梅认为："上海的茶寮，大都是一个若干开间的统楼面，茶客聚拢着谈天，喧哗的（得）了不得。若使吾们好静的留在那里半个小时，头脑就要裂痛。苏州的茶寮却不然，往往分屋错列，略栽花木，所以茶寮中，有什么厅咧，楼咧，居咧，山房咧的种种名目，地位自然宽展，那茶客谈话的声浪，也好得多了。这是苏州胜于上海处。"③ 茶文化是苏州休闲文化的一个重要方面，与上海茶馆中的喧闹相比，他们更乐于前者的娴静安适。

与文人眼中的上海相比，此时的苏州是什么样子呢？郁达夫《苏州烟雨记》记述了二三十年代的苏州，俨然一副十八世纪的古都形象：

进了葑门以后，在那些清冷的街上，所得着的印象，我怎么也形容不出来。上海的市场，若说是二十世纪的市场，那末这苏州的一隅，只可以说是十八世纪的古都了。上海的杂乱的情形，若说是一个 Busy Port，那么苏州只可以说是一个 Sleepy Town 了。总之阊门外的繁华，我未曾见到，专就我于这葑门里一隅的状况看来，我觉得苏州城，竟还是一个浪漫的古都，街上的石块，和人家的建筑，处处的环桥河水和狭小的街衢，没有一件不在那里夸示过去的中国民族的悠悠的态度。这一种美，若硬要用近代语来表现的时候，我想没有比"颓废美"的三字更适当的了。④

---

① 朱栋霖：《苏州文艺评论 2007》，江苏教育出版社 2008 年版，第 156 页。
② 周瘦鹃：《我与上海》，《文汇报》1963 年 9 月 28 日。
③ 郑逸梅：《上海茶寮不及苏州》，《新上海》1925 年第 6 期，第 46 页。
④ 郁达夫：《郁达夫散文》，浙江文艺出版社 2014 年版，第 81 页。

在上海通往苏州的路上，满目是青色的草原，疏淡的树林，蜿蜒的城墙，浅浅的城河，使人"一时忘记了秋雨，忘记了在上海剩下的未了的工作，并且忘记了半年来失业困穷的我，心里只想在马车上作独脚的跳舞，嘴里就不知不觉地念出了几句独脚跳舞的歌来"①。具有颓废之美的苏州，成为他们心中的伊甸园，有着无穷魅力。

二、徘徊于两城的归隐之思

周瘦鹃（1895—1968）作为鸳鸯蝴蝶派的代表人物，生于上海，其文学活动也主要在上海，却有着浓厚的苏州情结。1923 年 8 月 6 日，《世界小报》刊载王元恨的《再度斜气歌》："周瘦鹃，年念九，人在上海想苏州。"②《星光》文集曾专载周瘦鹃的《我想苏州》，说明苏州在他心目中的位置非同一般。1931 年，《吴县日报》的一则广告引起人们的注意，谓有人拟出价一万元，拟在苏得地数弓以娱身心。1931 年 6 月 18 日的苏州《大光明》报载《周瘦鹃卜居治产》，暴露了买主乃为有"中国情人"之称的周瘦鹃。③ 周瘦鹃买到宅第后，次年即正式移居苏州，开始其隐居生活。

郑逸梅亦毫不掩饰对故乡苏州的不舍，"苏州是我的故乡。我虽旅居上海数十年，每逢岁时令节，儿是怀系着邓尉梅花、灵岩塔影，以及天平的钵泉，枫桥的古寺，几乎无时或释"④。郑逸梅散文中亦多次表达对苏州的怀念，"水乡苏州，是我少时游钓之地，虽为了衣食，离乡背井，栖迟海上，超过半个世纪，可是深巷杏花、小桥流水，这印象犹索诸梦境，兀是不能忘怀"⑤。他很是向往闲云野鹤般的隐士生活："若得地十亩，必以三亩植梅，三亩树竹石，一亩凿莲沼，而所余三亩，凡筑屋庋藏文史图籍，鼎砚骨董，予偃仰舒啸其中，以度晨夕，此外则无所求矣。"⑥ 代表了当时不少文人的真实心态。包天笑曾请陆廉夫绘有《包山双隐图》，包山即太湖的洞庭西山，因爱好此处

---

① 郁达夫：《郁达夫散文》，浙江文艺出版社 2014 年版，第 80 页。
② 王元恨：《再度斜气歌》，《世界小报》1923 年 8 月 6 日。
③ 春坞：《周瘦鹃卜居治产》，《大光明》报 1931 年 6 月 18 日。
④ 郑逸梅：《郑逸梅选集》，黑龙江人民出版社 2001 年版，第 366 页。
⑤ 郑逸梅：《郑逸梅选集》，黑龙江人民出版社 2001 年版，第 366 页。
⑥ 郑逸梅：《幽梦新影》。参见《艺林散叶续编》，中华书局 2005 年版，第 269 页。

风景，曾拟与夫人陈震苏偕老于此。然而隐居毕竟太不现实，他们必须到外面的世界去谋求生存。

郑逸梅又想隐于禅，"逸梅蒿目时艰，伤心身世，颇有逃禅之想。日前偶致吾友民哀书，述及是意。乃蒙民哀揭之于世界小报，且加注语，欲与逸梅同参禅谛，吟秋阅之，亦修寸简，引逸梅为同志，因思同文中作如是想者，当不仅吾辈三人而已"①，引起朋辈共鸣。侨居上海多年的王西神深感"阅世愈深、遁世愈切"，并将寓所命名为"逃虚空室"，表明其逃离尘俗羁绊之愿。但是逃禅终又不能，只有寄托于归隐之思。范烟桥也感慨"有家不归，坐使春树暮云，花开花落、衣食儿女之累人如此"，苏州成为他们难以割舍的情结。

刘铁群认为，旅沪作家群体中普遍存在并被他们渲染的苏州情结，不再是一种简单的游子思乡之情，实则体现了他们的价值选择，一个繁华喧嚣的都市与一个恬静安逸的江南古城之间的选择。② 旅沪文人是具有新的身份、角色和谋生方式的传统文人，仍然顽强地保持着传统文人的心态和情趣。他们在谋生中勤劳、务实、趋利，生活中却追求闲适、优雅、浪漫。郑逸梅在苏轼的"宁可食无肉，不可居无竹，无肉令人瘦，无竹令人俗"诗句后，添加了"不瘦亦不俗，要吃笋烧肉"之句。他们离不开"食有肉"的上海，亦难以忘怀"居有竹"的苏州。上海快速向现代社会转变的场景，使来自生活节奏相对缓慢的苏州文人一时难以适应。他们回到家中，回归内心，依然是优雅的士大夫。苏沪之间交通便利，在上海供职的人们，可以在周末回苏州休闲。郑逸梅每逢佳节即动归家之念："初八日，起身绝早，冒雨登程，盖不佞为笔舌头兼耕的劳工，不得多日耽搁，饥寒逼迫，思之凄然。"③ 流露出两地奔波谋生的无奈。

苏州古城和江南小镇，塑造了他们独特的气质、思维习惯和价值观念。上海是谋生之地，而非心灵栖息的家园，体现了近代知识分子群体归隐与谋生的两难境地。徐采石认为，鸳鸯蝴蝶派作家多来自苏州、无锡、常州等吴

---

① 郑逸梅：《逃禅》，《半月》1925 年第 15 期，第 1 页。

② 刘铁群：《"脚踏两城"的民初文人》。参见刘思谦：《文学研究：理论方法与实践》，河南大学出版社 2004 年版，第 446 页。

③ 郑逸梅：《苏沪之奔波》，《联益之友》1928 年第 83 期，第 2 版。

文化的核心地带，他们虽然与海派文化有着密切联系，但内心始终根植于吴文化的土壤，保持着与吴文化的血缘关系。① 这种观点较契合周瘦鹃、郑逸梅等人的文化心态，也有助于解读他们的苏州情结。

三、闲适文化的追求与诠释

明中晚期以来，吴中士人探索出"市隐"的道路，由避世转为适世，追求闲雅、诗意的艺术化生活。时至近代，这种生活向往得以再次在吴中文人群体间延续。作为新型的自由职业群体，他们不仅继承了这个传统，而且进行了适度转型，成为闲适文化的代言人。正如郑逸梅所言："大概自1914年起，在文坛上忽然掀起一股出版文化娱乐性质刊物的热潮，大有铺天盖地之势。内容形形色色，有图画、刺绣、烹饪、魔术、灯谜、游戏、日用小常识等。在小说方面也多以娱乐为主，如侦探、讽刺、言情、武侠等许多类别。这股热潮之所以形成，源于当时人们认为革命已经成功，可以大事娱乐一番了的心态。"② 鸳鸯蝴蝶派的作品成为闲适文化的一个重要表现。此后一段时期，这种休闲娱乐之风几乎占据整个上海文坛。1921年，周瘦鹃在《游戏世界》发刊词中宣告：

> 列位，我虽是个书贾，也是民国的一分子，自问也还有一点热心！当这个风雨如晦的时局，南北争战个不了，外债借个不了，什么叫护法，什么叫统一，什么叫自治，名目固然光明正大，内中却黑暗得了不得！让他虚虚实实、真真假假，有权有势的向口头报上尽力去干，向来轮不到我们的——我们无权无势，只好就本业上着想，从本业做起：特地请了二三十位的时下名流，各尽所长地分撰起来，成了一本最浅最新的杂志，贡献社会，希望稍稍弥补社会的缺陷！③

旅沪文人群体兼具新的知识结构和视野，使他们能够较快适应新兴的大众文化事业，获得经济独立，不必也不愿依附官场和权贵。郑逸梅曾直言："至于今日的官吏，自吹自擂，从事竞选，说是西洋的作风，但我总觉得这种

---

① 徐采石、金燕玉：《鸳鸯蝴蝶派与吴文化》，《中国文化研究》2001年冬卷，第112－119页。
② 朱栋霖主编：《苏州文艺评论2007》，江苏教育出版社2008年版，第160页。
③ 周瘦鹃：《游戏世界》发刊词，1921年第1期，第1－2页。

人一定重于利禄，重利禄也就难免沾染贪污，所以我很不希望我的朋友中任何一人去做官，若然朋友中有去做官的，我绝不趋炎附势，便斩截地和他绝交。"① 虽有厚古薄今之意，但也表明其疏离政治的立场。他们虽然不满混乱的政局，但是无权亦无力去改变，于是只有游戏于文字世界。

随着新文化运动以来各种新思潮的发展，这种休闲心态和休闲文学面临日益严厉的批判。1921 年初，以"研究介绍世界文学、整理中国旧文学、创造新文学"为宗旨的"文学研究会"成立，提出反对旧封建文学，并反对庸俗性的游戏文学，反对把文学作为消遣品。新文学作家群体对《游戏杂志》《礼拜六》等刊物进行抨击。1921 年 5 月 28 日，《申报》刊登《礼拜六》杂志广告："宁可不讨小老婆，不可不读《礼拜六》"②，引起轩然大波，新文学家对旧派文人大加批判，甚至进行人身攻击。此后，新旧文学家之间的交锋逐渐激化。

随着舆论对鸳鸯蝴蝶派的批判以及个人事业的滑坡，周瘦鹃的退隐之意逐渐显露。1925 年 3 月，《半月》刊发其《西游春词》二十余首，《序》曰："游倦归来，读昔人词集，得词如干阙，皆心醉于西湖之春，而作欢喜赞叹者。"③ 已透出思隐之意。1929 年开始，周瘦鹃除了每周一两天去上海处理《申报》、国光公司等处事务外，潜心于花草树木，业余生活全部用来侍弄花草，并开始在苏州物色住宅。

1932 年，周瘦鹃正式移家苏州，"累土叠石，引泉蓄鳞、罗列奇卉异草，芳菲成春，已则盘桓春间，躬督花奴，芟秽剔虫，抱瓮灌溉"④，开辟紫兰小筑，沉迷其中乐而忘倦。1932 年，史量才加大《申报》的改革力度，由黎烈文接任《自由谈》主编，周瘦鹃的主编生涯宣告结束。"于是平地一声雷，来了个大转变，换上了一副新面目……我先还看看稿件，装装门面，后来什么也不管了"⑤，心态颇为消极。1937 年底苏州沦陷后，有人忆及周瘦鹃吴门隐居之风雅："周瘦鹃君在数年前，于吴门封溪购一宅，颇有园林之胜，彼常往

① 纸帐铜瓶室主：《自说自话》，《永安月刊》1949 年第 116 期，第 36－37 页。
② 何媛媛：《紫兰小筑：周瘦鹃的人际花园》，东方出版社 2011 年版，第 154 页。
③ 王智毅：《周瘦鹃研究资料》，天津人民出版社 1993 年版，第 28 页。
④ 王智毅：《周瘦鹃研究资料》，天津人民出版社 1993 年版，第 34 页。
⑤ 范伯群主编：《周瘦鹃文集》，文汇出版社 2010 年版，第 303 页。

来于苏沪之间，遥领《申报》副刊事，而居苏之时日为多。其园林虽不大，而花木繁多，以园丁之外，瘦鹃亦能躬自种植也。种花之外，所蓄金鱼，亦颇名贵。左顾孺人，右弄稚子，人谓瘦鹃真能享自然之乐者也。"① 对其隐居生活深表羡慕。

　　以周瘦鹃、郑逸梅为主要代表的旅沪文人群体，深受吴文化的浸润，在花草木石的园林以外，把玩书籍古董，在对各种美、雅事物的欣赏、玩味中，营造一种艺术化、审美化的生活，且具有浓郁的地域文化色彩。这种心态远承魏晋六朝时期的隐逸与禅的心隐，这些基因深植于他们的意识底层。虽然经历过上海的洋场繁华，但是圈在墙里的安静的园林生活，仍是他们茶寮酒肆以外的理想。②

---

① 王智毅：《周瘦鹃研究资料》，天津人民出版社 1993 年版，第 172 页。
② 陈思和、王德威：《建构中国现代文学多元共生体系的新思考》，复旦大学出版社 2012 年版，第 176 页。

第五章　隐者面相（下）

苏州宗教氛围浓厚，《吴县志》云："而吴多古刹，高释辈出，尤足垂诸邑乘。但迩者开方丈登讲席者，所在皆是，不能尽书。"[1] 向有不少方外之士隐于寺观丛林，穹窿、灵岩诸山都有古刹名寺。明代"缁衣宰相"姚广孝的出现，给苏州古刹增添了几分参政色彩。1860 年太平军攻占苏州，城内的宗教设施虽有破坏，但佛教仍有广泛的信众基础。民初遗民群体的活动，丰富了近代苏州隐逸文化的内涵。

第一节　黄宗仰：儒释同致忧国事

晚清以降国势衰微，民族革命思潮激荡，佛教改革伴随着风起云涌的救国浪潮，将部分佛门弟子推向社会，他们或支持救亡图存的爱国运动，或直接参与革命斗争，形成一种特殊的政治参与现象。

一、近代佛教的改革与调适

明清以来，由于僧众自身腐化以及外部生存环境的恶劣，佛教走向衰落。大约在 1850 年代至 1930 年代，佛教开始复苏革新，被称为近代佛教的复兴。

---

[1] （清）汤斌、孙佩纂：《（康熙）吴县志》卷五十八《人物·高释》第十七，广陵古籍出版社 1989 年版，第 3206 页。

梁启超曾指出，佛学成为晚清思想界的一股伏流。康有为、谭嗣同、章太炎等，都根据实际需要对佛典加以论证，利用佛学思想来倡导救亡图存，以回应西学的挑战，成为近代思想变革和政治革命的一大思想渊源。清中期以来，居士佛学兴起，章太炎曾说："自清之季，佛法不在缁衣，而流入居士长者间。"① 民国初期，居士佛教发展较快，成员包括新兴工商业者、知识分子以及从军政退位的社会名流，佛教的信众基础扩大。

近代佛教主要通过发掘自身资源，调适佛法理念，积极回应当时的社会思潮，为佛教的转型奠定了基础。佛教在一批学者、居士和佛门弟子的共同推动下，实现由传统向近现代的转型。杨文会创办金陵刻经处以刻经弘法，创办祇洹精舍以培养佛学人才。太虚法师提出诸项改革计划，佛教呈现顺应时代、积极服务社会的入世倾向。杨文会被称为近代中国佛教复兴之父，认为佛法乃出世之法，但应与世间法相辅而行，应使佛教成为"济世之方"。② 梁启超多次强调佛教是入世而非厌世，并倡导以"不厌生死，不爱涅槃"的积极入世态度，造一新世界。③ 章太炎认为佛法虽是出世法，但到底不能离世间法，并将佛与老庄之和合看作救时应务的"第一良法"。④

二、"革命和尚"的爱国情怀

在近代佛教入世思想的影响以及救国思潮的激荡中，不少佛门弟子走出"青灯古佛随伺佛祖左右，晨钟暮鼓忍看人间冷暖"的封闭生活，投身于救国和民族革命。黄宗仰（1865—1921），别号乌目山僧，又号楞伽小隐，法名宗仰，后称印楼禅师，常熟人。由于母亲信佛，他从小即受到佛门熏陶，十六岁时因不满于父兄逼其学掌店事，愤而出走至常熟三峰清凉寺削发为僧。⑤ 此时国势衰危，常熟城里的一些读书人忧心国事，时常聚首评议朝政，黄宗仰虽已剃度为僧，仍与他们往来频繁，视野日渐开阔。1884年，黄宗仰至镇江

---

① 章炳麟：《支那内学院缘起》。参见田光烈：《玄奘哲学研究》，学林出版社1986年版，第182页。
② 黄夏年：《杨仁山集》，中国社会科学出版社1995年版，第24页。
③ 黄夏年：《梁启超集》，中国社会科学出版社1995年版，第19页。
④ 黄夏年：《章太炎集》，中国社会科学出版社1995年版，第14页。
⑤ 周文晓、吴正明：《爱国诗僧黄宗仰》。参见常熟市政协文史资料委员会：《常熟文史》第40辑，上海社会科学院出版社2009年版，第530页。

金山寺挂单受戒，改拜显谛为师，并先后研习英文、日文和梵文。

中日《马关条约》签订后，黄宗仰以为奇耻，"其热血潮涌，或歌或泣，或规讽或谩骂，一寓之于诗"。1899年游历抵达上海，"广接四方志士，声名噪于遐迩"。1901年春，沙俄妄图独占我国东北，逼签出卖东北的密约。上海爱国官绅士商纠合同志，两度在张园集会力阻其事。黄宗仰参加第二次集会并发表演说，呼吁"我同种同胞团结不懈，坚忍不拔之苦心为大可恃，今日之事即为后日申民气之起点"①。此次演说，"诸君均极激昂感慨，听者耸然拍手称是，其沉痛处能令闻者兴起"②。《辛丑条约》签订后，黄宗仰绘《庚子纪念图》，希望观者能勿忘国耻，为祖国强盛而群策群力。他在自序和题诗中仿效枚乘作《七发》，被誉为"爱国诗僧"。

1901年，黄宗仰受犹太富商哈同夫人罗迦陵聘请，在上海设计建造爱俪园，并讲授佛经。此后黄宗仰与哈同夫妇关系密切，并常住爱俪园。部分活动经费也由他们赞助，黄宗仰曾向其借军饷资助上海光复，哈同花园成为他在上海进行革命活动的基地。1902年4月，黄宗仰与章太炎、蔡元培等在上海发起组织中国教育会并被推为会长。11月16日，上海南洋公学发生集体退学风潮，中国教育会决定创立爱国学社，由黄宗仰商请罗迦陵捐资赞助，他在开校祝辞中呼吁："君者，国之公仆；民者，国之主人翁。今君虽不重视吾民，民乌可不乐爱吾国？国之衰亡，固公仆之辱，实则吾国民之大耻也。是故欲雪耻图强，非吾国民重精神教育，爱国合群不可。"③并每周作一次佛学演讲，遂有"革命和尚"之雅号。

1903年"苏报案"爆发后，黄宗仰因为营救章太炎、邹容而被追捕，逃亡日本。他在横滨结识孙中山，成为其革命事业的重要支持者和资助者。黄宗仰出资支持《江苏》杂志，并发表诗文，推动国内外知识界朝着革命方向演变。1904年，孙中山数次致信黄宗仰，要求"在沪同志亦遥作声援，如有新书新报，务要设法多寄往美洲及檀香山分售，使人人知所适从，并竭力打

---

① 沈潜：《宗仰上人年谱简编》。参见常熟市政协文史资料委员会：《常熟文史》第25辑（内部发行）1997年版，第135页。

② 沈潜、唐文权：《宗仰上人集》，华中师范大学出版社2000年版，第254页。

③ 沈潜：《宗仰上人年谱简编》。参见常熟市政协文史资料委员会：《常熟文史》第25辑（内部发行）1997年版，第137页。

击保皇毒焰于各地"①。黄宗仰筹资刊印《革命军》和《驳康有为论革命书》，分寄南洋、美洲各地。黄宗仰在国内的活动与孙中山在海外的斗争遥相呼应，互为支援。他利用其僧人身份，以哈同花园为掩护，集结革命力量，募捐革命经费，提供活动场所，加强了上海与东南地区革命人士的联系。高拜石有评："久已服膺革命，隐志于缁流，寄情于艺事，对党人往来甚密，所谓出家而非出世者，乃以超度人世之心愿，寄托于救国之大业。"②

三、"乾坤事了续参禅"

1911 年 12 月 25 日，孙中山抵达上海，黄宗仰亲往吴淞迎候并同往哈同花园，与革命党人共商建国大计。孙中山赴南京就任临时大总统时，黄宗仰仍至沪宁车站相送，"及抵南京，觅宗仰不得，电沪访之无踪迹，盖上人已往金山寺闭关禅房。认为大志已成，不欲居功高位，显身扬名，更非所愿"③。黄宗仰已悄然前往镇江金山寺闭关，其《参禅》诗："乾坤事了续参禅，坐破蒲团又一年，依旧江天依旧寺，推窗唤醒老龙眠。"④

南北议和之后，孙中山辞去临时大总统，黄宗仰痛心疾首。1913 年，宋教仁被刺杀，黄宗仰连续发表诗文坚决主张讨袁。程德全公布宋案证据后，黄宗仰发表《程德全回头听者》揭示其附和袁世凯的用心。7 月 12 日，李烈钧在江西宣布独立，"二次革命"爆发，黄宗仰在《民立报》发表《闻江西独立，慨然有作》诗，支持讨袁。1914 年，黄宗仰协助月霞法师在爱俪园创办华严大学，并向罗迦陵提议发起工人子弟识字运动。此后即回到金山江天寺，杜门谢客。1915 年 12 月，袁世凯复辟帝制，黄宗仰特绘《江山送别图》赠好友刘永昌（琴生），附题款如下：

藉君寒假返山虞，曾寄乡心托画图。此日重来相话旧，风光惜与别时殊。江上风云多变态，潮流东去故迂回。天南地北烽烟起，底事英雄心未灰。北

---

① 周文晓、吴正明：《爱国诗僧黄宗仰》。参见常熟市政协文史资料委员会：《常熟文史》第 40 辑，上海社会科学院出版社 2009 年版，第 532 页。

② 高拜石：《新编古春风楼琐记》，作家出版社 2004 年版，第 321 页。

③ 张剑芬：《宗仰上人纪念堂碑》。参见（释）星云：《艺史》，佛光山宗务委员会 1995 年版，第 781 页。

④ 高拜石：《古春风楼琐记》，台湾新生报社 1979 年版，第 325 页。

风寒厉岁云暮，阴晦朝曦暗夕光。忆自送君归去后，苍茫独立怅空桑。争看千帆逆水舟，暗潮风劲力难收。凭谁赤手狂澜障，怅望云天不胜愁。①

大好河山白白易主送人，字里行间透出身隐心难隐的不甘与无奈。时人赵石曾为此图赋诗："江山送别新图画，中有共和末日光。惭愧阿师心尚热，还从世外吊沧桑。"朱心纲和诗："征帆容易挂扁舟，满眼新亭泪未收。莫笑老僧缘未净，江山如此几人愁？"② 道出黄宗仰未了的心事。

闭关期满后，黄宗仰开始云游名山大川，先后到庐山、黄山、九华山、雁荡山、天台山访问佛寺。除偶尔去上海造访章太炎谈佛说偈外，他从不与成为民国新贵的熟人旧友往来。1919 年 7 月，黄宗仰致力于修复南京栖霞寺，发愿重振宗风，1920 年被推为该寺住持。各方善士闻风响应，慨然捐资，仅数月内工程款基本凑齐。黄宗仰主持兴工修建，终因积劳成疾，不幸于 1921 年 7 月圆寂。1936 年，国民党中央委员张继、于右任、戴季陶、吴稚晖、李烈钧等，联名呈请国民政府对黄宗仰明令褒扬：

其负荷至方外，清修自可，无兴复大业，而亦竟有深明大义，竭智尽忠之同志出乎？其间如宗仰上人其人者，实为难能可贵。迹其生平，襟怀磊落，德性坚定，闻义必先，避名若浼，实佛门之龙象，亦吾党之瑰奇。③

后经由国民政府拨款为其修塔立碑，成为民国时期佛门人士唯一受政府优典者。高拜石曾借用前人赞语以形容黄宗仰："其弃家也，如石沉大海；其修道也，如身觅香珠；道服儒冠，威仪犹在，丹崖碧水，风景何殊？或以为歧路之王孙，或以为乾坤之腐儒，如白云之在虚空，如灵芝之产崖谷。"④1937 年 5 月，刘永昌将《江山送别图》赠予常熟清凉寺，"清季革命之士不恒见于吾邑，乃湖山灵秀之气独钟于方外之人，特诞生山僧以补吾邑之阙，不为之阐发其幽光，宁独山僧之不幸，抑亦湖山之无色也"！⑤ 以黄宗仰为代表的方外之士，寄迹佛门却投身革命，身乎世外而心系家国，视名位为敝屣，

① 沈潜、唐文权：《宗仰上人集》，华中师范大学出版社 2000 年版，第 223 页。
② 沈潜、唐文权：《宗仰上人集》，华中师范大学出版社 2000 年版，第 207 页。
③ 沈潜：《宗仰上人年谱简编》。参见常熟市政协文史资料委员会：《常熟文史》第 25 辑（内部发行）1997 年版，第 140 页。
④ 高拜石：《古春风楼琐记》，台湾新生报社 1979 年版，第 232 页。
⑤ 沈潜、唐文权：《宗仰上人集》，华中师范大学出版社 2000 年版，第 224 页。

足为湖山丛林增色。

第二节　印光：弘扬佛法济众生

民国初年，印光法师参与佛教弘化事业并声誉日显。然而由于不堪人事烦扰而闭关苏州报国寺潜心修行，并为弘扬净土宗矢志不渝。印光法师被尊为净土宗第十三世祖，苏州的佛教事业也因而得以重兴。

一、印光法师之隐与显

印光（1861—1940），陕西郃阳（今合阳）人，俗姓赵，法名圣量，字印光，自称常惭愧僧，又号继庐行者。1893 年起，由北京到普陀山法雨寺静修达二十余年，概不与人交接，潜心钻研内典，"出家三十余年，终清之世，始终韬晦，不喜与人往来，亦不愿人知其名字，以期昼夜弥陀，早证念佛三昧"①。1912 年，对于印光而言是一个特殊的年份，他或许对中华民国的成立并不关注，但是自此他在宗教界渐为人知，由隐而显。

印光的显名，源于他在《佛学丛报》发表的数篇佛学论述。1912 年，"行脚天下"的高鹤年居士第二次行至普陀山，力劝印光显扬正法、弘法人世。高鹤年回到上海后，负责《佛学丛报》第一期的催印工作。趁此机会，他把印光的《净土法门普被三根论》《宗教不宜混滥论》《佛教以孝为本论》和《如来随机利生浅近论》刊登于《佛学丛报》。前两篇署名"常惭"，后两篇署名"普陀僧"。高鹤年曾问及文稿的署名问题，印光表示：

果如是，是以腐草投彼宝山，以残羹杂于王膳，骇人耳目，报我面颜，取憎阅者，有浼法道。又况前三论系开如和尚于前年冬月命作，以供尚贤堂演说之稿。《念佛法门普被三根论》，即于是冬载于彼堂纪事。余二篇用与未用，不得而知。若谓文虽鄙拙，意诚可悯。当于前三论，署释开如名。《宗教不宜混滥论》，署释常惭名。印光二字，千祈勿书。②

---

① （释）印光著，张景岗点校：《增广印光法师文钞》，九州出版社 2012 年版，第 591 页。
② 张育英校注：《印光法师文钞三编》，青莲出版社 1994 年版，第 80 页。

　　印光的佛学四论令佛教界耳目一新，《觉有情》编者陈法香有评："此四篇论文，可谓印光大师初转法轮。从此龙天推出，大放光明矣。"① 《佛学丛报》主编评曰："悟了妙心，精持全藏；高踪卓荦，密行妙圆。"② "佛学四论"成为记录印光三十年佛教修学思想的最为精透的文献，也是其开始以文字弘法的标志。此后，"印光"之名渐为人知声闻于外，"日见扰攘，欲求一日之闲，不可得也"。③ 1912 年起，印光逐渐与外界接触，尤其是借由《佛学丛报》之缘，沪上佛教居士对其日益推崇。1917 年，徐蔚如居士刊行《印光法师信稿》，两年后又收集印光的文稿书信，在上海刊印民国佛教第一书《印光法师文钞》，印光自此真正显名于世。

　　民国时期刊刻善书活动流行，善书对于社会劝善起着极大的宣讲与教化作用。印光认为："善书亦有浅深不等，宜择其善书之最精微显著者，刊印流通。"④ 1918 年，印光开始出山刻印经书和善书。1918 年 7 月，印光欲往扬州刻经院，据高鹤年回忆："师以初次出山，人地生疏，函约往扬州刻经。以经资不敷，意在随缘而不募缘，邀余相助。"⑤ 印光对清初昆山善士周梦颜的《安士全书》最为推崇。周梦颜（1656—1739），又名思仁，字安士，博通三教经书，虔信净土念佛法门。《安士全书》由《西归直指》四卷、《万善先资集》四卷、《欲海回狂》三卷及《阴骘文广义节录》合编而成。印光认为该书"觉世牖民，尽善尽美；讲道论德，超古超今；言简而赅，理深而著；引事迹而证据的确，发议论则洞彻渊源。诚传家之至宝，亦定量讲之奇书，与寻常善书不可同日而语"⑥，因此极力促成此书的刊刻。

　　1919 年，印光始收皈依弟子，进一步增加了知名度和影响力。是年，"永嘉周孟由居士（号念佛居士）兄弟奉庶祖母登山，再三恳求，必请收为弟子……理难再却，遂为各赐法名"⑦，此为印光许人皈依之始。1924 年，弘一

①　张育英校注：《印光法师文钞三编》，青莲出版社 1994 年版，第 47 页。
②　秋爽：《寒山寺佛学》第 8 辑，甘肃人民出版社 2013 年版，第 31 页。
③　张育英校注：《印光法师文钞》下册，宗教文化出版社 2008 年版，第 778 页。
④　张育英校注：《印光法师文钞》上册，宗教文化出版社 2000 年版，第 89 页。
⑤　陈海量：《印光大师永思集》，上海书店 1991 年版，第 30 页。
⑥　（释）印光：《安士全书》序一，宗教文化出版社 2000 年版，第 1134 页。
⑦　陈海量：《印光大师永思集》，上海书店出版社 1991 年版，第 12 页。

法师亦择印光为依止和尚，终偿夙愿。① 此后二十余年，印光海内外的皈依弟子达数十万人。

1921 年春，印光经由高鹤年结识真达法师，为以后闭关苏州报国寺提供了因缘契机。真达（1870—1947），俗姓胡，名惟通，号体范，安徽歙县人。十七岁至苏州习南货商，一日随店主妇朝礼普陀山，遂萌出世之念。两年后于普陀山三圣堂出家，此后锐意精进声誉日崇。1914 年真达在上海闸北陈家滨改建太平寺，作为三圣堂下院。1942 年，真达赴苏州灵岩山寺掩关静修，1945 年离苏至沪，仍寓太平寺。据高鹤年回忆："师约余同到沪上，是时三圣堂老当家真达上人一再嘱余介绍，请师到伊下院供养庵住（即太平寺），余遂送往……自此师常来申江，专事弘法，随机说法，普利众生。"② 真达与印光甚相投契，并安排太平寺由其居住，自此印光常自普陀山来沪专事弘化之事，刻印经书经费不足时也常由真达资助。

印光数十年致力于刻印佛经、善书，多年印送的书籍不下四五百万部，佛像亦有数百万帧，居士们的供养都用来作为印经费用。印光声誉日隆，仍持淡泊之心。1922 年，定海县知事陶在东与会稽道道尹黄涵之请示总统徐世昌，颁"悟彻圆明"匾额送至法雨寺，极盛一时。有叩之者，辄答以"虚空楼阁，自无实德，惭愧不已，荣从何来"？③ 印光不愿与人事交接的潜隐个性，以及淡泊名利之品性，是其闭关归隐的根本因素。

二、掩关潜修报国寺

1921 年起，印光多居住于上海太平寺，居士名流、善男信女、问道求皈依者，求作序、跋、题、偈者，难以计数，人事繁杂徒增困扰。1928 年，印光已有找处清净之地隐居之意。1929 年，印光准备在八九月间把印书事务处理完就长期隐居。他初步计划是到香港，去一处陌生的环境，黄筱炜等已经建好精舍并多次邀请他到香港。

印光为了完成《历史感应统纪》的刻印事务，暂且搁置隐居事宜。早在江浙战争期间，他希望将《二十二史感应录》中有关将士好杀不好杀的因果

① 秋爽：《寒山寺佛学》第 8 辑，甘肃人民出版社 2013 年版，第 34 页。
② 陈海量：《印光大师永思集》，上海书店出版社 1991 年版，第 32 页。
③ 陈海量：《印光大师永思集》，上海书店出版社 1991 年版，第 15 页。

事迹选编出来以劝诫军阀，后由许止净搜集完整编成《历史感应统纪》，以了其夙愿。印光以为"此书于世道人心大有关系，乃许止净于二十四史中探其感应事迹，加以评论，洵为劝善最有力之书。以其事皆属正史中事，彼邪见人不敢谓为虚构故也"。① 于是决定再待几个月，以便校对刻印。历时三个月，由德森任初校，印光任二校，排《历史感应统纪》三号字一部四本，四号字一部二本，至阴历十二月二十日，最终完成四号字版的校对。次日，一弟子请印光至其家吃饭，由于不习惯坐汽车而出汗受风，病倒于上海。

印光因病暂不能去香港，真达便与高鹤年等另安排其闭关之地，认为苏州穿心街报国寺比较僻静，适合闭关清修，便协调把报国寺让给印光闭关。报国寺原在文庙西，始建于宋咸淳年间，初名报国禅院，屡有兴废。光绪末年，僧楚泉见寺日趋衰败，发心重兴，特赴京请颁藏经。楚泉离寺后，巡抚程德全以为报国寺有寺无僧，遂将全寺没收改建植园。后程德全罢官闲居始研佛学，深悔当初毁寺之举，于1921年出资重建报国寺，并延请楚泉住持。真达对报国寺整修完毕之后，即送印光前往。闭关前，印光给徐蔚如居士的信中，对其一生所为做了总结：

光今年已满七十，想亦不久人世，倘或数年不死，及大有所得，或可一出。否则毕此一生，当不复出，以免自误误人也。现今欲令一切人得益者，除提倡家庭教育及因果报应，决无大效。佛法、世法欲令进化，均不出此二法。彼唯谈玄妙、拨弃事修者，适足以增长著空之邪见耳，不唯无益；而又害之。②

如果掩关后大有进境仍可复出，否则当不复出，以免误人误己。在交代所需处理事务之后，印光遂于1930年2月前往报国寺掩关。"虚度七十，来日无几。如因赴市，步步近死。谢绝一切，专修净土。倘鉴愚诚，是真莲友"③ 为其关房的题壁偈语。此后六年，印光在德森、明道两法师的辅佐下掩关潜修。

印光闭关以后，"群弟子追随不舍，师亦不肯遏其向道之诚，即关中时为

---

① 余池明：《印光法师的故事》，华东师范大学出版社2012年版，第222页。
② 余池明：《印光法师的故事》，华东师范大学出版社2012年版，第226页。
③ 张育英校注：《印光法师文钞》下，宗教文化出版社2008年版，第1139页。

说法。故弘化事业，转较前日为盛。"① 为减少干扰潜心静修，1933 年冬，印光作《一函遍复》：

> 光老矣，精神日衰，无力答复来信。但以邮路大通，致远近误闻虚名，屡屡来信，若一概不复，亦觉有负来意，若一一为复，直是无此精神。以故印此长信，凡有关修持，及立身涉世，事亲教子之道，皆为略说。后有信来，以此见寄。纵有一二特别之事，即在来信略批数字，庶彼此情达，而不致过劳也。②

报国寺几乎每天都有来自全国各地的信众，苏州信众前来叩求皈依者更多，于是特辟农历每月初一、十五，接受当地信众皈依，六年里共有 6000 多名苏州信众成为印光的皈依弟子。

印光掩关期间，课余则修订四大名山志。1930 年春，定海县知事陶在东请修《普陀志》。1932 年，李圆净居士请修《清凉山志》《峨眉山志》《九华山志》。印光令许止净辑录《观世音菩萨本迹》冠于《普陀志》卷首，以"菩萨济世弘慈，利人大愿"为主旨，一改文人作志流连风景之习。

三、息影灵岩扬净土

印光在报国寺闭关期满后，最终仍留在苏州，并为弘扬净土宗而竭尽心力。1936 年 10 月 7 日，印光结束六年的闭关生活，随即至上海参加丙子报国息灾法会。次日返苏，当晚就在灵岩山开示法语，阐述净土念佛法门乃当今学佛修行、了生脱死的唯一法门。1937 年冬，印光应妙真法师之请，移锡灵岩山寺。据《印光大师书传》：

> 自民国十九年驻锡苏州报国寺以来，即拟于此终老，本无意于灵岩，惟以灵岩往昔高僧大德代有其人，今则道场沦落，目击心伤，爰敦嘱老友真达和尚协同妙真和尚努力兴修为恢复道场之计，所赖妙真一切秉师命，苦心经营，手胼足胝，复得真达和尚指导辅助之力，规模大备，迨至功底于成，妙真为欲求师广弘法化，兼报师恩，特辟关房一所，求驻灵岩山。③

---

① 严山寺编：《印光大师画传》，台中莲社 1954 年版，第 36 页。
② 张育英校注：《印光法师文钞续编》，苏州灵岩山寺弘化社 1940 年版，第 605 页。
③ 严山寺编：《印光大师书传》，台中莲社 1954 年版，第 41 页。

1926 年夏，印光先至无锡后到苏州，住在道前街翻造寺，首次结缘苏州。他此次并未登临灵岩山寺（即崇报禅寺），但是对苏州佛教有了一定了解，看到当地信众对净土佛教的渴求。崇报禅寺始建于东晋，以后屡有兴废，太平天国时毁于兵燹，后来由真达法师接管并出资整修，先后聘请戒尘、慈舟二位老法师住持，命弟子明本、妙真为监院。1926 年秋，真达就崇报禅寺事宜与印光相商，建议辟为专修净土道场。

1932 年，印光将崇报寺恢复为"灵岩山寺"旧称并题额，为《灵岩山寺万年簿》作序，并作《灵岩寺永作十方专修净土道场及此次建筑功德碑记》，制订五条规约，成为印光佛学思想的结晶。1933 年，妙真法师将此五条规约申报吴县政府勒石立碑，而今此碑仍保存于灵岩山寺，成为苏州佛教史上难得的法缘。

《灵岩山寺万年簿》从民国十五年记起，表明灵岩山寺自该年起，由禅教转入净土法门。"灵岩寺，乃梁宝志禅师开山，智积菩萨重兴，历代禅、教、律高僧住持之胜道场地。净土法门，乃即小即大、即浅即深、至极平常、至极奇特之殊胜法门。即此一生，便出生死。其修法最为容易，其利益最为宏深。于此最胜之地，修此最妙之法。"[1] 在真达法师的资金支持和妙真法师等努力下，灵岩山寺建筑有了相当规模，为净土修持提供了条件。另外，印光广收皈依弟子，并向他们开示净土法语，净土思想在苏州有了广泛的信众基础。

印光驻锡灵岩山寺期间，时值日军侵犯，苏州屡被轰炸。他不为所动，"日唯念佛、念观音、念大悲咒，为护国、护民、护己之据，如定业难逃，炸死，随即往生，亦所愿也"[2]。印光的镇定使僧众受到极大鼓舞，念佛如常且更加精进，全山僧众达九十多人，在当时的寺庙中极为罕见。灵岩山寺在印光的影响和支持下，念佛不忘国事。1939 年，灵岩山寺启建祈祷世界和平的佛教道场，祈祷世界和平一百零八日，并超度中外阵亡将士及一切罹难人民往生极乐净土。同年，灵岩山寺启建观音佛七一堂，念佛求雨以解干旱。在所有佛七活动中，印光都数日入堂一次以开示法要。此外，印光还捐资在木

---

① 张育英校注：《印光法师文钞续编》，苏州灵岩山寺弘化社 1940 年版，第489 页。

② 张育英校注：《印光法师文钞续编》，苏州灵岩山寺弘化社 1940 年版，第216 页。

溁设立施粥厂，并诵咒加持大悲水米，医治众生疾病。

印光全面继承和弘扬历代祖师的净土教义，集净土教之大成，被尊为佛教净土宗的第十三世祖。周孟由赞云："法雨老人禀善导专修之旨，阐永明《料简》之微……弘扬净土，密护诸宗。明昌佛法，潜挽世风。折摄皆具慈悲，语默无非教化，二百年来，一人而已。"① 印光在灵岩期间，作《灵岩山寺专修净土道场念佛仪规》序、《灵岩山寺念诵仪规》题辞、《灵岩山寺启建四众普同塔碑记》和《印光法师文钞续编》发刊序等，集中反映其净土思想，对近现代佛教产生深刻影响，苏州的佛教事业得以重兴。

第三节　坚守的前清遗民

清帝逊位后，以遗民或遗老自居者，多聚集于上海、天津、青岛等地，实则苏州亦有为数不少的遗民，既包括苏州籍本地遗民，另有寓苏的外来者，成为近代苏州隐逸的重要类型。遗民之士与其他隐逸群体一起，共同铸就了近代苏州丰厚的隐逸文化。

一、"我生终古大清人"

遗民群体不肯出仕新朝，具有强烈的怀念旧朝意识，民初遗民大多亦是如此。他们多在清民鼎革之后谢绝人事，成为遗民隐士。吴县吴荫培（1851—1930），字树百，号颖芝、云庵，自号平江遗民。1890 年庚寅科吴鲁榜探花，曾历官京兆、礼部、福建乡试考官，"会白豕构祸，赤县分崩，归隐家巷，杜门不出"②。元和邹福保（1852—1915），字永偶，号咏春，又号芸巢，"至辛亥之变，归隐已五易寒暑"③。辛亥革命后，绝食殉清未成，仍尊奉宣统年号，以遗老自命。晚号巢隐老人，读书焚香，吟诗自遣情怀，以文史自娱。

① 张育英校注：《增广印光法师文钞》，九州出版社 2012 年版，第 602 页。
② 卞孝萱、唐文权：《辛亥人物碑传集》，凤凰出版社 2011 年版，第 626 页。
③ 曹允源：《邹芸巢同年十家题咏序》。参见《复庵续稿》卷一，1904 年刻本。

吴县曹元弼（1867—1953），字叔彦，晚号复礼老人，又号新罗仙史，室名复礼堂。1885 年入江阴南菁书院，师从黄以周问学，与张锡恭、唐文治交往甚笃。1894 年中进士，授职编修。曾受张之洞延聘主讲两湖书院，后任湖北存古学堂经学教习。辛亥革命爆发后，"旋即致政诏下，先生心摧气绝，饮恨吞声，唐恭人常密防先生，先生问何故，恭人曰：'主辱臣死，君素志也。但自裁无益，守死善道以存书种，效贞苦节何如？'先生长太息，曰：'天乎与子偕隐，矢死靡他。'自此闭户绝世，并自此以存书种续绝学为己任，殚心著述"①。遂以遗老自命，仍用宣统纪年，仅与叶昌炽、邹福保、朱祖谋、王季烈、刘锦藻、刘承干等遗老往来。吴县曹允源（1856—1927），字根荪，号复庵，亦于辛亥革命后，"卜居苏州泗井巷，闭门却扫，发箧陈书，经史百家，钩元提要，庶几深宁、所南之遗"②。他们怀有共同的故国之思而隐居避世，仅与少数志同道合的遗老互通声气，形成独特的遗民隐士群体。

长洲叶昌炽（1849—1917），字鞠裳，晚年号颂鲁，自号缘督庐主人、寂鉴遗民。1906 年，叶昌炽从甘肃学政之位致仕，不久便告开缺回到苏州，潜心著述。1914 年，清史馆馆长赵尔巽欲延之为《清史稿》名誉总纂，叶氏谢绝："如鄙人者，国亡宗坠，旦夕入地，尚何有名誉之可言？"③ 1914 年 5 月，江苏省省长韩国钧多次邀请他出任省立苏州图书馆馆长，叶昌炽以"守先待后，匪所敢承。非高介石之贞，但以朽木自废"为由拒绝。同年，上海续修《上海县志》，聘叶昌炽为总纂，仍因聘书署名为民国上海县长而作罢。1915 年，苏州当局欲聘其修《苏州府志》，亦坚辞不就："不佞大清长洲县人也，今大清何在？县何在？而可为之秉笔乎？"④ 可见其遗老态度之一斑。

曾任清政府驻奥地利参赞的汪甘卿（1867—1933），辛亥革命爆发时恰因丁忧在家，便不再出仕，潜心著述。吴县邹嘉来（1853—1921），辛亥革命前刚署任国务大臣、弼德院副院长，辛亥革命后，曾一度避居天津、青岛，后回到苏州，以诗歌自娱。一些外籍的遗民也卜居苏州，以晚清四大词家之首的吴兴朱祖谋为代表。朱祖谋（1857—1931），原名朱孝臧，在任广东学政期

---

① 卞孝萱，唐文权：《民国人物碑传集》，凤凰出版社 2011 年版，第 449 页。
② 卞孝萱，唐文权：《民国人物碑传集》，凤凰出版社 2011 年版，第 334 页。
③ 郑伟章：《书林丛考》，广东人民出版社 1995 年版，第 250 页。
④ 郑伟章：《书林丛考》，广东人民出版社 1995 年版，第 251 页。

间，因与总督意见不合，于 1906 年"以病乞解职，卜居吴门"，1910 年，被授予弼德院顾问大臣，辛亥革命后"不问世事，往来湖淞之间，以遗老终矣"①。奉天铁岭人郑文焯（1856—1918），曾为江苏巡抚幕僚四十余年。辛亥革命后以遗老自居，又自比陶渊明，与朱祖谋唱酬无间，并终老苏州。

二、遗民群体的守成与创新

民初遗民处于社会政治与文化转型期，仍有着浓厚的忠君怀旧思想，关注文史、读书著述成为他们表达对故国眷恋的主要方式。但是毕竟时代不同，他们或多或少受到新思潮的影响，初具历代遗民所不具备的特点与胸怀，视野境界多有不同。他们并未遁世于故纸旧国，转而关注民生，热心乡邦公益。如吴荫培"虽栗里桃源，销声绝迹，然事关穷民生死，而于出处大节无与者，未尝不黾勉匍匐，濡迹手援"②。此外，吴荫培倡议成立吴县保墓会，以"专注意无主古墓，及有主而多年不祭扫之墓，先从稽查入手，以保存永久不破坏为目的"③，并取得一些实质性的成果（详见第七章）。

从深层次的原因分析，对具有历史人文价值的古墓予以修缮保护，实为复古情结的体现。但客观言之，确对当地的古迹文物保护起了一定的积极作用。吴荫培对桑梓公益则不少懈，曾捐资修普济桥。阊门龙寿山房藏有明高僧继元血书《妙法莲花经》，日本人有觊觎之意，吴荫培发起募款修缮寺屋建造石室，使血经得以妥善保管。他又于枫桥支硎山设义社，培植孤寒子弟。1924 年，任贫民乞丐习艺所董事长，另兼任西区惜字会会长、苏城年终饥寒维持会会长、吴中礼义会会董等职。

邹福保性直谅，与人交以道义，吴荫培称其为畏友："偶与二三知己上下古今，纵谈当世利病，往往仰天歌呼，慷慨不能自已，又何其悲也！而公以可歌可泣可忧可乐之情，一一达之于文字，胸中浩然有不可磨灭之气，而学问之充积、经济之发抒，时时流溢于笔墨间。"④ 邹福保《巢隐里居呻吟语》，对其里居期间的活动进行总结，主要包括先贤文献的收集整理、慈善救济、

---

① 卞孝萱，唐文权：《民国人物碑传集》，凤凰出版社 2011 年版，第 618 页。
② 卞孝萱，唐文权：《民国人物碑传集》，凤凰出版社 2011 年版，第 625 页。
③ 吴荫培：《吴县保墓会十年报告录》，乙丑冬刊，苏州图书馆藏。
④ 李峰：《苏州通史》人物卷（中），苏州大学出版社 2019 年版，第 386 页。

古迹保护、文教事业等，是为遗民群体报效故国的重要方式，具有较强的典型性、普遍性，兹录全文如下：

诗中有近事，有已往事，有期望将来事。曰里居者，与在京朝时无涉也。曰呻吟者，垂绝之哀鸣也。曰语者，言不文也。非敢表襮行谊，聊纪实以示我后人而已。

病里焚香自省身，半生儒服半朝绅。愧无功业称当世，幸守家箴不负亲。（原注：曩岁通籍后，先大夫垂诫曰："切莫欺人。"）

欲报高天厚地恩，寝门恸罢恸君门。谈忠说孝皆虚事，辟谷多年泪暗吞。（原注：家制小龛奉祀君亲，曰报恩亭，遇节行礼。沧桑以后，不复啖饭，志不忘国难也。）

六籍灰飞等祖龙，几时鲁叟再弥缝。黉宫鞠草无人问，自扫空斋供圣容。（原注：书室敬悬宣圣画像，丁祭日及诞日行礼。）

著书容易赏音难，路有明珠按剑看。呕出心肝自收拾，箧中不怕雪霜寒。（原注：诗文杂著数十卷，藏于家。）

一瓣心香契古今，范文正与顾亭林。乡贤虽往予生在，遗集重镌景仰深。（原注：己酉，请款刻《二范全集》。庚戌，刻《亭林日知余录》。）

劝善惩淫告士夫，寒松社课惠贫儒。当年忝拥皋比座，私淑鹅湖陆与朱。（原注：捐刊《御制劝善要言》《劝善诗文录》，收毁淫书，创举寒松文社，皆庚子、辛丑掌教紫阳时事。月课命题注重名教，严于义利之辨。按月捐脩，选刻佳艺，遍给诸生观摩。）

后辈观光祀上丁，衣冠我亦拜棂星。礼堂晚课催勤补，夕照低时诵五经。（原注：戊申、己酉、庚戌，主师范、存古学堂，释菜日率诸生郡学陪祭。又师范生中学浅者，添课经书。）

但教巷有井泉香，何必城开盘马场。火树不输钻燧费，区区心事在汾乡。（原注：请当道凿官井数十口，戊申事。请停止拆城筑路，请停派电灯捐费，皆辛亥事。）

仓启常平厂煮糜，频年筹振悯斯饥。而今斗米千钱贵，谁复醍醐灌顶施。（原注：历届请办平粜，庚子、辛丑经理粥局，辛亥秋筹款备赈。）

青年寡鹄苦伶仃，国变而还蜱典停。多少茅檐含泪妇，何人赓续达天听。（原注：旧办采访事，今废，为之怅惋不置。）

慕陶遗集告成功（原注：为会房王辰垣师作枢，鸠资校刊慕陶一稿），更及三君孔顾冯（原注：为孔樛园同年、前辈昭乾编辑《英政》《印政》两考，为顾虹玉孝廉有梁校《梓家集》四种，为冯小尹明经应图助镌诗稿并岁祀其墓）。地下分明师友在，肯教然诺负初终。

双亲同埋冥漠君（原注：己丑，葬无主两棺于塘头村），一杯亲谒了翁坟（原注：癸丑，获存魏先贤墓于白马涧），植园枯骨盘门冢，请命曾书瘗旅文（原注：皆当时实事）。

叨换冰衔仗众财，厕名耆硕愧群才。不言阿堵寻常事，又荷天家温语来。（原注：庚子，以筹捐微劳，刘岘庄制军坤一奏加三品衔。戊申，陈伯平中丞启奏保"耆儒硕学"，庚戌，因办师范学校辞薪，张安圃制军人骏以"清介"奏闻，传旨嘉奖。）

冠裳荟萃执祠笾，砥柱乡风企宋贤。可惜主持清议席，道旁筑舍未经年。（原注：己酉、庚戌，倡集官绅公祭范祠，以振吴风，时方筹办谘议局，旋裁并宁垣。）

尚见南昀旧刻书，周忠介集播乡闾，衰年自恨无精力，何日重传此烬余。（原注：《忠介烬余集》三卷，《杂志》四卷，彭氏板毁，拟再刊未果。）

饩羊告朔近何如，道铎声宣感化多。（原注：里中宣讲乡约，曾为维持。）更愿图书新馆拓，乡邦掌故遍搜罗。

越鸟巢林恋故枝，春蚕垂尽命如丝。闭门补辑残书帙，结习犹存秉烛时。（原注：近年收保旧籍。）

蓬瀛水浅海扬尘，炊熟黄粱梦断春，剩有盖棺三品服，我生终古大清人。①

邹福保博学嗜古，尤有嗜书之癖，藏书多至十万余卷，多有善本，编有《芸巢书目》。他曾作自祭文、自挽联，其一曰："逝世本寻常，只恨报国忠君未遂平生之志；传家无别语，须知读书敦品先从刻苦而来。"②身为遗民的甘苦唯有自知。1915 年 7 月 10 日，邹福保病卒于塔泥巷（今名塔倪巷）里第，葬于吴县木渎西跨塘塘头村。

---

① 杨镜如：《紫阳书院志》，苏州大学出版社 2006 年版，第 391 页。
② 杨镜如：《紫阳书院志》，苏州大学出版社 2006 年版，第 392 页。

第六章　隐逸之士的日常与交游

近代苏州的隐逸之士，大都建有园林式的居所，仍沿袭传统的隐逸形式。他们诗酒文会、莳花弄草，极尽风雅之能事；并通过传统的关系网络，维系同僚旧友之谊，同时又结交当地的名流士绅，扩大交游圈。此外，又常与方外之士相往来，悠游于参禅礼佛的居士生活。

第一节　园林雅集之风雅颂

隐逸之士退隐苏州后，多修建苏式园林雅宅，如李根源的阙园、何澄的灌木楼、费树蔚的宝宜堂、周瘦鹃的紫兰小筑、陈衍的聿来堂等，虽无古典园林之规模，也初显民国园林建筑之风格。他们秉承传统文人园林雅集之遗风，形成近代苏州特有的一道人文风景。

一、松海胜景迎骚客

李根源寓苏期间娱亲养母，曾专建阙园作为游息之所。李根源邀约吴中俊彦在阙园雅集，举行消寒会以及四季赏花会，秋季赏菊、赏桂，冬季赏梅。花事正盛之时，携酒邀好友于彝香室，既有"乘兴流觞临曲水，几人摛藻擅多才"[1] 之感慨，又有"人生花下几同醉，一饮会须三百觞"[2] 之豪情。阙太

---

[1]　李根源：《娱亲雅言》，曲石精庐 1927 年版，第 18 页。
[2]　李根源：《娱亲雅言》，曲石精庐 1927 年版，第 19 页。

夫人病逝后葬于小王山，李根源在墓侧修建墓庐，命名为"阙茔村舍"，在此乡居。李根源在阙茔村舍宅屋西南的小王山上遍坡植松，并修建万松亭、听松亭、湖山堂、听泉石、卧狮窝、小隆中、灵池、梨云涧、孝经台、吹绿峰、可桥、水龙吟等十余处景致，形成一座新型的山居园林。

李根源修建了一条自小王山麓，经穹窿山，达善人桥，与苏福公路衔接的汽车路，以方便交通。[1] 自此，阙茔村舍宾客迎来送往热闹非凡，小王山声名远播，成为"松海会所"。上海、南京以及苏州的文人雅士、社会名流都慕名而来。黎元洪、于右任、李烈钧、章太炎、叶恭绰、孙光庭、邵元冲、张继、戴戟、张大千、蔡锷、林虎、张维翰、郑孝胥、沈钧儒、程潜等国民党元老、军政要人、遗老旧绅，都先后来过小王山，游山赏景之际，吟诗酬唱，留诗题词。从 1927 年至 1936 年，仅《松海》收录的小王山摩崖石刻留题与诗词者，就有五六百人之多。[2] 为了永久性地保存这些墨迹，李根源曾雇佣刻工顾复兴、柳桂香，历时两年，把题字都镌凿在岩石上，分"阙茔石刻"和"松海石刻"两大部分[3]，形成小王山摩崖石刻群，有中国现代名人书法艺术露天博物馆之誉，成为苏州碑刻档案宝库。[4] 李根源曾言："当代名贤暨我亲故友朋诸石刻，足为山灵生色。"[5] 另有不少诗词文章无法镌刻，就编为《松海》集，并请大休上人绘《阙茔村舍图》，徐云秋绘《松海图》。[6] 据李希泌回忆，松海之胜，不仅驰名苏沪，南京颇负盛名的清溪诗社社友也曾来作诗钟之戏，李根源热情参与，并把诗作都记于长卷之上，惜后来佚失。[7]

二、灌木楼头共作图

1920 年前后，何澄在"两渡书屋"西南侧建起一幢二层小楼，取谢灵运

---

① 《沿线琐闻》，《京沪沪杭甬铁路日刊》，1937 年第 1844 期，第 128 页。
② 沈红娣：《李根源与小王山》，古吴轩出版社 2011 年版，第 37 页。
③ 李根源：《阙茔石刻录》，曲石精庐 1927 年版，第 38 页。
④ 叶万忠：《李根源与石刻档案》，《档案广角》2007 年第 2 期，第 37－38 页。
⑤ 李根源：《阙茔石刻录》，曲石精庐 1927 年版，第 4 页。
⑥ 郑逸梅：《林下云烟》，北方文艺出版社 2009 年版，第 220 页。
⑦ 李希泌：《回忆先父李根源在吴县的岁月》，《吴县文史资料》第 2 辑，1982 年版（内部印刷），第 104－120 页。

"修竹葳蕤以翳荟，灌木森沉以蒙茂"之意，遂取名"灌木楼"。① 何澄喜欢
莳花弄草，但凡没有种养过的品种，即托亲友寻找并寄来种子，有些甚至购
自日本。20 世纪 40 年代，"灵石何寓"已经成为苏州知名景致。何澄老友宣
哲（别号宣古愚）赞叹："到门高柳合，扑地偃松圆。酌酒忘炎暑，调冰接暮
天。琳琅看不厌，岸上米家船。闻道归装好，幽并忽倦游。逶迤通曲径，突
兀见高楼。庭广浓华聚，窗明远岫收……深羡君偕隐，还招我结邻。重为看
竹客，不见咏花人。天坠方忧杞，身安即避秦。"② 深羡其闲适的隐居生活。

　　灌木楼成为众文人画友的雅集之地，最著名的轶事为集知名书画家、学
者绘画、题识、题跋于一体的《正社画友合作及宣古愚独作灌木楼图》的完
成。1930 年冬。何澄请宣哲作了一幅《灌木楼图》。1933 年 1 月 3 日，张大
千造访灌木楼，何澄邀约众好友欢聚，请正社画友合作一幅《灌木楼图》。吴
湖帆、张大千合作"灌木楼"主图，陈子清加绘小桥流水，彭恭甫缀石灯、
石龛，谢玉岑赋诗并记，并把雅集地点画在"两渡书屋"，在灌木楼头画何澄
探头遥望他们的形象。1 月 15 日，何澄携《灌木楼图》至吴湖帆的"四欧
堂"，时叶恭绰、张大千均前来，何澄请叶恭绰在《灌木楼图》卷上题词。叶
恭绰觉得灌木楼上不应该只有何澄而没有王季山，就把楼头的何澄像渲成女
相，并将此事题于画上，张大千又题诗一首。

　　1933 年，何澄又请傅增湘题诗："豪气销除水石亲，买园幸与网师邻。袖
将搏虎屠龙手，来作移花种竹人。掩蔼清阴绿上楼，墨卿题榜为君留。评书
读画闲中趣，入社琴尊集胜流。宝轴牙签甲乙开，英英虹月照苏台。似闻蓬
岛鸡林客，争拜云林阁下来。渌水名园杜老吟，君家自古擅山林。满庭空翠
何人扫，为写将军辟世心。"③ 较为契合灌木楼主的心迹。是年，何澄在大连
请罗振玉题写引首《灌木楼图》，此图终告完成。后何澄将宣哲所绘灌木楼第
一图和正社画友合作的第二图装裱成册，题为《正社画友合作及宣古愚独作
灌木楼图》。

　　其他隐逸之士亦多有规模不等的园林式雅居，费树蔚回到苏州后，1923
年在桃花坞购置"宝宜堂"，该宅相传为唐寅故居，整葺后焕然一新，有厅堂

---

① 穆克宏：《魏晋南北朝文论全编》，上海远东出版社 2012 年版，第 127 页。
② 苏华、张济：《何澄》，三晋出版社 2011 年版，第 207 页。
③ 苏华、张济：《何澄》，三晋出版社 2011 年版，第 213 页。

移榭,假山水池之胜。他时常邀约张一麐、顾鹤逸等友朋饮宴赋诗,赏玩书画金石,曾发起诗钟雅集。1929 年 11 月 14 日的《大光明》报载《记费宅之雅集》,可以窥知其归隐后的日常生活。[①] 1928 年钱大钧部进驻苏州,他是凌敏刚在南京讲武堂的学生,便特邀其迁居苏州,遂购富郎中巷的薛氏艺园。凌敏刚在艺园娱亲养母,张一麐曾作《凌毅然母陈太夫人八十寿诗》:"湖湘多奇士,我识凌君贤。君爱吴清嘉,宾萌来受廛。卜筑富严巷,高吟束皙篇。板舆奉老母,孝养何拳拳。名园日以涉,花鸟纷蝉嫣。叠石成小山,凿池通甘泉……履屐有法度,鸡犬皆神仙。一朝归林泉,咳唾亦儒雅。"[②] 处处显得儒雅别致。

三、紫兰小筑话园艺

周瘦鹃移居苏州后,即全身心投入其钟爱的盆栽艺术,"我生平爱美,所以也爱好花草,以花草为生平良友。十余年来,沉迷此中,乐而忘倦。自从'九一八'那年移家故乡苏州之后,对于花草更为热恋,再也不想奔走名利场中,作无谓的追求了"[③]。朝夕与花草为伍,不与人事纷争,心态自然平和宁静。1934 年,周瘦鹃与朱榠园等在苏州成立研究盆景、盆栽艺术的"含英社",专门研讨盆景艺术,周瘦鹃的爱好得以尽情施展。1937 年 9 月 18 日,日军进攻上海,轰炸苏州等地,周瘦鹃不得不携全家出外躲避,其间仍眷念着苏州的家园,如《兵连》:"兵连六月河山变,劫火弥天惨不收。我亦他乡权作客,寒衾夜夜梦苏州。"[④] 局势渐趋稳定后,周瘦鹃避难上海,寓居愚园路的田庄,靠售卖盆栽盆景以维持生活,曾有"头衔新署卖花人"之句。1939 年夏,周瘦鹃收到包天笑寄自香港的来信,劝他赴港。周瘦鹃当即回信,并附七律一首:"莽荡中原日已沉,风饕雨虐苦相侵。羡公蓬岛留高躅,老我荒江思素心。排闷无如栽竹好,恋家未许入山深。"[⑤] 表明恋家隐居之意。

1940 年,由于不满上海中西莳花会裁判不公,周瘦鹃在上海静安寺路开

---

① 骈骈:《记费宅之雅集》,《大光明》报 1929 年 11 月 14 日。
② 张一麐:《心太平室诗集》,台湾文海出版社 1966 年版,第 493 页。
③ 王智毅:《周瘦鹃研究资料》,天津人民出版社 1993 年版,第 81 页。
④ 王智毅:《周瘦鹃研究资料》,天津人民出版社 1993 年版,第 38 页。
⑤ 王智毅:《周瘦鹃研究资料》,天津人民出版社 1993 年版,第 267 页。

辟香雪园，展出精心栽培的花卉、盆景等，并设茶座供前来观赏者品茗赏花。郑逸梅观后大有"久不至故乡，对此不觉情眷眷怀归"之感，"一书一号，一花一木，一饮一食，一衣一饰，无不具有逸致而寓闲情，驰想菸霞虹之表，寄意於沈瀯之虚，世之权势利禄职及奔竞角逐，超然无与于其间，其高旷芳洁，却求之古人？能有几何，同社周子瘦鹃，今之沈三白也"①，将周瘦鹃与沈复相提并论。

1943 年 5 月，周瘦鹃偕夫人回到紫兰小筑，"目不睹报章，耳不闻时事，足不涉名利之场，似与尘世隔绝。所居在万绿中，看花笑，听鸟歌，日夕与自然接；所过从者多雅人墨客，或园丁花奴；所语均关花事，不及其他"。周瘦鹃曾表示："种树读书，终老岩壑，则为吾生平唯一宏愿，始终不变，但愿其终有实现之一日耳。"② 抗战胜利后，他的归隐愿望越发强烈。1946 年 1 月，周瘦鹃举家迁回苏州定居。随即赴邓尉赏梅，并作感怀诗："邓尉梅花锦作堆，千枝万朵满山隈。几时修得山中住，朝夕吹香嚼蕊来。"③ 表达其赋闲归乡的喜悦。

第二节　文玩书香之雅趣

近代隐逸生态虽然发生重要变化，但是"半轮新月数竿竹，千卷藏书一盏茶"④ 仍是多数隐逸之士所企求的理想环境。随着社会的发展，传统隐逸文化的内涵逐步充实完善，最终形成以园林书斋为绝对主体的载体与平台。王三山认为，中国隐逸文化与书香世界密不可分，非功利心态下的中国文人与书籍的关系，在某种意义上属于传统隐逸文化的一部分。⑤ 其实，近代隐逸之士对书香文玩亦情有独钟。书香世界内涵丰富，包括园林佳构、琴棋书画、阅读著述、收藏鉴赏、谈玄斗禅、诗文唱和、饮酒品茗等，是一片与世无争

① 纸帐铜瓶室主：《记香雪园》，《永安月刊》1942 年第 38 期，第 34 页。
② 范伯群：《周瘦鹃文集》，文汇出版社 2010 年版，第365 页。
③ 王智毅：《周瘦鹃研究资料》，天津人民出版社 1993 年版，第 41 页。
④ 陈继儒：《小窗幽记》，团结出版社 2017 年版，第 257 页。
⑤ 王三山：《文人书趣》，武汉大学出版社 1994 年版，第 37 页。

的洞天福地，是隐者的精神家园，他们流连其间，充分享受超凡脱俗的精神
自由。

一、文玩赏鉴与收藏

沉浸于古玩字画、文献典籍，亦是他们艺术化生活的一部分，郑逸梅曾
言："我所爱好的，是山水，花木，骨（古）董，字画，金石，典籍；如果有
人招我去游山玩水，看花读书，摩挲吉金乐石，检阅坟典异书，我就兴奋得
了不得，大有君命召不俟驾而行的概状。"[1] 何澄一生致力于文玩收藏，藏品
宏富，在民国收藏界知名度甚高。自商代至民国少有断代，涵盖书画、文玩、
印章、铜器、瓷器、陶器、碑拓、工艺品等，而以古书画、文房雅物、古印
章最为佳善。他的鉴藏品部分来自其曾祖何道生之旧物，如罗聘《兰花图》
册；部分则是不惜重金多方搜集，如《王鏊草书七律》轴。另外还得益于张
大千、张善孖、吴湖帆、叶恭绰等书画名家的馈赠。如叶恭绰赠予《傅山傅
眉父子手书诗词册》、1934 年张大千贺新年所作《春酒松竹梅图》、1935 年张
善孖贺新岁所作《开岁百福图》等。

何澄所藏书画以明清两代居多，明以前书画数量虽少，但件件精品。如
《宋人消夏图》、元钱良右书《吴仲仁与诸文士吴中唱和诗》卷、赵孟頫《临
兰亭》册等，所藏明清书画有沈周、文徵明、祝允明、董其昌、王铎、陈洪
绶、郑元勋等大家精品，画作题材山水、人物、花鸟等俱全，书作隶、行、
楷、草兼具。何澄所藏文房雅物，以香墨数量为多，品质最佳，如明"方于
鲁擎鉴图墨"、清"曹素功德酬铜柱墨"等。砚台亦是其心爱之物，除"明
澄泥佛手砚"和"清歙石波涛双树长方砚"外，其余十多方均为端砚。何澄
还收藏有质量上乘的古墨，部分为何氏家藏，后来又购入潘博山和陈子清的
收藏，几乎囊括明三家（程君房、方于鲁、罗小华）和清四家（胡开文、曹
素功、汪节庵、汪近圣）的精品。1937 年 11 月，何澄在离苏避难前将一批古
物匿于两渡书屋浴室上方阁楼，并将所藏印章和部分印材置于一青花瓷罐内，
埋于"灌木楼"前假山之上。1955 年，苏州南园饭店对灵石何寓进行整修
时，这批文物才重新为世人所见。何澄的八位子女一致决定捐赠给苏州博物

---

① 纸帐铜瓶室主：《自说自话》，《永安月刊》1949 年第 116 期，第 36 – 37 页。

馆，其中共计文物1374件，图书642册。

二、典籍收藏与著述

近代的隐逸之士，由于多受过传统文化教育，对文献典籍有着天然的亲近，藏书、读书、著书、刻书成为他们精神生活中不可或缺的重要组成。郑逸梅曾说："我没有一时半刻，可以离开书，甚至跑到人家去，其家架上和案头没有书，我就很惊奇，以为其人离开了书，不知如何可生活的。"[①] 他喜读张潮的《幽梦影》和朱锡绶的《幽梦续影》，认为人生之乐，莫过于闭门读书，读书、藏书成为他们深入骨髓的雅好。柳亚子隐居汾湖期间，发起成立吴江文献保存会，致力于乡邦文献的搜集与整理。李根源寓居苏州期间，以"曲石精庐"为藏书室，并编有《曲石精庐藏书目录》。李希泌曾作《吴门曲石精庐故居忆往事》："青灯映四壁，经史课儿严。翠竹深成海，青桐高出檐。小斋敢嫌陋，春色独能兼。"[②] 李根源不仅居家课子读书，并送儿子李希泌去宁邦寺潜心攻读。李根源另收藏不少碑版、金石、碑帖，"曲石精庐"藏有九十多方唐志，与于右任的"鸳鸯七志斋"、张伯英的"千唐志斋"齐名，编有《曲石庐藏碑目》四册。

藏书家邓邦述"半生仕宦为书穷，可奈书随债俱空"[③]，其藏书的悲情结局让人叹惋。邓邦述曾获得黄丕烈所藏宋本《李群玉集》（李群玉）、《碧云集》（李中）遂名其藏书楼为"群碧楼""双沤居"及"披玉云斋"。后又得宋刻本《披沙集》（李推官），因作者均为李姓而命名为"三李庵"，邓邦述后因经济拮据而被迫卖掉"三李"。但是得到孟郊、贾岛两集的明刻本后，又取"郊寒岛瘦"之意，为书房取名"寒瘦山房"，足见其藏书嗜好之深。

常熟徐兆玮的"虹隐楼"藏书非常丰富，收藏范围广泛。徐兆玮藏书的特色，一是明末清初野史较多且多有批语，以寄托个人感慨。二是地方文献资料丰富。中华人民共和国成立前，虹隐楼部分藏书捐给常熟图书馆，常熟市图书馆现藏有《虹隐楼书目汇编》稿本31册。徐兆玮《虹隐楼藏书记》按

---

① 芮和师、范伯群：《鸳鸯蝴蝶派文学资料》，知识产权出版社2010年版，第350页。
② 齐鲁书社：《藏书家》（6-10合订本），齐鲁书社2002年版，第104页。
③ 伦明：《伦明全集》第1册，广东人民出版社2017年版，第87页。

年份记载自己所得之书，为宣统元年、1916 年至 1936 年入藏图书的记录。常熟图书馆还藏有《虹隐楼藏近刊善本书目》稿本 1 册，著录图书约 700 余种。徐兆玮编撰的书多达 115 种，其中稿本 109 种，其《虹隐楼日记》267 卷、293 册。

邹福保藏书达十万余卷，且多有善本，所藏《洞庭东山莫厘古志》稿本为当世孤本。他曾重刊宋《范文正忠宣二公合集》，又据家藏刊刻《日知录之馀》。邹福保著述繁富，刊印本有《彻香堂经史论》《读书灯》《文钥》《邹咏春时文》《芸碧巢时艺》《苏校士馆变法课艺》及《续集》等。稿本、钞本主要有苏州图书馆藏《癸甲邮传印存》《绅范》《儒家口头禅》《褒孝文编》《墨林群玉》；上海图书馆藏《彻香堂诗集》，苏州博物馆藏《青霞仙馆古今体诗初稿》《青霞仙馆散体文》《听秋阁诗存》《十玲珑山馆文集》《十玲珑山馆诗存》《倩沟诗家集》《懒云草堂文存》《巢隐护龙集》《巢隐自祭文》等。1925 年至 1926 年，邹福保在《苏城隐贫会旬刊》撰写《示儿歌》，包括《居家章》《读书章》《为人章》《出门章》《惜福章》《教妇章》等，以戒后世子孙，力图匡扶世道人心。

曹元弼一生以经学知名，著述繁富，有《周易郑氏注笺释》《周易集解补释》《大学通义》《中庸通义》《孝经郑氏注笺释》《孝经校释》《礼经大义》《孝经集注》《复礼堂述学诗》《复礼堂文集》及《诗存》《日记》《师友书札》等。另作《孙氏尚书今古文注疏校补》《太誓》未完成，遗稿交于弟子王大隆（欣夫）。《行状》云："先生说经，一以高密郑氏为宗，而亦兼采程、朱二子，平直通达，与番禺陈氏为近，而著书二百余卷，总三百余万言。"[1]民国年间，寓居苏州大新桥巷"市隐庐"的王德森，虽"托岐黄家言"以维持生计，然勤于著述，撰有医著《保赤要言》《市隐庐医学杂著》等。同时，他也是位学者、诗人、书画鉴藏家，另著有《岁寒文稿》《岁寒诗稿》《养正庸言释义》《劝孝词》《吴门新竹枝词》。吴梅为其《岁寒文稿》作跋赞曰："丈一老明经耳，而穷年铅椠垂老不倦，一言月日，尽成文献。"[2]

① 李峰：《苏州通史》（人物卷），苏州大学出版社 2019 年版，第 27 页。
② 蒋志坚：《玉峰名士王德森》，见《昆仑堂十年论文集》，荣宝斋出版社 2011 年版，第176 页。

三、《曲石丛书》的刊刻

1925 年起，李根源主持刊刻了大型家刻本《曲石丛书》，该丛书的编纂及出版主要在苏州完成，李根源在苏州的藏书室为"曲石精庐"，所刻书版多藏于此，故世称曲石精庐本。《曲石丛书》共收录文献 23 种，《续修四库全书总目提要》《中国古代著名丛书提要》《中国西南文献丛书》《云南书目》及《苏州民国艺文志》等均有著录（见表6-1）。

表6-1 《曲石丛书》所录文献基本情况

序号	书名	封面题名	序跋、题词	校刻、版本
1	滇西兵要界务图注	于右任	李曰垓序；李根澐跋；王灿、周麟书赋	李根澐录；李根源绘图，李根澐注释
2	九保金石文存	赵藩、卢铸	孙璞、张以诚序；王灿跋；张一麐、金天翮、王謇题词	李根澐校字
3	吴郡西山访古记	于右任、李曰垓	张一麐、孙光庭、金天翮、赵藩、何秉智序；方树梅跋；彭清鹏、周麟书、费树蔚、李学诗、赵藩、陈直、尤志达、吴湖帆题词	朱世贵校刻
4	虎阜金石经眼录	周钟岳、丁佛言	王德森序；王謇跋	
5	洞庭山金石	王人文、郑伟业	王謇序	李选廷校刻
6	镇扬游记	邓尔楚、袁嘉毂	陈荣昌序；赵藩跋；李维源题词	朱世贵校刻
7	景邃堂题跋	章炳麟	李根源跋	李根澐、李希纲、李希泌校字
8	曲石文录	章炳麟		李根澐、李希纲、李希靖、李希泌校字

（续表）

序号	书名	封面题名	序跋、题辞	校刻、版本
9	曲石诗录	张一麐		民国三十二年增刻于重庆
10	雪生年录		周兆麟、金天翮跋	杨天麟、郑伟业校字
11	娱亲雅言	俞宗海、邓邦述	王德森序；李根源跋	
12	观贞老人寿序录	吴荫培、黄葆戌	民八年寿序，民十四年寿序	李根源、李根澐等族人刻录
13	观贞老人哀挽录	曾熙、张一麐	李根源、李根澐题识	陈海泉刻字，陈谟、曹兆徵校字
14	阙茔石刻录	章炳麟、王清穆	金天翮序；章炳麟跋	
15	罗生山馆诗文集	顾视高、吴琨、袁嘉毂	亢惟恭、彭穀孙、李曰垓序；何秉智、费树蔚跋；费树蔚、王灿、费善庆、沈昌眉、钮家鲁、王源翰、杨天麟、江迟、金震、王蹇题词	板藏葑门十全街曲石精庐
16	治平吟草	张一麐、吴荫培	孙光庭、金天翮、章炳麟序；孙雄、吴荫培、费树蔚、亢惟恭、王源瀚、彭穀孙、周麟书、周钟岳、何秉智题词	李学铮、李肇尊、李肇薰、李肇蕃校字，板藏云南腾冲县绮萝乡青齐李氏宗祠
17	东斋诗文钞	章炳麟、赵藩、邓邦述	李根源、章兆鸿、陈荣昌、贺宗章序；严天骏跋	李根源、张以诚校刻
18	腾越杜乱纪实	周钟岳、于右任	吴焘序；李根源、章炳麟、胡裕培跋；革孚言、李学诗、吴焘、吴煦、赵鹤清、王灿题词	

（续表）

序号	书名	封面题名	序跋、题辞	校刻、版本
19	焦尾集	于右任、黄葆戌	赵藩、孙光庭、李根源序	
20	文氏族谱续集	黄葆戌、彭毅孙	彭毅孙序	文仁钰录
21	罔措斋联集	张一麐、袁嘉穀	李根源序；普荷题词	民国十九年铎版于苏州
22	交养轩遗集	于右任、杨天骥	王灿序	金克信、义叔侠录；李根源、李根澐（武诚）校字
23	陈圆圆事辑、续	于右任、杨天骥	金天翮序	李根澐（武诚）校字

（资料来源：据苏州大学古籍部藏《曲石丛书》及国内书目著录的相关资料统计）

　　《曲石丛书》中不少文献为李根源早年或寓苏期间所著，《九保金石文存》为其早年"采录故乡之祠庙、碑记暨古今贤哲、忠孝、义节、人物之金石文字，汇而集之者"①。《滇西兵要界务图注》为1911年李根源等在滇西边隆勘查半年后所绘制的图略，后经胞弟李根澐将每幅图均根据方志、文献进行批注汇编而成。《曲石杂著》三种及《镇扬游记》，均为李根源寓苏期间所著。《镇扬游记》则为李根源1926年8月考察镇江及扬州古迹时所记，《曲石文录》为李根源诗词旧稿文录。

　　李根源早期的社会活动主要在云南，其关系网络也以滇籍人士为主，故而《曲石丛书》"所刊各书大多属滇人著述，或舆辑者有渊源的人的著述"。寓居苏州期间，李根源亲友、老师等多有依附。李学诗（1873—1930），字希白，为李根源族兄，自1925年起居住于阙园，为《曲石丛书》重要的主持者。《罗生山馆诗文集》和《治平吟草》分别为其居苏州前、居苏州期间所作，诚如章炳麟所言："兄弟偕隐，希白时为歌诗以抒其意，逮印泉母殁，庐

----

① 李根源：《九保金石文存》，曲石精庐1927年版，第160页。

居山中，希白以好山水从之，居二年中积诗几二百首。"① 孙光庭（1863—1944），字少元，云南曲靖人，李根源业师，护法运动失败后，曾依李根源暂居苏州，《东斋诗文钞》即为其著述。著名词家况周颐为李根源文友，1926年春，曾与李根源、金天羽、张一麐、沈歊民、费树蔚、周麟书等，游沧浪亭、可园共同赏梅。况周颐辞世后，李根源将其辑录的《陈圆圆事辑》又补充了一卷，录入丛书。李根源曾聘湖南新化人贺宗章（字竺生）入陕参省幕，两人亦僚亦友，志趣相投，在金石碑刻方面有不少合作，故录其《焦尾集》入《曲石丛书》。

李根源注重乡邦文献的收录，包括里居乡贤的遗稿，记录史实掌故的野史笔记，乃至高僧的著述。《交养轩遗集》的著者腾冲人金泽，道光年间举人，"赋性豪迈，遇事敢为，故其诗真挚刻露，不尚雕琢，藻绘布帛菽粟俱有至理"②，惜其生平诗作多毁于兵燹，李根源将其曾孙金克信搜集的残卷录入《曲石丛书》。腾越人曹琨（字佩瑶）所撰《腾越杜乱纪实》，为考证乡邦掌故的重要著述。明代云南高僧担当（1593—1673），法名普荷，李根源将其弟子广厦辑录的《罔措斋联集》录入丛书。此外，李根源另辑有《明义僧担公遗诗》《普荷传》。李根源与吴门望族彭家结为儿女亲家，故收录有彭启丰作序的《文氏族谱续集》。

《曲石丛书》作为一部家刻本，实乃合众人之力而成。该丛书从选材、编纂到刊刻，参与者均以血缘、地缘、业缘等关系为主，其编纂特点在上述方面多有体现：其一，孝亲尊师思想。《娱亲雅言》初名《阚园录》，取彩衣娱亲之意。丛书收录业师孙光庭的《东斋诗文钞》两种，均由李根源亲自校刻并作序，以示对恩师的敬重。其二，亲友、门生担纲校刻工作。《曲石丛书》的审校与刻板，主要由李根源亲友及门生负责。族兄李学诗是该丛书编纂的重要负责人，李根源自著文稿则多由家人整理。胞弟李根澐，儿子李希纲、李希泌参与了不少校对工作，体现出典型的家族特色。此外，李根源门生郑伟业、杨天麟、朱世贵、张以诚、李选廷等也参与校刻。其三，《曲石丛书》的选材，既包括落魄举人、普通文人，也包括得道高僧，突破传统家刻本的

① 李学诗：《治平吟草》，曲石精庐 1927 年版，第 3 页。
② 李友仁：《云南地方文献概说》，云南美术出版社 2005 年版，第 346 页。

范畴。凡是有益于乡梓史实、乡邦文献的保存，丛书都尽量收录刊刻，如《交养轩遗集》《腾越杜乱纪实》《罔措斋联集》等。另外，《曲石丛书》的出版费用，亦主要依靠朋友的赞助和支持。

《曲石丛书》"以滇人著述而著录之"，实则是对该丛书在保存乡邦文献方面的肯定。由于长期的军旅生涯，李根源较为重视西南边疆地区史料的辑录，他曾对王芝的《海说》六卷（同治十年抄本）十分重视，因其"前三卷专言越历诸土司过野人山至缅甸之作，记述缅事颇详"，后由于已有刻本而作罢。《腾越杜乱纪实》对腾越回民起义情况记述甚详，吴焘认为该著"叙述当日变乱始末，条分缕析，朗若列眉，洵堪为后人龟鉴"[1]。王灿认为"老人生长兵戈际，亲见烽烟遍里间。乱后从头谈战事，一编野史补官书"[2]，为还原真实历史场景提供新的线索。《滇西兵要界务图注》则完整保存了清末民初西南边疆地区的舆图资料，各卷注释图文兼备，对各处的地形、沿革、历史掌故、风俗人情、矿产、交通等均有记载，具有一定的科学性和资政性，对该地的开发建设具有相当的参考价值和现实意义。

金石文献是校史、证史和补史的重要资源，李根源素爱金石并多有收藏，著述也多以金石研究为主。《景邃堂题跋》为其所藏金石碑刻之题跋，"凡当日僚友代撰者均详注其姓氏，以存其真"。1926年，李根源相继对苏州西部诸山、虎丘及太湖东西山的金石、碑刻进行考察，对东西两山及虎丘地区历代文人墨客的题名、佛幢、碑版、墓祠、祠堂、会馆碑记、摩崖刻书均详细著录，是近代以个人之力对苏州金石进行的全面清查。《吴郡西山访古记》不仅为民国《吴县志》相关部类的编纂提供了翔实资料，1984年苏州相关部门对西部山区进行的文物普查亦以该书为蓝本。

《曲石丛书》所录文献除《曲石文录》《曲石诗录》外，均有序、跋、题词等且多出于名家手笔，涵括政界、军界、学界等各界人士，为研究李根源苏州的寓居生活，以及隐逸群体间的交游网络提供了珍贵线索。总之，《曲石丛书》为发掘李根源的生活日常、社会活动、交游网络提供了重要信息与生动鲜活的资料。

---

① 曹琨：《腾越杜乱纪实》，曲石精庐1927年版，第4页。

② 曹琨：《腾越杜乱纪实》，曲石精庐1927年版，第6页。

第三节　交游网络与生活日常

近代苏州隐逸群体间的交游网络，既有业缘上与同僚旧友、袍泽之谊的维系，又有与当地乡贤名流、方外之士交游等人脉资源的拓展。他们之间惺惺相惜，相互扶持，日常生活丰富多姿。

一、同僚旧友情谊的维系

近代中国军政界的派系常以私人关系为基础，主要包括血缘和婚姻两个方面。由私人关系结成的网络形成不同的派系，派系之间的利益复杂交错。同一军校毕业的军人往往参加相同的派系，当一个军人面临参加哪个派系的抉择时，权衡轻重，他就会到有其要好的老同学的派系中去。[1] 南北政争中西南实力派形成的政学系，主要成员之间即以私人关系为主。李根源、岑春煊和陆荣廷是其中的主要人物，失势后都曾到苏州寓居。1924 年，陆荣廷在与新桂系斗争中被驱逐，寓居上海法租界，但感觉"十里洋场，尘嚣特甚，久住实非所宜"[2]，因其四儿媳为苏州人，遂在洛水苍桥购置"清芬别墅"，此宅原属于冯国璋的旅长苏坤山，冯国璋与陆荣廷曾一度结盟反对袁世凯，苏坤山念及旧谊，将此宅半卖半赠给陆荣廷。1925 年，陆荣廷移居苏州，李根源曾在网师园为其接风。

"一日为师，终身为父"的师生关系是家庭关系之外最重要的一种，亦是建立派系的基础之一。清末民初，各类军事学校中校长、教官与学员之间的关系，成为维系军界人物关系的重要类型。清末清政府编练新军，在全国广设军事学堂。1909 年创办的云南陆军讲武堂最为著名，被誉为"黄埔军校的摇篮"[3]。1910 年 4 月李根源任云南陆军讲武堂校长，并编写校歌。辛亥革命后，改为云南陆军讲武学校，邻省许多有志青年来昆明报考求学，还有从朝

---

① ［美］齐锡生：《中国的军阀政治》，杨云若等译，中国人民大学出版社 2010 年版，第 43 页。
② 陆君田、苏书选：《陆荣廷传》，广西民族出版社 1987 年版，第 397 页。
③ 中共党史出版社：《国共早期军事人才的摇篮——黄埔军校》，中共党史出版社 2010 年版，第 115 页。

鲜、越南来留学的青年。朱德从四川来云南投考，在李根源的帮助下得以在此求学，他们的师生情谊维系终生。凌敏刚曾任南京讲武堂堂长，钱大钧是其学生，1928 年钱大钧部进驻苏州，诚邀凌敏刚迁居苏州。李根源和李日垓早在昆明高等学堂读书期间，两人即"气志雅合，爱如弟昆，友情最练"，并有深厚的同袍之谊。1926 年李日垓亦到苏州闲居，应与李根源有关。李根源寓居苏州期间，在云南从教、从军时的旧部、同僚或师生时来探访，苏州成为不少西南军界人物的聚集地。

北伐胜利后的十年间，国民党元老于右任每于桂子飘香时节即来苏州小憩，由老友李根源全程陪同，寄寓圣恩寺。与住持中恕结好，又与城中吴荫培、张一麐等文友诗酒唱和。于右任认为圣恩寺所处地舆非同寻常，于是萌发"终老苏州，埋骨圣恩"的心愿，遂择地预筑寿域，购买圣恩寺钟楼侧畔的两亩山地，具体事项悉由李根源代理。1930 年，墓园与生圹整体竣工，惜其未能如愿长眠于此。2007 年春，寺僧在邻近的某部卫生院内发现三件精工凿刻的巨石，分别为上刻圆形"寿"字图徽的墓穴盖板、于右任自题"三吴吉壤"及吴荫培题"百世佳域"的横额刻石，均为寿域的主要构件。①

二、融入乡贤名流圈

寓居苏州的外地人士，除了与同僚旧友相往还外，还面临与当地名流接触、交往的处境，他们多通过乡贤士绅的引荐而逐渐融入。李根源寓苏期间，被公推为当时下野要人寓居吴门的领袖，"杯中酒不空，座上客常满"，影响力不俗。苏州名士金天羽曾邀其参加"九九消寒会"，使他得以获交吴中俊贤。此后，李根源与他们一起参与多项社会事务，扩大了在苏州的影响力，并受到大众媒体的关注。1929 年至 1933 年，李根源遇到一件棘手的官司，他与程佩彝昔日的风流韵事被媒体炒得沸沸扬扬，《大光明》报进行了详细的追踪报道。②

李根源与苏州望族彭家结为儿女亲家，曾一时传为美谈。彭氏家族在清代地位显赫，彭氏宅第尚书里位于葑门十全街南侧，李根源的邸宅与彭氏宅

---

① 蔡贵三：《于右任筑墓邓尉山》，《钟山风雨》，2008 年第 4 期，第 58 页。
② 黄恽：《古香异色》，海豚出版社 2012 年版，第 28 页。

第相隔不远。两家原来并不相识，后逐渐熟悉并有来往，李根源长子李希纲与彭望漪结亲，彭家的几位姊妹大多由李根源介绍先后成家，其中三女彭望淦嫁给章太炎的儿子章导。

1933 年，抗日将领苏炳文与秘书郭竹书寓居苏州后，与当地俊彦多有交集。郭竹书与吴进贤交往甚密，曾三顾寒秋庐。吴进贤（1903—1998），字寒秋，安徽歙县人，书擅行楷，尤精隶书，曾拜张一麐、李根源为师。郭竹书在呼伦贝尔警备处司令部时，吴进贤曾送字征诗，郭氏曾投以和作。[①] 郭竹书有忆与苏州名流的交往："卜居吴门近一年，得识章太炎、陈石遗、唐蔚芝、金松岑、李印泉、张仲仁、费仲深、吴瞿安、邓孝先诸丈，杨咏裳、屈伯刚、吴元涤、范烟桥、周瘦鹃，及逸梅诸兄。承不弃，许与往还，印泉、松岑两丈，时为文酒之会，余必与焉。"[②] 苏炳文与郭竹书分别有抒怀文章，如苏炳文的《四十抒怀》、郭竹书的《残天集》曾在《大光明》报连载。

苏州国学讲习所的成立，多赖当地名流与外来寓居之士的共同努力。李根源、陈衍、金天羽等合力促成国学讲习所的成立，并使章太炎最终决定在苏州讲学，延续国学传统。章太炎与沈瓞民关系密切，两人同为光复会成员并引为知己。沈瓞民家学渊源，精通易理，两人曾相商编著《三易新论》，并拟成立"苏州周易研究会"。1910 年沈瓞民即确定大纲目录，"章氏国学讲习会"创办后，章太炎邀请沈瓞民任特约讲席，专授三易要义。1933 年，章太炎邀沈瓞民、蒋维乔共商策划创设"苏州周易研究会"，以弘扬易学。但后来由于诸多原因被搁置。

三、参禅礼佛的居士生活

参禅礼佛成为不少隐逸之士的生活日常，李根源平日听讲《金刚经》，阅读《参同契》，以修身养性。李根源祖母是虔诚的佛教徒，喜欢诵经念佛。他也自幼与佛结缘，但是青年时期受"废庙兴学"思潮影响，曾有排佛毁寺之举。《曲石诗录》中有上山毁寺，却与虚云法师结缘的记载："曾侍樾师鸡足游，担当大错杳难求。老僧导我登金顶，竟做山中十日游。"后来经与虚云大

---

① 渔父：《郭竹书三顾秋庐》，《大光明》报 1933 年 8 月 5 日。
② 郑逸梅：《郑逸梅选集》，黑龙江人民出版社 2001 年版，第 117 页。

师的辩论之后，对佛教的态度始有改变。李根源退隐苏州后，受母亲影响参禅礼佛。1926 年，上海佛化教育社苏州办事处成立，章太炎、李根源等均是其成员。

　　李根源与大休上人、印光法师都有交游往来。大休（1879—1932），俗姓鄢，四川仁寿县人，法名演章，号大休。1923 年，大休因杭州"环湖马路成，避嚣吴中，住持寒山寺"①，大休在寒山寺任住持三年，修缮古迹，弘扬佛法，多行善举，深得苏州人爱戴，李根源尊称他为"休公""休师"。1926 年，大休经金松岑推荐和李根源相邀，住持修建包山寺，并在此期完成杰作《百怪图》，李根源、张一麐、李希白等纷纷题词。1932 年，大休在天马山麓无隐庵圆寂。据《大光明》报载，大休在圆寂之前半个月曾特地到小王山拜访李根源，请他为自己书写墓志"止矣休哉"。天马山的摩崖上，现仍能看到该碑文。

　　吴荫培、李根源与印光法师之间的法缘，颇值得一提。1921 年，印光在法雨寺时，吴荫培曾来普陀，言及其前身是云南和尚，印光当时未及详问缘由，仅默记之。印光在报国寺闭关之后，吴荫培、李根源、李烈钧等前来拜访，两人见面再次谈及前世之事，印光劝其修持佛法。吴荫培回乡里居后，文献中未见其礼佛的记载，坊间倒有其去世后化身为城隍老爷的传言。费树蔚到了晚年亦有向佛参禅之意。1933 年 1 月，《大光明》报载："费仲深先生近来惮于外事，甚至拆除电话，大有愿入桃源之慨，对于世俗消极无恋，位废历明年将学佛居士林中，好修真果。"②

　　李根源推动了《吴都法乘》的再次面世，明代吴县佛教居士周永年所撰《吴都法乘》，是早期江南佛教发展的记事类著作，共 30 篇。周永年少年时期便因才学出众扬名在外，晚年遭遇突变，在吴中西山隐居，潜心研究佛学，著有《吴都法乘》《邓尉圣恩寺志》等。周永年辞世后，《吴都法乘》不知所终。李根源潜心佛学之后，偶然在怡亲王府见到《吴都法乘》旧抄本，便与主僧商量借去誊抄，主僧只答应借给十天，李根源便请人连夜誊抄一份，1936 年，《吴都法乘》由叶恭绰等出资在上海刊印，李根源为之作序，了却一桩心事。

---

①　李尚全：《明开法师生平与著述》，甘肃人民出版社 2009 年版，第 181 页。
②　道听：《费仲深学佛》，《大光明》报 1933 年 1 月 20 日。

第七章　隐逸之士与苏州地方文化

近代苏州的隐逸之士，根据个人的职业习惯、学养和爱好，从事多项活动，演绎着内涵丰富的隐逸文化。搜集整理乡邦文献、纂修地方史志、考察金石文物等活动，对保护苏州地方文化起到重要作用。他们推行新式教育，赓续国学传统教育，支持公共文化事业，对于苏州文化氛围的修复、重建以及民众教育启蒙方面都产生积极影响。有人认为"隐逸是一朵不结果实的花"，若从政治权力的角逐而言，也许确难取得切实业绩，但就文化实绩言之，足以傲骄于世。

第一节　乡邦文献的整理与刊刻

乡邦文献又称地方文献、桑梓文献，是记录某一地方知识的载体，包括历史沿革、文化风俗、名胜古迹等，是了解地情的重要文献依据。晚清至民国初期，发掘整理历代先贤事迹，寻访搜集乡贤文献，以倡导民族气节，成为一股潮流。1918 年，以柳亚子为首的吴江文献保存会对吴江以至苏州地区文献的收集作出了贡献。

一、吴江文献保存会的成立

苏州藏书文化氛围浓厚，士人对乡邦文献的寻访与收藏开始甚早，明清时期私家藏书达到鼎盛。蒋吟秋指出："自来嗜学好古之士以积书称者，代不乏人，风尚所趋，首推江浙，而吾吴实其中心也。"① 许多藏书家乡土意识强烈，特别留意地方文献的收藏。缪荃孙认为："欲传古人之书，当自乡先辈始"，并告诫子孙要"长守松楸，爱护此邦文献。"② 历代乡贤著作是乡邦文献的主要组成部分，1916 年 11 月 20 日，教育部咨文指出："收藏各书，除采集中外图籍外，尤宜注意于本地人士之著述……收藏既多，使来馆阅览者直接以生其爱乡土之心，即间接以动其爱国家之观念。"③ 将此类文献的搜集上升至爱国主义的范畴。

对于具有浓厚地域色彩的乡邦文献的搜集，既能保存地方风物，亦可寄以怀旧之思，不少隐逸之士将此活动作为主要的精神寄托。1918 年冬，吴江文献保存会成立（又称松陵文献保存会），由柳亚子与薛凤昌等发起，以图"纠合同志，各示所藏"，"冀回既倒之澜，而存梓桑文献于百一"。《吴江文献保存会书目》序云：

> 虞雍生有言：文献无征，后生之责。夫责固有之，情更应尔。吾吴江地钟具区之秀，大雅之才，前后相望，振藻扬芬，已非一日……顾百十年来，遗书零落，或简编脱乱，卷帙无可考，或竟蠹烂漫患之已甚，至其姓氏而亡之者，当今且然。更阅数十载，读书之士益少，风雅益衰，炊薪覆瓿，更恬不之怪。先民之泽，不几荡然？同人恧焉，用相结为会，本桑梓敬恭之义，为不贤识小之为。意欲保持其故有，而更搜求其未有。其在大家，名章巨制，炳炳烺烺，固当薰以名香，装之异锦。即以小家，一卷一首之丛残，吉光片羽，亦当掇拾收藏，俾无放失。④

以柳亚子为主要代表的吴江文献保存会对当地文献的收集，在当时影响较大。柳亚子在当地藏书家中选定十二位，定为"文献流传，后生之责，维桑与梓"十二个字，一人取一字作为代号，分别为：文（柳亚子）献（费伯缘）流（沈昌直）传（金服初），后（薛公侠）生（范烟桥）之（叶振宗）责（沈丹忱），维（周麟书）桑（陆赓南）与（顾悼秋）梓

---

①　蒋镜寰：《吴中藏书先哲考略》，《江苏省立苏州图书馆馆刊》1930 年第 2 期，第 95 – 138 页。

②　缪荃孙：《艺风堂文漫存》卷三，文史哲出版社 1973 年版，第 200 页。

③　袁咏秋、曾季光：《中国历代国家藏书机构及名家藏读叙传选》，北京大学出版社 1997 年版，第 71 页。

④　张明观、黄振业：《柳亚子集外诗文辑存》，上海人民出版社 2011 年版，第 289 页。

（黄病蝶），每人根据自己的代号编订一份书目。文献保存会收集保存了相当数量的地方文献，包括诗、词、文钞、方志等，后编成《吴江文献保存会书目》，共收录吴江人著作七百四十余种，集乡邦文献之大成。每条书名下均标有收藏者代号，其中柳亚子"文"字号款目多达六百五十余种，为诸家之冠。后来这批文献全部捐给上海图书馆。吴江文献保存会是一个同人自愿结合的民间组织，它收集的图书虽然不对外开放，但在保存图书方面担负了图书馆的部分职能。①

二、乡邦文献的搜集整理

自 1914 年冬至 1923 年，柳亚子淡漠政治，致力于搜集、整理与印行吴江文献。柳亚子藏书聚书的愿望较早："余自束发受书，即有志里中文献，尤喜考求宋明末造忠臣义士、佚民、遗老之书。"② 柳亚子忘情搜集乡邦文献，与其先辈喜集家乡文物的传统相关，高祖柳树芳曾辑有《胜溪竹枝词》、曾祖柳兆薰著有《松陵文录作者姓氏爵里著述考》等七种。③ 柳亚子通过购买、借抄、赠送、辑佚等途径，收集、校勘、重印了众多吴江文献，使大批文献资料得以保存。

1917 年，柳亚子大力购求吴江文献，"此时我又在发狂的收买旧书，凡是吴江人的著作，从古代到近代，不论精粗好歹，一律收藏"④。他不轻易放过任何关于吴江文献的线索，沈昌眉云："三数年来，老友柳亚子搜罗邑中文献、残编断简，不惜斥巨金以求之，昔之覆酱瓿、供炊薪者，乃娟娟发见。书贾得抄本诗文稿，苟为邑人著者，往往走视眉，使达于亚子。"⑤ 柳亚子为了买书不惜代价，当时有本日本出版发行的《湖北学生界》，柳亚子少收集了一期，多方寻访无果。不久，一书商拿着那期《湖北学生界》找到沈昌眉，

① 江庆柏：《近代江苏藏书研究》，安徽文艺出版社 2000 年版，第 361 页。

② 俞前：《柳亚子与吴江乡邦文献》。参见吴江市政协文史委员会：《吴江文史资料》第 16 辑，吴江市震泽印刷厂 1998 年版，第 15－44 页。

③ 沈津：《柳亚子与吴江文献》。参见中国国民党革命委员会、中国革命博物馆：《柳亚子纪念文集》，中国文史出版社 1987 年版，第 120 页。

④ 柳无忌：《柳亚子文集》，上海人民出版社 1986 年版，第 4 页。

⑤ 沈津：《柳亚子与吴江文献》。参见中国国民党革命委员会、中国革命博物馆：《柳亚子纪念文集》，中国文史出版社 1987 年版，第 120 页。

让他转告柳亚子并索要高价，柳亚子最终以二百元买下。此后家乡父老亲朋，纷纷把家里的藏书抄本、断编残简，乃至破书烂杂志，送给柳亚子。① 一年以后，柳亚子"文"字号的款目已多达650余种，故有"松陵文献，尽在柳氏"之称。

借抄是柳亚子收集文献的另外一种重要途径。有些孤本难以购得，亦有部分尚未刊刻的稿本，他均借来以抄录副本。家有旧藏的亲朋好友纷纷给予支持，其中多是南社社友。顾悼秋、沈昌眉、金剑平、陈文澥、陈巢南、陆赓南、范烟桥、朱剑芒、顾俶仁、许盟孚、沈屋庐、费伯缘、陈次青、陶亦园、唐闰生等，都不吝所藏，柳亚子在跋文中屡次提到友人的相助。在借得原本后，柳亚子亲自手抄，或请人代抄，间或让家人帮忙。如《知无涯草庐诗》跋云："此册原稿藏梦琴后人祥叔处，余未得见，见陆赓南所写副本，因命儿子无忌重录一遍，并志缘起如右云……无忌敬书，时年十二龄。"② 柳亚子还到故家旧藏中寻找旧籍抄录，如朱铁门《吉光片羽集》："邑前辈朱铁门先生手辑，稿本旧藏族曾祖松琴府君（清源）焦桐馆中，余前岁访其故居于乱书堆中搜得之。"③ 从1915年3月到1926年8月，柳亚子《磨剑室文录》中撰有"磨剑室钞存乡先辈已刊未刊稿本题记"的就达270余条。柳亚子将抄本或进行补录，或加以校勘，有的还予以评价，后来柳亚子将部分抄本捐赠给上海图书馆。据统计，上海图书馆所藏的柳氏抄本有一百二十四种，详见表（7-1）。

表7-1　上海图书馆藏柳亚子抄本

文献	著者	文献	著者
《礼记日抄》	沈大本撰	《吴江吴氏家乘残本》	佚名辑
《礼记订误》	沈大本撰	《沈云巢先生北行日记》	沈琼撰
《江震学册》	佚名撰	《吴江徐氏宗谱》	徐书城重修
《湖隐外史》	叶绍袁撰	《江震人物备考》	赵兰佩辑

① 李海珉：《藏书大家遗泽后世——亚子先生黎里藏书札记》。参见马以君：《南社研究》第7辑，香港天马图书有限公司1999年版，第27-30页。
② 柳亚子：《磨剑室文录》，上海人民出版社1993年版，第925页。
③ 柳亚子：《磨剑室文录》，上海人民出版社1993年版，第1027页。

（续表）

文献	著者	文献	著者
《松陵人物补志》	赵兰佩撰	《旌表事实姓氏录》	佚名撰
《已读日记》	佚名撰	《百城烟水》	徐崧、张大纯辑
《壬戌日记》	佚名撰	《震泽县志续稿》	佚名撰
《庚申禊湖被难日记》	范其骏撰	《吴江县志续编》	佚名撰
《山民先生年谱》	佚名辑	《川滇行程记》	吴钟侨撰
《元和诸太夫子翰香先生暨德配太师母徐孺人七十双寿寿言》	沈廷镛录	《震泽镇志》	纪磊、沈眉寿撰
《秀水汪孝女题咏》	佚名辑	《黄溪志》	钱墀撰
《吴江沈氏家传》	沈始树辑	《吴江县志》	徐师曾撰
《周宗毅公行实》	周廷祚撰	《吴江县志》	屈运隆撰
《先考章伯府君（陈焕）事略》	陈希曾撰	《养余斋松陵书目》（稿本）	柳弃疾辑
《疏香阁主遗像题咏》	佚名辑	《养余斋书目草本》（稿本）	柳树芳撰
《养余斋书目》	佚名辑	《周恭肃公家规》	周灿辑
《书隐丛说》	袁栋撰	《醉古堂剑扫》	陆绍珩选
《西堂小品》	尤侗撰	《了凡先生四训》	袁黄撰
《药性提要歌诀》	郭学洪撰	《道德经注附阴符经注》	徐大椿注
《养余斋书画目录》（稿本）	柳弃疾辑	《半江集》	赵宽撰
《重梓参坡袁先生一螺集》	袁仁撰	《越游小草》	徐臣瓒撰
《周忠毅公残集》	周宗建撰	《分湖杂咏》	吴家骐撰
《湖上集》	徐师曾撰	《盍簪书屋遗诗》	吴鸣钧撰
《适适草》	沈静专撰	《吴长兴伯集》	佚名辑
《存余草》	叶小纨撰	《梦蟾诗存（留香集）》	吴易撰
《商声诗选》	孙偊撰	《晚宜楼文集》	毛莹撰
《梅绡居诗选》	孙淳撰	《子安诗草》	爰廷瑞撰
《华黍庄诗集》	孙炌撰	《归根小草》	张澹撰
《黛吟草》	沈淑兰撰	《桃笙吟稿》	袁栋撰

（续表）

文献	著者	文献	著者
《铁岩小草》	李大恒撰	《仙中白云集》	袁兰撰
《蕉花馆文存》	庄元植撰	《分干诗钞》	叶舒璐撰
《青草滩杂诗》	赵基撰	《分湖百咏》	陆荣光撰
《简亭诗钞》	陈元文撰	《钝庵遗稿（感旧怀人诗）》	俞焕章撰
《易安斋二集》	邱孙梧撰	《古芬山馆遗诗》	周芝沅撰
《分尧小住吟》	用京撰	《听莺居文钞》	翁广平撰
《盛泽张氏遗稿录存三种》	张嘉荣辑	《禊湖陈氏诗存》	陈山甫、昌镎辑
《盛泽张氏遗稿录存四种》	张嘉荣辑	《翁氏丛钞》	翁广平辑
《严六堂剩墨》	叶乃溁辑	《郑氏三家诗钞》	郑慈谷辑
《吴江沈氏诗录》	沈祖禹辑、沈彤校	《平望诗拾》	翁棨辑
《闻湖诗钞》	孟彬辑	《清河闺秀联珠集》	郑佩宜辑
《分湖诗宛》	柳树芳辑	《松陵文集》	王树人辑
《分湖诗钞》（稿本）	柳弃疾辑	《拙庵词》	赵礵老撰
《蕉雪庵词钞》	王棠撰	《花月填词馆绮语》	张宝璇撰
《咒红豆庵词》	仲湘撰	《牧笛吟》	袁宝秋撰
《兰坚阁词钞》	赵桂生撰	《昌亭贯酒集·燕筑集》	史善长撰
《红树怀人阁词》	陈希恕撰	《茶瓜轩词》	周梦台撰
《蕖邨诗词钞》	钮学乾撰	《笠泽词征补编》	顾无咎辑
《古今词话》	沈雄辑	《语绮》	沈璟辑
《诗外别传》	袁黄撰	《韵语杂记》	柳清源撰
《月下纳凉词》	沈璟辑	《止止室诗稿》	丁保怡撰
《言志斋诗稿·红豆室词稿》	丁子琴撰	《一笑草》	孙宗武撰
《茶瓜轩诗》	周梦台撰	《秋水蒹葭图题咏》	顾觉香、陶绍煌辑
《磨剑室印语》	柳弃疾拓	《胜溪草堂诗稿》（稿本）	柳无忌撰

（续表）

文献	著者	文献	著者
《嘉树堂印谱》	柳弃疾拓	《绣箧词》	高簪撰
《花间寻梦图题咏残卷》	陈蕊元撰	《胜溪草堂文稿》（稿本）	柳无忌撰
《抱膝吟》	佚名撰	《榴竹居看鞠图题咏》	殷增辑
《和答百媚吟》	陈赫撰	《斗南一榻销寒雅集图题咏》	徐达源辑
《齐鲁纪游图题咏》	唐鹇鹧辑	《水村秋眺图题咏》	袁兰辑
《梅花书屋图题咏》	金芝原撰	《梦兰阁诗钞》	吴淑升撰
《欻冬花屋骈体文》	仲湘撰	《焦桐吟馆诗话》	柳清源撰
《分湖遗诗》（稿本）	柳树芳辑	《苏词笺略正编类编》	柳兆薰撰
《同里先哲志》	吴骥撰	《柳塘先生诗稿》	吴祖修撰

资料来源：张明观：《柳亚子史料札记》，上海人民出版社 2008 年版，第 56—60 页。

同辈好友的馈赠是柳亚子收集文献的另外一个途径，以沈昌眉、沈昌直出力最多。沈昌直在吴江藏书家中名列第三，兄弟二人也多方搜罗乡邦文献。吴鸣钧（云璈）的《盇簪书屋遗诗》即沈昌眉寻到后赠予柳亚子，沈昌直曾说服一画家把《吴兆骞家书》抄本转赠给柳亚子。沈昌直曾提及赠书之事：

余家旧藏鸳湖吴金寿所刊叶天士《医效秘传》，亚子索之，谓乡先哲手刊本，亦在所求中也。余已于去夏赠之。今检旧箧，复得《三家医案》《温热赘言》二书，亦为金寿所刊，且与《医效秘传》同一版本者，因亦归之亚子，以副其网罗文献之雅意。是数种者，未因得谓为人间珍本，惟是一规一点，悉经先父丹黄，具见平日之旁及于此者。①

1920 年，陈巢南曾赠予《竹友轩吟》，据柳亚子所记："此册为巢南所贻。竹友者，南街顾思虞，字孚中，是先高祖古槎府君曩辑《分湖遗诗》，曾选其中'杨维斗先生访雪床上人诸什'入册，今此帙赫然具在，足释巢南之疑矣。"②卢墟名医陈梦琴后人亦赠与柳亚子不少先人遗著，陈文淮《灵兰精舍全集》跋云："比岁，同邑柳亚子安如，狂胪故乡文献，来索先代遗书，

① 杨天石、刘彦成：《南社》，中华书局 1980 年版，第 156 页。
② 柳亚子：《磨剑室文录》，上海人民出版社 1993 年版，第 972 页。

文淮卖药东江，行囊中有先曾祖诗词二册，即以界之，仅千百中之什一耳。已而祥叔弟文瀋料理丛残，于破簏中得残稿十余册，许甥盥孚观曾复检先祖医案册尾，录出诗词若干首并驰寄柳亚子。"① 另有顾悼秋赠《琴余诗》、陈祥叔赠《博山诗草》《云巢诗钞》等，丰富了文献来源。

从家谱、族谱或其他文集中辑录文献最为费力费神，柳亚子仍从中辑出若干文献。1922 年，柳亚子从同里《顾氏族谱》中辑录出明代吴江顾氏家族的《闽粤杂咏》《忍仙遗诗》及《哀母吟》各 1 卷。1924 年，柳亚子又分别从《留爪集》中录出凌坛《金苔花馆诗选》1 卷，从吴兴吴凌阳（维）《溇上诗钞》中录出崔邦宪《栎全诗选》1 卷。

三、乡邦文献的刊刻

刊刻是文献得以保存、流传的重要途径，集文献整理之大成。在大量的寻访收集之后，柳亚子又校勘、考证，重印、辑刊了许多有价值的文献。1920 年，柳亚子斥资重印《松陵文录》二十四卷、《笠泽词征》三十卷，辑刊《灵兰精舍全集》《陆湖遗集》等。1924 年，柳亚子刻高祖柳树芳所辑《分湖诗苑》。郑逸梅云："亚子丁父忧归乡，沉酣典籍，网罗吴江人所著书，达千余种，并辑《吴江县志》《分湖全志》《分湖诗文词征》，都刊印成书。"② 柳亚子自云："余素有辑分湖全志、诗徵、词徵、文徵之志，卒卒未就。"③

柳亚子曾多次提到要辑录《分湖诗征》，但最终未能完成。《分湖诗苑》跋云："弃疾冕有《分湖诗征》之辑，造端宏大，削简无期。"④ 柳亚子在1935 年的《柳溪诗征》序云："余襄时乡居无理，拟辑《分湖诗征》，暨《分湖全志》……造端宏大，有志未成。"⑤ 据《柳亚子先生编著书目》："分湖诗征（未成，资料留黎里）。"⑥ 中华人民共和国成立之初，柳亚子将这批资料

---

① 沈津：《柳亚子与吴江文献》。参见中国国民党革命委员会、中国革命博物馆：《柳亚子纪念文集》，中国文史出版社 1987 年版，第 120 页。

② 郑逸梅：《南社丛谈》，上海人民出版社 1981 年版，第 210 页。

③ 柳无忌：《柳亚子年谱》，中国社会科学出版社 1983 年版，第 67 页。

④ 柳亚子：《磨剑室文录》，上海人民出版社 1993 年版，第 779 页。

⑤ 柳亚子：《磨剑室文录》，上海人民出版社 1993 年版，第 1161 页。

⑥ 宋云彬、朱荫龙：《柳亚子先生五十晋八寿典纪念册》，南明史料纂征社 1944 年版，第 38 页。

捐献给上海图书馆。现藏上海图书馆的《分湖诗钞》稿本，应为柳亚子准备刊印的《分湖诗征》。《分湖诗钞》对分湖流域的胜迹、风景、民俗、物产、节义、侠游、遗逸、栖逸等予以载录，为后人研究提供了颇有价值的资料。

陈巢南（去病）早年鼓吹革命，曾数十年搜求"文史秘藏，碑版金石，书画法书，佳陶古瓷"①，柳亚子亦受其反清排满、搜寻晚明烈士遗物志趣的影响。陈巢南曾穷年累月，手自抄缮，辑有《岘江陈氏家谱》《松陵女子诗征》《吴江诗录》《松陵文集》《吴江县志》等，并刊印《笠泽词征》。友人曾为其绘《征献论词图》并题《壶中天》："记当年浅斗，茶倾签满。一枕荼蘼沉睡后，剩补吴侬横卷。午梦交光，浮眉高映，绰约冰花散。佩环夜里，也应低拜沾选。深念秋漠聆笳，瘴天搜乘，辛苦商量遍。旧卷千行重叠是，新卷疏疏谁按？一发青山，双声越缦，只付霜缣展。"② 不仅是其搜求文献的写照，也道出同人搜集乡邦文献之甘苦。此外，顾悼秋以先贤徐山民《禊湖诗拾》为基础，广征里人遗诗而成《禊湖诗拾杂编》。

其他隐逸之士亦对乡邦文献的搜集整理做出了努力，昆山王德森中年徙居苏州，虽然以医谋生，却性嗜书，搜求文献不遗余力，"有藏于他氏不能得者，则借而录之。每获奇书或秘册，欣然缄达不终夕"③。1914年夏，王德森在娄东（太仓）得到明刻本《庄渠魏先生遗书》，"此书余求之三十年而不可得，以为天下竟无此书矣。偶过市忽见此书，以重资购之。为之喜而不寐者数日。所谓思之思之，神鬼通之。思之复思之，鬼神来告之"④。《庄渠魏先生遗书》十三卷内有数页脱落错乱，王德森耗时整整四年修补校对整理。"今始借得娄东叶伯云茂才所藏本抄补全之，四年遗憾至是始释，为之一快。"⑤另外，王德森曾抄录潘道根的《隐求堂日记》《晚香书札》，并与赵诒琛（学南）共同整理刊刻，先贤文献得以保存至今。

① 郑逸梅：《南社丛谈》，上海人民出版社1981年版，第180页。
② 刘梦芙：《二十世纪中华词选》，黄山书社2008年版，第1681页。
③ 蒋志坚：《玉峰名士王德森》。参见俞建良：《昆山书法论文集》，荣宝斋出版社2011年版，第136-142页。
④ 范凤书：《中国著名藏书家与藏书楼》，大象出版社2013年版，第317页。
⑤ 蒋志坚：《玉峰名士王德森》。参见俞建良：《昆山书法论文集》，荣宝斋出版社2011年版，第139-142页。

第二节　地方史志的纂修

方志是地方文献的一种重要类型，更是延续文明教化的重要途径与纽带。晚清至民国时期受诸多因素影响，方志日益受到重视。王重民曾言："地方志书之重要，近颇惹人注意，以故公私搜藏颇成一时风尚。"[①] 同时编纂地方史志之风兴起，苏州亦无例外。值得玩味的是，近代苏州地方史志的编修主体，不少是赋闲乡居的隐逸之士。

一、乡镇志的纂修

晚清以来，随着民族意识的觉醒，文人士子的乡邦之恋亦被激发。不少文人或出仕他乡、或隐居故里，很希望了解本地的历史故事，"老子有言，不出户知天下，固也。然世人好谈辽远，往往有问以门内事而不知者，行千里而不知户庭，无异察秋毫而不见舆薪也，可乎哉?"[②] （徐日堃跋）当时虽编有府县志，但由于诸多原因不能满足具体需要。蔡丙圻认为县志"载黎里事独略，且多遗漏谬讹"[③]，故修《黎里续志》。郭绍裘云："木渎既无旧志，而县志载又百不及一，广益集思，犹虞不给。"[④] （郭绍裘序）同时，政府管理相对宽松，给乡镇志的编纂提供了较好的环境，突破了官修志书体例的束缚。

1929 年，国民政府颁布《修志事例概要》，主要对省志及县志的体例、篇目予以规定，乡镇志则不属此列。乡镇志的纂修不必经过官方审查，撰者的思想倾向、志趣偏好可以自由显露。《光福志》自序云："考之国家自一统志而析为省、为府、为州、为县志，皆司土者采辑；由县析而为一乡一镇、一山一水，则人自得著，故或备或缺也。"[⑤] 民国时期，苏州地区个人撰修的乡镇志主要有李楚石《齐谿小志》、徐傅《光福志》、朱慕丹《巴溪志》等。

---

① 王重民：《新书介绍》，《国立北平图书馆馆刊》，1932 年第 6 卷第 4 号，第 89 页。
② 张郁文：《木渎小志》，江苏古籍出版社 1992 年版，第 301 页。
③ 蔡丙圻：《黎里续志》，江苏古籍出版社 1992 年版，第 1 页。
④ 张郁文：《木渎小志》，江苏古籍出版社 1992 年版，第 4 页。
⑤ 徐傅：《光福志》，江苏古籍出版社 1992 年版，第 7 页。

清末民初特殊的社会环境下，私人编撰的方志文献，标榜乡里的内容自不会少，不免有"否则即生是乡，自必人人有宅，安能一一虚列"① 之议，但也折射出特殊境遇下的乡土之恋，符合不少士人倦游怀旧的心理。1926 年，李楚石《齐谿小志》由燕塘汇朱氏士食旧德之庐铅印出版。齐溪在今苏州市区齐门外燕塘汇，有东、西二泽，是明初北郭十子的钓游之地。李楚石长于考据，《齐谿小志》分建置、城池等十九门，记事至于清末，取材严谨，每一记载均注明出处。单镇诵读后陡增乡土之思："余少孤，随侍吾母栖息其间者十余年，童时游钓之所，其情景历历在目，壮岁浪迹四方，饱经世变，比倦游旋里息影穷居，俯仰前尘，动生感喟，而余亦垂垂老矣！展诵是编，弥深乡土之思。"② 对于编纂者言又何尝没有此意！

倦游归里后整理桑梓文献，是一种乐趣和寄托。徐傅（字月坡），世居吴县光福镇，久客楚湘，后归里筑园林自娱。傅以"光福向无志，文献无徵，先君子尝有是志，而未成书为憾"③，遂搜罗节录三十余年，数易其稿，终成《光福志》并于1929 年铅印出版。卓秉恬认为此志："诸凡重峦复嶂，曲港支流，圮梁古刹，珍果异卉，第宅冢墓之遗，农桑赋税之饶，人物艺文之美，毕备。"④ 徐傅俨然视光福为世外桃源，字里行间流露出对家乡的赞美：

> 光福僻处郡西，隶于吴治，蕞尔一隅，然湖山之秀、物产之饶、风俗之纯朴、人性之敦厚，及乎琳宫佛刹、池馆台榭，冠绝吴中。其山有穹窿、西碛、铜井、邓尉之挺秀；其水有具区、游湖、东西崦之浩渺，七宝、法雨、象泉之甘洌。地则东南平夷，宜蔬谷，西南多山，艺花木桑麻，遍处播植，渔罟樵斤，终年不废。民庐栉比，倚山而居，滨水而田，朴者安于畎亩，秀者泽以诗书。至幅员之广袤也，五十馀里陂塘崦渠足资灌溉，山村水市，直尽太湖。而物产之佳，则稻有红莲，藕有伤花，卢橘、杨梅、菰蒲、菱芡，皆美于他产，更有著名当世阅千载而独擅者，梅也。故著于《图经》，散见于

---

① （清）永瑢、纪昀纂，周仁等整理：《四库全书总目提要》卷七十六，海南出版社1999 年版，第 564 页。

② 李楚石：《齐谿小志》，江苏古籍出版社1992 年版，第2 页。

③ 徐傅：《光福志》，江苏古籍出版社1992 年版，第2 页。

④ 徐傅：《光福志》，江苏古籍出版社1992 年版，第3 页。

骚人墨客之篇咏，可胜纪哉。①

1935 年，朱保熙编撰的《巴溪志》铅印出版，巴溪即今昆山巴城镇。朱保熙，字慕丹，幼习四书五经，曾任昆山县议员、巴城乡行政局长。后以医隐于巴溪，嗜古能文，尤留心于掌故。盛韶声《巴溪志》序："我里朱师慕丹以岐黄术隐于市，抱阐潜发幽之志，广医人济世之心。每于视疾余暇，搜罗遗轶，记载见闻，编成《巴溪志》一书。"《巴溪志》分天文、地理、行政、教育、经济、交通、社会、古迹、人物、杂记，共 11 卷，后附工商统计表，尤详清末至成志前之地方史实。王严士《巴溪志》序云：

　　夫邑之有志，犹国之有史，所以备遗忘而兴观感，识沿革而著隆污者也，君子未尝不重之，至于一乡一集一山一水之微，宜若可以无志。然而百步必有芳草，十室必有忠信，有心人亦必撮拾遗闻，网罗佚事，博访而详载之。俾后之人有所考证，以增乡里之光，未尝以其地之小而忽之。如徐明经傅之志光福，张明经郁文之志木渎，叶侍讲昌炽之志寒山寺，近皆梓而行之矣。今君此志，足以媲美前修并传不朽，使荒江寂寞之区，按舆图而徵文献，阐幽潜以寓劝惩，四方贤士大夫得过而凭吊者，必自此志始矣。②

"百步必有芳草，十室必有忠信"，仅具一山一水之微的乡邦，亦有修志之必要，并需博访详载以备后人考证。折射出在当时的社会环境下，受地方自治思潮的影响，隐逸之士独立的乡邦意识开始觉醒。

二、村志的编纂

1933 年，常熟金鹤翀撰《金村小志》最终定稿并刊刻出版。金鹤翀（1873—1960），字叔远，号箬帽山人，晚号暗泾老人，秉性淡泊，曾先后任教于东吴大学、同济德文医学院。1918 年归里，设馆授徒。《金村小志》始撰于 1900 年，后又搜遗采隐，历二十余年方终定稿，包括山水古迹杂记 1 卷，诗文 1 卷，人物 1 卷。"诗文"卷多反映金村淳朴的民风与娴静生活，金村又名慈乌村，金鹤翀的《慈乌村隐居赋》描绘出一幅江南水村的恬静画面：

①　徐傅：《光福志》，江苏古籍出版社 1992 年版，第 2 页。
②　朱保熙：《巴溪志》，江苏古籍出版社 1992 年版，第 2 页。

然而记其风土，二十馀井，井井流甘；一百馀家，家家识字。或诗酒十载，壮志半销；或风雨一编，家声未坠。或淡以明志，尽谢尘缘；或思若有神，最娴文事。是虽兹村之穷僻，傥亦发迹之所自乎。以兹村之小也，为阓者七，为衢者五，半村书声、机声，几处茶户、酒户。小桥流水，三家两家；后巷秋风，枫浦荻浦。予也饮暗泾之水，愈病析酲；过野人之家，窥园学圃。东邻风过，时闻酒香；长夏雨馀，闲翻茶谱，是亦村居之清趣也。乃若衣敝酒尽，鹑居无聊，鬻字卖文，穀食易给，丈夫负耒而横经，丑妇蓬头而出汲，乐天则蟁臂亦甘，知足而牛衣何泣。虽然请待十年，去此数里，东卜覆釜之邻，西买河阳之市，未违丘墓之乡，更夸江山之美。①

家家识字半村书声，茶户酒肆时闻酒香，长夏雨后闲翻茶谱，与吴头越尾隐读村的氛围深相契合，足以让人神往。

金鹤翀另绘有《慈乌村图》，引得众友朋题词："朱扃千年春水渡，河阳一角夕阳山。垂垂杨柳门前碧，中有人家善闭关。年来满眼障红尘，何处扁舟访隐伦。安得移家此中住？卜邻更有素心人。"②（吴俊卿题词）对淡泊隐居生活充满钦羡。"金村幽人隐居赋，树老峰环资掌故。能文只用说田园，避世谁如守丘墓。年年反哺还养雏，共爱君家屋上乌。切莫离巢思远举，出村恐有黑云都。"③（郑孝胥题词）对金鹤翀避世之举予以充分肯定。李维翰读《金村小志》后慨叹："君之高隐于兹，芳菊为邻青杨有巷，江天树影早入画图。月夜乌声聊助歌啸，石顽居士长流儒学家风，松禅老人乐道诗书旧族。呜呼！我住松江之蟹舍，每思拂水之渔湾，招隐有诗买山无计，君真遁迹能叙丘里之言，我请移家共饮琴川之水。"④ 避居世外隐于恬静的江南水村，仍是不少人的梦想。

三、旧志的续修

柳亚子等在搜集整理乡邦文献的过程中，曾对《吴江县志》和部分镇志

---

① 金鹤翀：《金村小志》，江苏古籍出版社1992年版，第26页。
② 金鹤翀：《金村小志》，江苏古籍出版社1992年版，第33页。
③ 金鹤翀：《金村小志》，江苏古籍出版社1992年版，第34页。
④ 金鹤翀：《金村小志》，江苏古籍出版社1992年版，第1页。

进行校勘，另对《吴江县志》《震泽县志》《同里志》《平望志》《黎里志》予以考订增补，形成《吴江续志》《平望续志》《黎里续志》。1930 年起，常熟徐兆玮续纂《重修常昭合志》，徐兆玮（1867—1940），字少逵，号虹隐，同盟会员，辛亥革命后，曾任常熟代理民政长，被选为第一届国会众议员，后因反对曹锟贿选总统而南归。1930 年，《重修常昭合志》总纂丁祖荫去世，由徐兆玮继任总纂，承《常昭合志》原来的体例进行补辑，因抗日战争爆发而被迫中断。

1917 年至 1919 年，昆山纂修《昆新两县续补合志》，王德森为此特撰《修志臆说》，从拟定志目，到儒林、隐逸、孝友、耆寿等人物列传，以及艺文、金石等目的立类，均提出具体建议。王德森认为官书纂修不能"任一己之好恶而褒贬"，"惟有破除情面，实事求是，一秉大公，毫无假借"[①]，才能见信于后人。王德森被推为《人物志》分纂，他以"不避嫌怨，严加裁汰"之责任感，撷拾遗闻网罗佚事，为该志的纂修起了重要作用，赢得当地士人的尊重。

第三节　古迹文物的保护与考察

吴中保墓会以"国民更新，保存名贤古墓"为宗旨，根据志书记载和众人提供的线索，对古墓进行实地考察。前期主要由吴荫培倡议并推动，寄希望于"风俗转移，松楸长保"，对古墓、义冢和名贤古迹予以保护管理，对苏州文物古迹保护具有一定积极意义。李根源在吴县西部诸山的访古考察，支持了苏州城区内古迹文物的保护活动。

一、吴中保墓会对古墓义冢的保护

吴中地区的盗墓活动于明代已经开始，据黄省曾《吴风录》记载："自正德中，吴中古墓如城内梁朝公主坟，盘门外孙王陵，张士诚母坟，俱为势豪

---

① 王德森：《民国昆新两县续补合志》，江苏古籍出版社 1991 年版，第 321 页。

所发，获其殉葬金玉，古器万万计，开吴民发掘之端。"① 一直到民国初年，盗墓之风并未得到有效遏制："吴县境内多山，城西南九龙坞、梅湾、陈湾一带，丘陇相望，不可胜计，惟是乡私掘盗卖习惯成风，视为利薮，国变以来，此风尤甚。"② 1915 年，吴荫培致函苏常道道尹段鸿寿，针对近期发生的无业游民盗墓事件，有欲仿《无锡惠山保墓章程》成立吴中保墓会，以求获得政府的支持和批准。吴荫培"拟先将五都四五图九龙坞等处，次第试办，现在垫款用人暂由荫培自己担任，俟办有端倪，再邀同苏城绅商协力行之，以次扩充，期迄全境"③，并制定《吴县境试办保墓会简章》，对保墓会的宗旨、办法和经费问题做了初步规划。

1915 年秋，吴荫培先选择西跨塘、九龙坞等处试办。上述两地坟墓最为集中，向有阴南濠之称，当地民众长期以来专以拆毁旧墓、贩卖坟地牟利。吴荫培从调查无主古墓入手，一经查实就编号立碣，并丈量绘图，造册报县署备案，由苏常道道尹和吴县知事发布告示，严禁乡民掘墓盗卖，并令当地图董、经造、地保等协助保墓会司事查访。④ 当年即调查编录无主墓 450 处左右，经费由吴荫培垫支。次年始有官绅、商民等人捐助。吴荫培亲自参与访查，在调查过程中不断修订完善保墓会章程。对于破坏古墓者，经查实后禀请官府按法律惩办，如自毁祖墓的何复生被判无期徒刑，在狮山下发掘他人坟墓的陈宝福被判 4 年有期徒刑。1916 年 3 月，吴荫培又致函吴县知事，希望通过官方渠道向民众介绍保墓会及其工作。

1916 年 10 月，北洋政府首次颁布《保存古物暂行办法》，规定了 12 种古物类型：建筑、遗迹（坟墓、城墙、池塘、泉水、古代景致）、石柱、石器及青铜器铭文、瓷器、古植物、文字/文献复制品（包括刻在石头、地图、航海图上的文字复制品）、武器、服饰、雕塑、祭器、杂项（如农器）。⑤ 古物保护的范围几乎包罗万象，但是政府并没有实际能力去保护各类古迹。随着城市规划建设以及地产开发的兴起，官方对文物古迹的保护多流于形式。吴荫

① （明）黄省曾：《吴风录》，中华书局 1991 年版，第 4 页。
② 吴荫培：《吴县保墓会十年报告录》乙丑冬刊，苏州图书馆藏，第 5 页。
③ 吴荫培：《吴县保墓会十年报告录》乙丑冬刊，苏州图书馆藏，第 5 页。
④ 夏冰：《吴探花与吴中保墓会》，《钟山风雨》2011 年第 1 期，第 52－53 页。
⑤ 李晓东：《民国文物法规史评》，文物出版社 2013 年版，第 15 页。

培对苏州古墓义冢及文物的保护,上靠政府,下靠商贾、市民,进行了切实的行动,难能可贵。

吴中保墓会尤其重视名人古墓的保护,累计保护汉至清代名人墓葬五十余座。对志书有载而查无踪迹的古墓则立案造册备考;对虽遭破坏尚存遗迹的古墓,除立案造册外,由政府出面予以封禁。经吴荫培亲自修缮保护者,有白马涧金盆坞的宋魏鹤山、胥门外望墅墩的元葛应雷墓、盘门外张太妃曹氏墓、相城沈石田墓、寒山岭赵凡夫墓、渔洋山董其昌墓、光福吴梅村墓、五峰山金圣叹墓、虎丘陈明智墓、尧峰山何义门墓等。对虎丘、西园寺、丰备义仓、万年桥、沧浪亭五百名贤祠、普济桥、龙寿山房、穹窿寺等古迹进行修缮。此外,吴荫培对孝子、贞女、烈妇之墓,亦尽力保护,如虎丘明代烈妇倪杨氏鸳鸯冢,他不但出资修冢筑亭其上,还在四周遍植松柏,并镌刻墓联"身膏白刃风犹烈,骨葬青山土亦香"[1],以示表彰。

吴荫培保护古墓之举得到众同好的褒扬。1931 年 2 月吴荫培去世,唐文治赞其"上苑簪花沧桑一梦,香山宿草碑碣千秋",王謇挽曰:"修茔封树保遗骸,将虎阜跨塘龙池洞庭各穴,魏鹤山葛应雷董香光何义门,尽得长存,古衣冠梦中罗拜,千秋媲美顾侠君。"均充分肯定其保墓之功。然而,吴荫培去世仅数月,即有数百处孤坟义冢被破坏,保墓会的活动遇到挑衅。于是,由李根源、张一麐、费树蔚等接力,继续组织保墓会。邹福保里居期间,亦曾对若干古墓进行保护。除了吴中保墓会的活动之外,1928 年,为了保护甪直保圣寺的塑壁、塑像,叶恭绰发起"唐塑保存会",次年组织成立"保存甪直唐塑委员会",陈巢南、张一麐等积极加入,联合向社会呼吁,多方募集资金,使该寺珍贵文物得以留存至今。

美国学者柯必德认为,保墓会的活动虽然受到国粹思潮的影响,但在实质上具有实用性,在一座快速变革的城市中,古墓在物质及文化上均维系着一种稳定,保墓会曾呼吁"保护圣贤之墓,以赋吾等同胞新生"[2],已经是一种权宜之计和巨大让步。然而,城市建设的规划者把民族复兴及现代化建设等同于商业与经济的不断扩展,因此对于在城市开展保墓活动的

---

① 夏冰:《吴探花与吴中保墓会》,《钟山风雨》2011 年第 1 期,第 52–53 页。
② 吴荫培:《吴县保墓会十年报告录》乙丑冬刊,苏州图书馆藏,第 6 页。

价值多持怀疑态度。① 1933 年 4 月 20 日，《大光明》报载"保墓会界石失效"事，虽然苏州城内外的各处义冢地带立有保墓会永保界石，但仍受到官产局的主张，要求废墓以增进益。在与社会发展主流的抗衡中，保墓会的活动越发力不从心，影响力逐渐减弱。1937 年因抗战爆发，吴中保墓会事务被迫停顿。

二、对西部诸山古墓文物的考察

"浊世不可居，山林缔知己。一生好游山，古有谪仙李。吾曹甘石隐，放浪颇自喜。著屐效阮孚，摄衣从苏子。涉岩必升顶，探洞每穷底。结习彼此同，神州行万里。"② 为吴荫培阅读李根源《吴郡西山访古记》后的感慨，并将他们共同的爱好喻为"石隐"，两人曾结伴入山寻访古墓。李根源对吴县诸山古墓、金石、碑刻的寻访保护，支持了保墓会的工作，故被吴荫培引为知己。

苏州西部多山，有众多前贤墓葬，且有墓必有碑，碑铭、墓碣多由名人撰写，极具考古和欣赏价值。由于年代久远，很多名人墓葬志书上有载，实地勘察时却找不到，或仅存坟墓，墓碑则不知去向。1926 年春，李根源"闲居多病，新瘳无事，偶景独游，兹游主于访碑并谒前贤丘墓"③。李根源带仆从两人，自阴历二月二十九日开始，至胥门枣市桥买舟西行，从胥门水路出发，先后赴苏州西郊灵岩、天平、邓尉、穹窿等几十座山进行考察。每天根据订好的计划进行，以日记的形式记录考察场景，与史志所载相对照，并寻访当地熟知情况者加以佐证，每处记述相当于一篇完备的考察报告。其日程安排及顺序见表（7-2）。④

---

① ［美］柯必德：《天堂与现代性之间：建设苏州（1895—1937）》，何方昱译，上海辞书出版社 2014 年版，第 286 页。

② 李根源：《吴郡西山访古记》卷一。参见沈云龙：《近代中国史料丛刊》，台湾文海出版社 1971 年版，第 26 页。

③ 李根源：《吴郡西山访古记》卷一。参见沈云龙：《近代中国史料丛刊》，台湾文海出版社 1971 年版，第 38 页。

④ 根据李根源：《吴郡西山访古记》。参见沈云龙：《近代中国史料丛刊》，台湾文海出版社 1971 年版整理而成。

表7-2　李根源西山访古日程及成果

日期（阴历）	行程	成果
二月二十九日	游灵岩山	访韩蕲王（世忠）、徐忠纯墓
三月初一日	游灵岩山、穹窿山	访上真观，陈道复、施亮生墓
三月初二日	游光福山、邓尉山、吾家山、青芝山、弹山、铜井山、蟠螭山、玄墓山	访圣恩寺，徐靖节、徐俟斋、徐健庵、彭定求、缪彤墓
三月初三日	游渔洋山	访董香光墓，郑文焯墓，再次寻访吴梅村墓、惠定宇墓
三月初四日	游光福寺，安山、西碛山、香雪海、司徒庙	访石琢堂（韫玉）墓、第三次寻访吴梅村、惠定宇墓，终不获
三月初五日	因雨未能出游	访西庵小筑
三月初六日	游凤凰山、玉遮山、雅宜山、贞山、官山	访虞连州、韩雍（襄毅）、徐武功（有贞）、韩慕庐、尤侗（西堂）墓
三月初七日	游白阳山、金井邬、五峰山、博士邬、弥陀岭、华山、天池、贺九岭、竺邬、北峰邬	寻访金圣叹、黄莞圃、李鸿裔墓
三月初八日	游穹窿山、大小宴岭、香山、胥口	访宁邦寺、穹窿寺、拈花寺、胥王庙，访慕天颜、韩桂舲墓
三月十二日	游横山西北，南始凤凰池、北至茭白荡	访乾元寺，寻钱元璙、吴文定、孔镛、盛应期、祝枝山、都元敬、郑桐庵、何义门、彭祖芬墓
三月十三日	游尧峰山，皋峰山	访汪钝翁、吴宗伯、缪洗马兄弟墓
三月十四日	游涧上草堂，仰天坞、金山、天平山、支硎山、寒山、狮子山、何山	访朱乐圃、范文穆（成大）、毕制府（毕沅）、赵凡夫（宧光）墓
三月十五日	游吴山、陆墓山、宝华山	访陈僖敏，申文定（时行）墓

（续表）

日期	行程	成果
三月十六日	游楞伽郊台、茶磨、朱墩、梅湾、新郭村	访朱侍中、王惕甫（芑孙）兄弟、文温州祖孙墓
三月十八日	游蠡墅镇，旺山湖	访关帝庙，吉祥寺
三月十九日	游横塘、枫桥、寒山寺	访唐寅（子畏）、黄何坚墓

　　李根源在山中寻访古墓，会遇到不少潜在危险。除了天气炎热，还面临着遭遇湖匪的威胁。三月初三日，李根源原计划去渔洋山寻访香光墓，但"土人云渔洋多湖盗，掳人勒赎不可轻往，與夫有戒心不敢行"①，在李根源为其壮胆及强烈要求下，才继续深入渔洋山，终于在背山面湖处寻到董香光墓。光福诸山考察完毕后，李根源深有感触，其一："山中停柩太多，迁延不葬，真恶习也，天气炎蒸，臭气四发，人触之，易生疾病"；其二："于各省访古墓多矣，未见有若吴中古墓摧残如是之甚者，详求其故，乃由守冢人俗例及习惯之坏所致……除数大姓外，敢断言苏人必无十代二十代保存无失之先茔也。"② 对当地破坏古墓之风有了更深切的体会。李根源此次出游共二十日，除去几天下雨不能出游以及生病外，每天都根据既定计划进行，"出游以来，日行六七十里，夜局促舟中，篝灯写日记至三鼓，毫无疲敝状，今日休憩，转觉困惫异常，可知精神愈用愈出也"③。

　　此次考察结束之后，李根源并未中断古墓的寻访。1927 年 10 月，李根源欲在穹窿山为母亲寻觅兆域，查阅文献时发现有"汉吴侯顾贵、吴丞相雍、梁建安令烜，三墓并在白马岭小王山"的记载，于是在村里顾姓人家询问未果。此后李根源第二次到山里寻访，善人桥一村民提到附近村庄一位顾氏后人家中有顾氏旧谱抄本，经确认顾雍确葬在小王山，后终于在南麓得碑一方，有"汉驰义侯顾氏迁吴始祖贵、吴丞相封醴陵侯顾雍、梁建安令赠侯爵顾烜

---

① 李根源：《吴郡西山访古记》卷一。参见沈云龙：《近代中国史料丛刊》，台湾文海出版社1971 年版，第 69 页。

② 李根源：《吴郡西山访古记》卷一。参见沈云龙：《近代中国史料丛刊》，台湾文海出版社1971 年版，第 89 页。

③ 李根源：《吴郡西山访古记》卷二。参见沈云龙：《近代中国史料丛刊》，台湾文海出版社1971 年版，第 38 页。

之墓"三行字,落款为嘉庆丙子岁,碑后还有三座墓冢,顾氏三贤墓终被找到,并得到吴县保墓会的保护和修缮。1928 年,李根源重修顾墓,并在墓前刻石记之。

1930 年 11 月,黄侃、李根源来访章太炎,李根源"示以《曲石丛书》,黄侃以《吴郡西山访古记》为所最敬服"①。云南图书馆馆长何秉智在浏览《吴郡西山访古记》后,深为佩服其考证精神:"晚近欧美人士探险访古不遗余力,诚以于科学有所发明也,吾国人鲜事讲求,千年文物每多弃遗,流出国外,甚为可惜,先生作记之用心,洵足以楷模全国,昭示来兹。"② 1984年,全国第二次文物普查工作启动,苏州文物部门对吴县山区的文物普查,即以《吴郡西山访古记》为蓝本。③

三、对虎丘、洞庭等地金石碑刻的考察

继西山访古之后,李根源"复游虎丘,遍拓其摩崖题名、佛幢碑版、石室刻经之属合为一编"而成《虎阜金石经眼录》。④ 是自潘瘦羊(钟瑞)《虎阜石刻仅存录》以来的又一部有功于碑版之学的著作。潘瘦羊的著录仅断自山门迄于剑池千人石而止,未能遍自搜访,且多误信拓本及前人著录。李根源对潘著的错讹之处,如分一刻为两刻者、误释文字者、因两刻同在一处而误认异代为同时者,均亲自搜访一一考证并驳正。记录了虎丘自后周以来文人骚客的题名、佛幢、碑版,以及墓祠、祠堂、会馆碑记等,详细著录题名者、日期、字体、尺寸、具体位置。

李根源对与前志记载不符之处,则在著录中加以说明。另记载有会馆、义学、义庄、义冢碑记,如《重修东斋会馆牌记》《重修全秦会馆牌记》《陕西会馆装金漆黝碑记》等。《虎阜金石经眼录》共著录"后周刻一,宋刻三十有四,元刻一,明刻七十有七,清刻一百七十有六,总二百八十余种"⑤,

---

① 黄侃:《腾冲青齐李氏宗谱序》。参见汤志钧:《章太炎年谱长编》(增订本),中华书局 2013年版,第 523 页。

② 李根源:《吴郡西山访古记》卷一。参见沈云龙:《近代中国史料丛刊》,台湾文海出版社 1971 年版,第 19 页。

③ 沈红娣:《李根源与小王山》,古吴轩出版社 2011 年版,第 34 页。

④ 王佩净:《虎阜金石经眼录》跋。参见《虎阜金石经眼录》,曲石精庐 1928 年版,第 154 页。

⑤ 李根源:《虎阜金石经眼录》,曲石精庐 1928 年版,第 127 页。

后又补录9种，包括一部遗教经书条残石，后嵌入灵岩寺大雄殿壁间。

《洞庭山金石》为李根源遍游太湖洞庭山后，著录自唐代以来东西两山的诗文、墓志、塔铭、经幢、刻经、造像、桥柱、井栏、坊表、题名、摩崖刻书等，弥补了原有文献著录的不足与遗漏。洞庭"自王文恪作《震泽编》以来，若翁氏之《具区志》，王氏维德之《林屋民风》，金氏友理之《太湖备考》，吴氏定璋之《七十二峰足征集》，虽汗牛充栋，而辗转沿袭于金石，尤不完不备甚者，于坛庙寺观之碑碣又别具成见"①，如对宋李弥大《道隐园记》的考证，李根源根据吴志职官所载李弥大生平的考证，并与《具区志》《七十二峰足征集》以及《林屋民风》所录全文进行对照，发现均有增改，与石刻不符，"盖以著书者未至石下摩挲也"②。李根源以个人之力进行的古迹调查，为后来《吴县志》中相关部分的撰写提供了扎实的文献资料，亦是对苏州古迹的全面清查。

随着苏州向现代社会迈进的步伐加快，对古墓、金石、文物的考证与保护显得不合时宜并受到舆论的指摘。如金松岑对地名"黄鹂坊桥"当为"黄牛坊桥"的考证，《大光明》报则指出："今日考证一块断偈，明日考证一方破石……可惜他下的考证功夫，对于人类、国家、社会甚至一地方没有什么影响，也谈不到什么贡献。"并奉劝"金先生不要空耗精神于毫无意义的考证上，当择其大者要者而从之"③，映射出当时复杂的社会思潮及发展趋势。但是，以吴荫培、李根源等为代表的隐逸之士对古迹文物的考证与保护，仍然有其一定的积极意义。

第四节　支持文化教育事业

隐逸之士对苏州文化教育事业的关心和支持，主要表现在新式教育的实践、对传统国学教育的传承，以及对图书馆事业的赞助。李根源、何澄均担

---

① 王佩诤：《洞庭山金石》序。参见《洞庭山金石》，曲石精庐1928年版，第2页。
② 李根源：《洞庭山金石》，曲石精庐1928年版，第20页。
③ 佚名：《金松岑之黄牛坊桥》，《大光明》报1929年9月7日。

任过苏州私立振华女中校董，支持女子教育。李根源、张一麐等在小王山兴学，重视民众教育，推广农民教育。国学大师章太炎与金松岑，两人经历相似，前半生宣传革命，后转入教育救国，教授国学。国学讲习所和章氏国学讲习会培养了大批国学人才，传统学术得以薪火相传。

一、发扬国学传统教育

苏州历来文风甚盛，20 世纪 30 年代初，苏州仍被章太炎誉为全国少有的文风浓厚之地。金松岑和章太炎两人早年奔走革命，中晚年致力于振兴国学，并共同创立国学会，被海内外学者视为学术重望，以到苏州能见到两位先生为幸。苏州浓郁的人文气息，吸引了不少学者大家聚集。李根源、朱祖谋、况周颐、叶德辉、陈衍等相继来到苏州，在一批志同道合者的倡议下，国学教育在苏州得以延续：

> 吴东南名胜地，当世巨卿魁儒，诗流墨客，税驾踵至，先有归安朱祖谋、临桂况周仪、长沙叶德辉。后数岁，闽侯陈衍石遗以诗词教授无锡国学专修馆，因移家至。太炎先讲学上海、燕都，意不合，去而来吴。数子并友先生，而石遗、太炎尤素习敦气类。先生老既废退，无意当世务，颇欲修明经术，用存绝学正人心，屡言二子，意相洽。言于腾冲，腾冲题之。以二十一年壬申夏，成立国学会，推张一麐为会长，腾冲、石遗副之。①

1932 年夏，李根源、金松岑邀请章太炎来苏讲学，座设苏州大公园内的县立图书馆，于是便倡议成立国学讲习会，以激扬民族精神，救亡图存。"九一八"事变后，国家民族危机日益深重，章太炎认为"扶微业，辅绝学之道，诚莫如学会便"，《国学会会刊宣言》云：

> 今虽学不如古，士大夫犹循礼教，愈于他俗。及夫博学屡守之士，亦往往而见。怃然叹曰：仁贤之化，何其远哉？顾念文学微眇，或不足以振民志，宜更求其远者。昔范公始以名节厉俗，顾先生亦举"行己有耻"为士行准，此举国所宜取法，微独苏州！顾沐浴膏泽者，莫苏州先也。

---

① 金元宪：《伯兄贞献先生行状》。参见卞孝萱、唐文权：《民国人物碑传集》，凤凰出版社 2011 年版，第 608 页。

讲浃月，将还海上，自恐衰老，不能时诣苏州，又念论述古义，学者或不能得其本，效顾先生读经会制，以付与会者主之。其事甚质，而基莫固焉。是于他州或不能举，苏州则有能举之者也。后数月，诸子复定名曰国学会，以讨论儒术为主，取读经会隶之……持以弘毅，何遽不可以行远？凡事有作始甚微，其终甚巨者，仲尼云："人能弘道"，与会诸子，其勉之哉！①

国学讲习会成立后，经号召而入会的会员近千人，遍及十八个省，反响不俗。国学讲习会设有会刊《国学商兑》，社址设在大公园太阳宫，辟有论说、学术、传记、讲坛、文苑等栏目。1933 年 6 月 1 日，《国学商兑》第一期出版，由陈衍任总编辑。

但是，国学讲习会不久出现分裂，1934 年冬，章太炎因"与国学会旨趣不合"，另成立发起章氏国学讲习会。至于具体原因，他没有公开言及内情，李根源、张一麐仍名列章氏国学讲习会董事会。有学者认为是章太炎与陈衍之间有隙所致，章太炎对《国学商兑》第一期颇不满意，他在给潘景郑的信中说："《国学商兑》名不甚合，方氏《汉学商兑》本为排摈汉学而作，今云《国学商兑》于意云何？"② 此据不足为凭，因为国学会刊的第二期，已经根据章太炎的建议改为《国学论衡》。据金元宪所忆，应是章太炎与金松岑之间因为会费问题所致："顾锓书工资巨，会员常年有内费，既猥众不以时内，岁会出入不相偿，以责腾冲……太炎闻而笑曰：'吾来此，乐与诸君子问字载酒游，松岑无端作打门催科吏，恼乃公兴。'初亦无忤意，积久而谗毁至，交构其间，二人隙乃成。"③ 因此，1934 年起，苏州有国学讲习会和章氏国学讲习会两家并存讲学。金松岑和章太炎虽然产生隔阂，但对彼此的学问都相互推崇，均对国学传承作出了贡献。

金松岑对我国传统文化有深刻独到的见解，"先生主讲国学会，雄辩滔滔，颇有自负之处，曾演讲我国学术，溯其源流，自周秦诸子而至明季顾亭林，顾下则迳述及已，一若有清二百数十年间，无一足以继绍系统者"，郑逸

---

① 章太炎：《章太炎自述》，人民日报出版社 2012 年版，第 413 页。

② 罗福惠、许小青：《长江流域学术文化的近代演进》，武汉出版社 2007 年版，第 493 页。

③ 金元宪：《伯兄贞献先生行状》。参见卞孝萱、唐文权：《民国人物碑传集》，凤凰出版社 2011 年版，第 609 页。

梅曾特意摘录其讲稿内容，并认为数十年前有此见解实属不易：

> 昔欧洲大战，日杀人五六千，西洋文化，遂呈现显明之破绽。德哲谓其文化已届衰老之期，欲引东方文化以救济之……而西方文化，亦近毁灭之道矣。我国先哲，向教人以仁，故最爱和平，而不嗜杀，处世贵知足，故科学不甚发达。今既有西化相侵，自不能不谋一适应之道，整理固有之文化，并吸收西化之优点而同化之。[1]

两家国学讲习会邀请了不少知名学者来苏讲学。1933 年 8 月，李根源、金松岑曾邀约唐文治来苏演讲，主讲《论语》《孟子》及《性理学大义》，讲义印入《国学论衡》，并编入《茹经堂文集三编》。沈飚民也曾在章氏国学讲习所讲授易学，其子沈延国后来长期担任教习。抗日战争前夕，金松岑到上海光华大学执教，在上海成立国学会分会。严崇威、吕思勉、包天笑、范烟桥、王欣夫、王謇、金元宪等都曾参加。两家国学讲习会的开办，不仅扩大了苏州在文化界的影响力，亦无形中增强了吴文化的凝聚力，其间培养的国学人才成为发扬传统文化的主要力量。

二、扶持新式文化教育事业

李根源初到小王山时，此处还没有小学。1931 年 8 月，李根源在母亲墓旁修建六间平房，兴办阙茔小学，并卖掉两挺机关枪以筹集资金。[2] 学校开办之初，因师资、经费短缺，采用单班复式教学，即一名教师在一间教室内教四个年级的学生，直到 2000 年才并入藏书镇中心完小。在善人桥新村建设中，乡村改进会结合当时的乡村教育运动，自办一所初级小学，成立农民教育馆，开办农民夜校，改善了善人桥全区的教育面貌。1906 年，苏州奇女子王谢长达忧愤于民族精神之羸弱，女子地位之低下，决意创办一所女子学堂，取孙中山"振兴中华"之意，命名为"振华女学校"，并亲任校长，1924 年改称为"私立振华女子中学"。1925 年，李根源应王季玉、王謇等的邀请，充任苏州振华女校校董。何澄作为王谢长达的女婿，更是出任校董予以支持。

图书馆是近代公共文化空间的重要组成部分，也是开展社会教育的重要

---

① 郑逸梅：《郑逸梅选集》，黑龙江人民出版社 2001 年版，第137 页。
② 雄狮：《李根源兴学小王山》，《大光明》报 1933 年 6 月 20 日。

场所。晚清以来，随着公共图书馆运动的兴起，筹办图书馆进行社会教育，受到有识之士的重视，张一麐、李根源对图书馆建设情有独钟。早在宣统年间，张一麐就准备在家乡筹建图书馆，其《建筑图书馆说略》《上江苏护抚公呈》《覆农工商局公呈》《呈江苏都督庄移交图书馆文》《致杨建章为教育局请官地书》，反复强调图书馆的重要性，并提出具体建议。他曾上书江苏护抚，奏请在苏州开办图书馆：

> 建立一所图书馆庋藏图书，任人阅看，不过济学校之所不足，至于社会教育，亦有文明之公园，一麐等力薄智短，固万不能及此，而将来必须开拓者如公共体操场、阅报室，如教育品陈列室，如植物园，如博物馆，如球房一一应为预备。现查课桑园墙后东西荒地皆有高墩，若雇工挑去以备日后扩充，尤属呵成一气，并乞饬下农工商局准将左近无主荒地一律拨用，并查照农工商部奏准推广《农林章程》第十一条，于奉批后十日内勘丈绘图画界给照立案，不胜铭感之至。①

张一麐认为建设图书馆是为了解决学校教育之不足，图书馆应该担负社会教育的部分职能。同时还应设立公共操场、阅报室、博物馆、植物园等一系列配套的文化设施。他曾制定详细的图书馆筹建计划，可惜未能付诸实施。1925 年，江阴巨商奚萼铭捐资五万银元筹建苏州大公园，张一麐和李根源成为主要支持者，并参与相关文化设施建设。1925 年 8 月，苏州图书馆（后改名为吴县图书馆）成立，《申报》报道了当时的盛况：

> 八月一日为苏州公立图书馆正式开幕期，上午九时行开幕式会场在馆东新建之东斋，豁朗可爱。各界来宾者一百余人，馆长彭云伯招待一切秩序，为主席报告筹备人，报告官长颂词、来宾演说、摄影参观等，主席为张仲仁，来宾演说中有前国务总理李根源，略谓：今日图书馆开幕即以表示我苏州文化的生活建设的能力颇为动听，东大图书馆主任洪有丰、南洋大学图书馆主任杜定友亦均有切实精警的演说。②

为了庆祝图书馆开幕，张一麐担任开幕式主席，特邀请洪有丰、杜定友、

---

① 张一麐：《心太平室集》补遗，台湾文海出版社 1973 年版，第 597 页。
② 《苏州图书馆开幕纪》，《申报》1925 年 8 月 3 日。

蒋吟秋等专家前来参观并发表演说。当初张一麐为了筹建图书馆，曾自捐一千元，加上前河南巡警道蒋凫庭自捐及募捐款项一千元，共计两千元存入豫康钱庄，不料后来钱庄倒闭，开办图书馆的提案最后亦未能成功。苏州图书馆落成后，张一麐遂将钱庄的存款余额交给图书馆，终了其夙愿。①

李根源对文化教育事业的重视和关心由来已久。1917 年 2 月，李根源赴任陕西省省长，在制定的《治陕纲要草案》中即有不少条目针对地方文教事业。在教育方面，一要开办师范学校，另外即要充实图书馆。1925 年，李根源应胡景翼之邀去开封，闲暇之余曾帮忙整理河南图书馆。李根源隐居苏州后，有更多的时间投入文化教育活动。1925 年，在苏州大公园落成之际，李根源特意将于右任送的 200 株枫树转赠给公园以进行公共绿化。

三、助力吴中文献展览会

1936 年 11 月，浙江文献展览会在浙江省图书馆成功举办，该展会"萃数百藏家之精英，成两浙文物之大观"②，对于激发民众热爱乡邦图籍文物，进而爱国救国颇有裨益。苏州的一批学者深受鼓舞，1937 年初，苏州图书馆拟筹办"吴中文献展览会"，以"倡导学术，阐扬文化"为宗旨，包含吴中方志、史传、乡贤遗像、遗著、书法、名画、金石、拓片、服饰、器物等。馆长蒋吟秋邀请当地文化名流及社会贤达予以协助，由邓邦述、叶恭绰、潘景郑负责图籍组；李根源、徐积余、潘景郑、吴湖帆等负责金石组；金松岑、张一麐、张云搏、汤国梨负责史料组。张一麐、李根源、金松岑不仅承担鉴审任务，还拿出部分藏品参展。展览会共收集展品 4159 种，绝大多数为私人藏品，展品"其多、其丰、其精，均属当时国内罕见"③。

1937 年 2 月 19 日上午，吴中文献展览会举行开幕式，张一麐致开幕词，《申报》曾予以报道。展览会展期七天，国内各界名家云集参观，反响热烈。黄宾虹观展后，致函好友许承尧："如此引人向学之心，亦一善事。宣歇国学中佔中邦最高地位，至今任其销（消）沉，极为可惜。公能拈集同志，或就

---

①　张一麐：《心太平室集》卷六。参见沈云龙：《近代中国史料丛刊》，台湾文海出版社 1973 年版，第 319 页。

②　陈训慈：《浙江文献展览会之回顾》，《浙江图书馆志》中华书局 2005 年版，第 227－244 页。

③　江苏省地方志编纂委员会：《江苏省志》，江苏古籍出版社 1998 年版，第 663 页。

南京苏浙，亦设一新安古物展览，仆愿附骥。"① 并商议筹设新安古物展览会，把文献展览会当作振兴国学的一大善举。

隐逸之士对文化教育事业的关注与支持，不仅与他们自身的个人素养、职业兴趣有关，地方自治思潮的影响亦不容小觑。1920 年，张一麐曾与张謇在苏州成立苏社，《苏社成立宣言》中有明确的表达：

> 惟知治本者，标变而本不为所动，无有不治之理。治本维何？即各人抱村落主义，自治其地方之谓也。今人民痛苦极矣。求援于政府，政府顽固如此；求援于社会，社会腐败如彼。然则直接解救人民之痛苦，舍自治岂有他哉！窃尝谓国不亡而日演亡国之事，不亡亦亡；国亡而自治精神不变，虽亡犹不亡。况今日中国尚未至于亡乎。国不亡而先救，与国亡而后救，其用力必少，其成功必多。抑何惮而不为哉！救之之道，功不必期其速，事不可遗其小。②

在求援于政府、社会，均不可得之际，拯救民众于水火的唯一良方，只有尽自己的绵薄之力，实行地方自治以自救。自救的道路不必求速，且不因事情琐碎细小而不为。地方自治的一个重要方面就是文化教育的自主独立，近代隐逸之士作为社会新旧转型期的知识群体的一员，他们对文化教育事业有着天然的亲近，因此倾注更多的关注和支持。近代军阀政治导致了知识分子的边缘化，同时也促使他们更多地面向社会，献身于思想启蒙和知识教育运动。③

---

① 王中秀：《黄宾虹年谱》，上海书画出版社 2005 年版，第 389 页。
② 张謇：《张謇全集》，上海辞书出版社 2012 年版，第 461 页。
③ 孔凡义：《近代中国军阀政治研究》，中国社会科学出版社 2010 年版，第 144 页。

第八章　近代苏州隐逸文化的特征

近代苏州的隐逸群体，他们虽从不同的领域退隐，但并未真正避世闲居。他们隐而不闲、隐而不休，参与多项社会活动，隐逸观念由高蹈远隐转向具体务实，隐逸活动由遁世独善转向适时济世，"隐逸"与"济世"两种貌似相悖的生活方式得到较好的调适，赋予了隐逸文化新的内涵。

第一节　隐逸形式的时代特征

近代苏州的隐逸之士，基本仍沿袭传统的隐逸方式，并极力营造传统的隐逸氛围。混乱失序的时局下，他们被迫打破归隐故土的原始意象，突破原来的地域观念，"边游边隐"成为新的隐逸方式。同时在新的时代背景下，"独善其身"与"兼济社会"得到了较好的调适。

一、传统隐逸方式的赓续性

吴地的隐逸传统，自最初的泰伯奔吴开始，即在历史发展的长河中逐步孕育，并吸收儒释道三家的隐逸精髓，形成独具地域特色的隐逸文化。近代苏州的隐逸之士，他们多修建园林式的居所，以营造私家园林的隐逸氛围。他们与社会名流、文人雅士，诗酒文会、雅集酬唱，颇具隐者之风。同时，他们又践行孝义尊亲之举，如李根源和凌敏刚分别在苏州娱亲养母获得赞誉。李根源买山葬母庐墓守孝营建"松海胜景"，与晚明赵宧光买山

葬父隐居寒山建造"寒山胜景",有惊人的相似之处。李根源曾作五言长诗《小王山居》:

> 小隐王山曲,满山种松竹。贞松百万株,成林长新绿。
> 笋吐百千竿,冲霄高簇簇。园田水芹生,豆尖花芬馥。
> 勤勤朝昏间,播殖在百谷。待到谷登场,万事都自足。
> 农家田野人,爱与我往复。敬我如师友,亲我如家族。
> 相将谈稼穑,共尝酒新漉。欢醉竹林间,高歌动山岳。

诗作恬淡自然、质朴纯真,俨然一幅田园隐居图,堪与陶渊明的《归田园居》相媲美,真实再现了近代隐逸之士所追求的境界。

柳亚子在归隐故乡汾湖期间,埋头乡梓文献的搜集整理,也是传统隐者的常见之举。"吴江文献保存会"与"吴中保墓会"的成立及其活动,亦是眷恋故国风物的外在表现。民国时期苏州乡镇志、村志编撰之风的兴起,不仅是乡邦之恋的体现,也是隐居之士的重要生活日常。章太炎、金天羽等晚年讲学苏州,自觉承担为天下继绝学的责任,弘扬国学教育,成为"隐于学"的典范。王德森、鲁公直等"隐于医",邓邦述"隐于书",吴荫培、李根源"隐于石",邹福保等更是以遗民自居,坚守故国传统。这些隐逸之士构成了近代苏州独特的文化景观,使苏州少了几许乱世中的暴戾不安,多了几分静谧安逸。

二、跨越地缘界限的游寓性

自明清以来,苏州以其不俗的经济文化影响力,声誉显于繁华。辛亥革命时期苏州政权平稳过渡,对城区的破坏较小。军阀混战时期,苏州避免了大规模的战乱,成为上海后花园的格局基本奠定。苏州浓郁的人文环境和相对稳定的政治环境,吸引不少退隐者的目光,他们打破传统社会地域范围的限制,原来的"流寓"群体所占比例增大。以周瘦鹃、郑逸梅为代表的旅沪作家群体,穿行于上海、苏州两地,地缘界限日益模糊。郑文焯、朱祖谋等著名词人,更是游隐于淞沪之间居无定所。陈衍一生游历四方,边游边隐,并最终栖隐苏州。因此,近代苏州呈现出极具地域特色,又富有时代特征的隐逸现象,其间所折射出来的隐逸文化内涵更丰富多彩。

近代苏州的隐逸群体多流连于苏州的宁静、安逸、宜居。在天津、青岛、上海公共租界兴起的寓公现象，在苏州并不明显。苏州虽然也有日租界，但是并没有人寓居被称为"冷水青旸地"的租界。苏州的包容足以接纳他们疲惫倦游的心灵，远离政治旋涡和十里洋场，仍可以享受几近于中世纪的悠游生活。

三、独善与兼济的调适性

近代随着民族危机的不断加剧，"天下兴亡，匹夫有责"的呼声日高。议政论世、忧国忧民，兴办实业与教育成为时代强音。科举制度废除之后，传统的道统与政统关系发生巨变，士子文人由原来的"学而优则仕"报效朝廷转向服务于国家和社会，修齐治平的理想转向关注于具体而微的地方事务。值得欣慰的是，这种新型的务实济世精神亦被隐逸之士接受、继承并发扬，并形成近代苏州隐逸文化的特色。

近代苏州的隐逸群体，隐逸而不消极，既能独善其身，又要尽力兼济社会。他们眼光开始向下，关注底层的民生与地方社会。既然时不我待，就要转向切实的行动，既是对当局政府失望的表现，也是对自身能力的肯定。他们积极参与地方多项事务，在慈善救济、地方建设、文化教育等领域都活跃着他们的身影。他们虽处于乱世，但都能力求不受当局的影响而进行社会活动，如对文物古迹的保护和调查，对文化事业的扶持等。"独善"与"兼济"这一貌似悖反的两极，得到了较好的修正。他们扶危济困，慈善救助，分担了政府所应承担的责任，把近代的隐逸之风提升到一个新高度。

1919 年，为了让农民能够生产自救，费树蔚与施肇曾等在吴江发起成立江丰农工银行，以微利贷资农民，以支持农业的发展，是为中国现代史上第一家实质性的民营股份制银行。20 世纪初，日本机器缫丝业兴起，逐渐成为国际生丝的最大供应商，原先畅销欧美市场的震泽、南浔等地的土丝，盖因"丝质仍低劣，故求售于欧美，不得善价"①，旧式土丝日渐衰落。江丰农工

---

① 转引自邵莹：《湖丝外贸与江南市镇的近代变迁》，《浙江学刊》，2012 年第 1 期，第 37 - 42 页。

银行曾资助震丰缫丝厂和开弦弓村缫丝厂，震丰缫丝厂创办之初，在建成了厂房及购置设备后，资金便已告罄，难以为继，幸得江丰银行及时伸出援手才得以运转。开弦弓村小丝厂属乡农集资，势单力薄，筹备机械设备资金更是主要依靠江丰银行的贷款支持。①

1922 年，费树蔚目睹吴江震泽一带农民受水旱之灾，酷吏逼粮之苦，遂邀地方人士筹组"悯农团"，贷资于农民以续生计。1923 年底，齐卢战争爆发，饥民无以为生，费树蔚发起创建吴江红十字会，自任会长，从苏州募集基金救灾恤难，并创设苦儿院、苏城年终饥寒维持会以济困扶穷，担任会长达八年。为了解决苏州城市贫民的生计问题，费树蔚"纠朋好集资设公民布厂"②，并自任经理，实行创办实业与慈善救助相结合的模式。1933 年 11 月，费树蔚与凌敏刚等在苏州创办信孚商业储蓄银行，并自任董事长，在常熟和常州设有分行，以接济商业资金的匮乏。

1934 年 6 月，耄耋之年的王德森作《八十初度诗》：

八十老翁何所求，但求无愧我心头。身防过失恒难密，志在澄清岂易酬。尽许口中评月旦，漫从皮里著阳秋。不争名利争欺慊，方寸之间界画沟。

八十老翁何所求，但求同室息戈矛。埙篪酬唱为欢乐，琴瑟调和无怨尤。品茗试醅招雅故，吟诗读画集名流。化行门内敦仁让，万石家风孰与俦。

八十老翁何所求，但求烽火靖神州。萑苻无警安耕织，铅椠有闲乐校雠。③

王德森除了祈求个人康健、自身温饱之外，进而发出"但求同室息戈矛，但求烽火靖神州，萑苻无警安耕织"之良愿，在阅尽世事沧桑之后，家国情怀已经实现从"独善其身"到"兼善天下"的超越。

---

① 据费达生回忆，1924 年春，她带领苏州女蚕校部分同学来震泽区开弦弓村，设立养蚕改进社。她一到蚕区农村，就接触到高利贷对蚕农的剥削。一般贫苦蚕农，买桑叶的钱不够，就要向商行富户告借，利息很高。郑辟疆校长委托她与江丰银行联系，此后农民年年都得到江丰银行的低息贷款，摆脱了高利贷的剥削，江丰银行对震泽甚至中国的蚕丝业有着不可磨灭的功勋。1937 年冬，震泽被日军侵占，江丰银行被日军焚毁，被迫迁往上海。1946 年 4 月，江丰银行为复兴地方金融申请复业。1949 年 5 月，江丰银行宣告歇业。据《震泽记忆》，《今日震泽》报 7 月号。
② 张一麐：《心太平室集》卷四，台湾文海出版社 1966 年版，第 216 页。
③ 蒋志坚：《玉峰名士王德森》，见俞建良：《昆山书法论文集》，荣宝斋出版社 2011 年版，第 138 页。

第二节　隐逸观念的时代特征

传统士人"治国平天下"的理想，在近代知识分子被逐渐边缘化的环境下，越发显得遥不可及。他们渐趋务实眼光向下，以服务乡梓为己任，并乐此不疲，具有强烈的隐而不闲的济世性。同时，他们的理想抱负，都与社会实践紧密结合，具有强烈的入世倾向。然而受诸多制约因素的影响，他们并不能完全摆脱现实社会的束缚。抗日战争爆发，在民族危亡的重要关头，他们最终突破狭隘的民族观念，投入抵抗侵略的洪流，超越了传统的家国情怀。

一、切实关照社会的入世性

受近代各种社会思潮和革命运动的影响，隐逸之士所从事的活动，多与社会现实联系紧密，亦与他们关心时事和政局发展密切相关。佛门弟子黄宗仰与印光大师的活动，亦受当时佛教改革以及救国潮流的影响，有着对社会现实的强烈关照和积极的入世特征。近代佛教具有明显的入世化倾向，不少佛教人士在亦隐亦显之间，彰显时代特色。佛教自创立以来，虽然具有涉世的一面，但其教义所构建的彼岸世界和来世，始终是建立在否定现世社会和人生的基础之上，出世精神仍是其基本取向。佛教传入我国以后，受儒家思想影响，入世倾向有了较大发展，但是儒家主张积极入世，佛、道两家主张出世的基本格局仍未改变。近代佛教通过自身资源的发掘，以及对佛法理念的调适，强化了济世倾向。

以太虚大师为代表的佛门人士，积极探索佛教该如何应对现实社会与人生问题，推动了中国佛教的入世化倾向。太虚在《怎样来建设人间佛教》中指出："人间佛教，是表明并非教人离开人类去做神做鬼，或皆出家到寺院山林里去做和尚的佛教，乃是以佛教的道理来改良社会、使人类进步、把世界改善的佛教。"① 从根本上说，佛教是出世的宗教，但它追求的是一种精神的

---

① （释）太虚：《怎样来建设人间佛教》。参见张曼涛：《现代佛教学术丛刊》62 辑，大乘文化出版社 1979 年版。

超越和升华，并不绝对地排斥入世。

近代佛教的入世化不仅是佛教自身生存与发展的要求，也是近代中国社会现实的需要。佛教注重积德行善、赈灾济民的精神，在近代中国特殊的社会背景下得到了发展，呈现出由积德行善向服务社会的倾向。身为佛门弟子而直接参与国家政治或社会世俗事务者，历史上不乏其人，如释图澄曾为后赵将军石勒的重要军政参谋，释慧琳为宋文帝的"黑衣宰相"。明朝初年，吴地出现一位颇受争议的"和尚谋士"姚广孝，他所支持谋划的靖难之役，改写了明朝原本的历史发展轨迹。时至近代，以"出世之人行入世之事"的革命僧人黄宗仰，投身民族革命，续写了方外之士参与政事的篇章。

二、隐而不闲的务实性

近代大部分隐逸之士从原来的职业领域退隐以后，并未真正避世闲居，他们仍将自己视为社会的一分子，热衷于多项事务。张一麐、费树蔚、吴荫培等与本地官绅关系密切，不少社会活动多有参与。张一麐曾言："不佞自回里后，适逢齐鲁战争之役，以及奉军孙军之更迭，奔走排解，无役不从。直至国民军南下，大局底定，始可小休。"[①] 说明他们隐而未休，隐而不闲的生活实况。费树蔚曾为肃政史而喜于谏言，"遇不平事则义愤填膺，奋发急难不稍避"，决定了他对地方事务的关心，并自觉引为己任。由于实业救国思潮盛行，不少有识之士主张通过兴办各种工商业，发展民族经济。费树蔚支持苏州电气公司争回民族工业主权，被选为苏州总商会特别会董，凡地方设施之利弊兴革均与其相商。前文已述，费树蔚亦奔走于苏州、吴江两地，进行慈善救助，兴办实业，都体现了这种务实作风。

南京国民政府成立后，苏州进入相对稳定的发展时期，地产开发成为一个新兴的行业。1926 年开始，凌敏刚在苏州北局一带从事房地产，成立义利公司。[②] 如前文所述，地方文化教育事业，是隐逸之士尤为关注的领域，一些重要的文化活动多有他们的参与。他们并没有过着独善其身的遁世生活，并未脱离社会。

---

① 王洁人、朱孟乐：《善人桥的真面目》，吴县善人桥农村改进会委员会 1934 年版，第 1 页。
② 雄狮：《凌敏刚以地权被控》，《大光明》报 1930 年 2 月 23 日。

　　李根源对苏州西部诸山的访古考察，对虎丘、洞庭等地金石碑刻的寻访、著录，以及参与善人桥新村建设，无一不体现其务实精神。正如徐澂（云秋）所述："我问他（按：李根源）在山中经营的各种事业，何以成功得都如此迅速，他微笑着道：'我不过照着向来的宗旨做去，就是人无废人，地无废地，时无废时，这是我的三句格言。'"① 即便是在野之身，也不能浪费时间，仍要尽己所能，做些力所能及的实事。

　　20世纪20年代初，新村主义和乡村建设思潮兴起，在当时影响很大，与地方自治主义亦有一定的契合。1919年3月，周作人在《新青年》发表《日本的新村》一文，认为新村主义所幻想的无政府、无剥削、无强权、既读书又劳动的田园诗般的新生活，符合中国"耕读传家"的传统，既可过上隐逸静谧的生活，又能免受强权政治的压迫。虽然遭到胡适等人的批判，但仍受到不少人的追捧。② 1930年前后，乡村建设派的观点传播甚广，梁漱溟主张用改良主义方法解决中国农村问题，分别在河南辉县和山东邹平进行试验。同期，以黄炎培为首的中华职业教育社把职业教育推向农村，中华教育改进社也调整教育理念，开始重视农民教育。

　　吴县善人桥新村的成立，是新村主义与生活教育理论相结合的产物。1929年，张一麐赴南京参观晓庄师范学校，回来后便与李根源、黄炎培等发起建设善人桥新村。他曾谈及选址善人桥的原因："一因离城市较远，农民山居者风气较朴实，进行改造，易于成功。一因李印泉先生庐墓于小王山，习于山民居，已有信用，可得其指导之力。是时'向民间去'之呼声日高，吾情已厌闻政治，不得不转求诸下层工作。"③ 1931年7月1日，《江苏省政府公报》刊文批准苏州善人桥乡村改进会成立。

　　乡村改进会成立之后，在短期内做了不少切实的工作，对善人桥的沿革、位置、面积、户口、风俗、交通、副业、农业等基本情况都做了详细的调查。结合当时的乡村教育运动，进行私塾改良，劝告塾师登记，由改进会派员进行指导。开展大规模的农民识字运动，并征得旷地七亩，建设农民运动场。

---

① 李根源辑：《松海》，曲石精庐1936年版，第3页。
② 陈子善、张铁荣：《周作人集》，海南国际新闻出版中心，第320页。
③ 王洁人、朱孟乐：《善人桥的真面目》，吴县善人桥农村改进会委员会1934年版，第1页。

改进会还利用乡村茶馆对农民进行新思想、新知识的宣传。每月组织会员到各村小镇进行演讲，利用茶馆、茶园，对乡民普及科学知识。此外，还设立医疗所，并送十滴水、金鸡纳霜（奎宁）给患病农民，每年进行两次牛痘接种。区内的路况也得到改善，整修阙茔村道路，在全区设立路牌，并在路边设置石凳以方便行人。善人桥区内张氏官桥年久失修，张一麐会同区公所，利用两家汽船公司的资金赞助进行整修，并修理三堰五闸、疏浚河浜、修建公墓，另成立善人桥保卫团以维护当地治安。改进会对农业亦给予实际支持，曾向江苏省立稻作试验场购入优良稻种，分送善人桥农民。可惜新村维持不到一年便夭折，善人桥新村建设虽未能成功，但是改进会所作的诸多切实努力，仍值得肯定。

三、传统家国情怀的超越性

晚清以降，民族主义思潮高涨。梁启超曾呼吁："吾中国言民族者，当于小民族主义之外，更提倡大民族主义。小民族主义者何？汉族对于国内他族是也。大民族主义者何？合国内本部属部之诸族以对于国外之诸族是也。"[①]随着帝国主义侵略的加深，各阶层逐步意识到联合反帝的必要性。抗日战争时期，不少有识之士突破狭隘的家国情怀，在民族大义面前，投入抗日反帝斗争，部分隐逸之士概莫能外，把国家和民族观念提升到一个新高度。

在民族存亡面临重大威胁之际，诸多久不参与政治的隐逸之士再次挺身而出。李根源、章太炎、张一麐、陈衍等都是抗日主战派，九一八事变后，章太炎曾北上宣传抗日，章太炎、陈衍相继去世后，李根源与张一麐继续并肩抗战。张一麐曾有"太炎不作石遗亡，犹有城南李小王。要为乾坤留正气，誓歼丑虏扫欃枪"[②]之句。九一八事变后，张一麐等基于爱国义愤，在苏州与毛羽满议创《斗报周刊》，以"江东阿斗"为笔名，撰写发刊词，揭橥"三不主义"，即"不不抵抗，不签订丧权辱国之条约，不压制舆论"[③]，产生了

很大影响。1932 年"一·二八"事变，十九路军奋起抵抗，淞沪抗战首战告捷，张一麐闻讯非常兴奋，应桃坞中学的邀请，进行"国耻与教育"演讲，激励青年人的爱国思想。[1] 1936 年 10 月，国民政府逮捕沈钧儒等"七君子"，张一麐和李根源进行多方营救，并分别作为沈钧儒和章乃器的担保人。七君子被释放的当晚，两人又在苏州国货公司屋顶花园设宴庆贺。

李根源虽然乡居小王山，但对国家大事一直关心。自 1932 年起，他就密切关注日本对上海的侵略，先后四次收埋抗日将士遗骨，并修建抗日英雄冢。淞沪抗战一结束，李根源即献出善人桥北马岗山麓的一块墓地，并将 78 名烈士安葬于此，命名为"英雄冢"，并立碑镌刻阵亡战士姓名。八一三事变后，李根源、张一麐在苏州组织"抗日治安会"，募集大批军衣、食物、药品，运送到上海支援抗战将士，并组织红十字会赴前线抢救伤员，共收集遗骸 1200 多具安葬于"英雄冢"。1943 年，徐悲鸿闻知李根源两次披麻为抗日阵亡将士送葬深为感动，特绘《国殇图》，图中李根源执绋走在送葬队伍的前列，满怀悲愤。

在支援前线和疏散后方民众的过程中，张一麐和李根源更是通力合作。为发扬先贤范仲淹父子创建老子军的抗敌精神，进一步激发国人的抗日热情，张一麐等商议筹组"抗日老子军"。他在报刊上发布关于"老子军"成立宣言与规则草案，并商推 98 岁高龄的马相伯为"老子军"军统，张一麐为副军统，推选捐款百万元作为抗日经费的云南老人李恒升为军需长，李根源为参谋长。此消息在各大报刊载后，老年人纷纷来电来函要求报名参加，青壮年、妇女儿童也热烈响应。1937 年 9 月，蒋介石给张一麐发电报予以劝止："创设老子军壮气磅礴，足以振厉国人，至增钦慰。唯抗战之际，所望于各地父老者，其在督率后进，慎固守御，提携民众，协助军事。国家纵极艰危，不应责耆老以效死于前线。"[2] 他们老骥伏枥的精神，给国人莫大鼓舞。

李根源等人的抗日后援工作，引起爱国人士的重视。郭沫若曾到苏州采访李根源和张一麐，在《大公报》上发表《轰炸中去来》的战地通讯，赞誉

---

① 甄俗：《张仲仁先生演讲"国耻与教育"记要》，《桃坞》1932 年第 12 期，第 32－35 页。
② 毛羽满：《记苏垣爱国耆绅张仲仁先生》，苏州市政协文史资料委员会：《苏州文史资料选辑》第 10 辑（内部发行）1983 年版，第 93 页。

两位是国家的"大老",把张一麐比作诸葛亮,把李根源比作关云长。他们的抗日救援活动一直坚持到苏州沦陷前夕。1937 年 11 月 12 日,日寇逼近苏州,两人于 11 月 14 日将城中的伤兵、难民全部运送至小王山一带寺庙暂住。直至 11 月 15 日深夜,李根源才撤离苏州前往小王山。11 月 16 日,吴江失陷,与小王山相距仅三十里,情势危急。工兵总指挥马晋三接两人撤离,张一麐则因难民尚待疏散坚决不走,李根源只好转移至南京后飞赴新疆。李根源曾赋《去苏州四首》:

> 大兵一退民逃尽,炸弹朝昏不断投。救难扶伤今已矣,老夫挥泪别苏州。
> 蹒跚踏月出金门,走向狮山又阙村。队队敌机相伴送,入闽风鹤便惊魂。
> 湖上风来松有声,茫茫心事对孤檠。恼人犹有崖头鸟,一夜怪鸣到五更。
> 攘夷大义春秋著,吾辈儒生敢顾私。况有剽骁先我语,匈奴不灭何家为!①

在民族生死存亡之危急关头,不容再考虑个人安危,在民族大义面前,所有恩怨情仇都可以抛却。"匈奴不灭何家为"更是表达了李根源的抗日决心。李根源抵达乌鲁木齐后,得知张一麐仍健在的消息,喜赋五绝:"君上穹窿山,聊且依瞿昙。愿为任司马,莫作郑所南。我服君气骨,坚刚比金玉。天留君不死,待看日陆沉。"② 不仅对其精神气节深表钦佩,并希望抗日战争早日胜利,愿以破寇杀敌的任环(按:明嘉靖年间在苏州破倭寇者)为榜样,坚决不做国破家亡的遗民。在近代特殊的国情之下,隐逸之士突破传统的家国观念,凸显近代隐逸群体所独具的时代特征与家国情怀。

---

① 谢本书、李成森:《民国元老李根源》,云南教育出版社 1999 年版,第 352 页。
② 李希泌:《我父亲李根源和苏州》,苏州市地方志编纂委员会、苏州市政协文史资料委员会:《苏州史志资料选辑》第 3 辑(内部发行)1984 年版,第 21 页。

附录 1 近代退隐苏州军政界人士一览表

姓名	籍贯	生卒年、字号	隐居前主要活动	隐居时间	在苏州的主要活动
费树蔚	吴江	1883—1935，字仲深，号韦斋	北京政府肃政使	1912年，初居混堂巷，后购得桃花坞旧屋，为宜树堂	投资实业，慈善救助
张一麐	吴县	1866—1943，亦作一麟，字仲仁，号民佣	历任《北洋法政学报》主编、政事堂机要局局长、大总统府秘书长、教育总长	1915年，回苏州	热心地方公益，参与多项社会文化活动
李根源	腾冲	1879—1965，字印泉，又字养溪、雪生，别号高黎贡山人	参加护法运动，任驻粤滇军总司令。1922年任北洋政府农商总长	1922年，居阙园；1927年后居小王山；1937年11月离苏	吴郡西山考察访古，参与吴县善人桥新村建设、抗日救亡，刊印《曲石丛书》
李学诗	腾冲	1873—1930，字希白	历任察勘滇缅界务专员、督军公署参谋，朴少将	1922年起，跟随李根源居于阙园	著《罗生山馆诗文集》《治平吟草》《天南随笔》

（续表）

姓名	籍贯	生卒年、字号	隐居前主要活动	隐居时间	在苏州的主要活动
陆荣廷	武鸣	1859—1928，字干卿，原名亚宋，壮族	旧桂系领袖，曾任广西都督，授陆军上将衔，两广巡阅使，广州军政府元帅，广西军务督理	1923年，居洛水仓桥	
李日垓	腾冲	1881—1944，字子畅，又作子邑，梓畅	1911年与蔡锷等人在云南组织大汉云南都督府，任军政部次长。1915年曾组织成立反袁护国军，后又任云南民政司司长兼司法行署主任，滇南观察使长	1925年，依李根源在苏州闲居	与章太炎、李根源等著文吟诗，钻研国学
凌敏刚	平江	1875—1944，字毅然	参与上海光复，任沪军都督府科长，南京卫戍区第一师及二十六师参谋长，福建督军行署参谋长兼代行署主任，南京大元帅府参议	1928年，居富郎中巷艺圃	从事房地产经营，成立义利公司
苏炳文	新民	1892—1975，字翰章	国民革命军中将，抗日将领	1933年起寓居苏州，1938年离苏	著《四十抒怀》诗集
郭竹书	临清	生卒年不详，字冷厂	苏炳文文幕僚	1933年上半年起，寓居苏州古芳草园	参与当地名流的雅集，与李根源、章太炎、吴进贤交往甚密

（续表）

姓名	籍贯	生卒年、字号	隐居前主要活动	隐居时间	在苏州的主要活动
何澄	灵谷	1879—1946，别字亚农，原籍江苏阜宁，一说常州	保定陆军速成学堂兵学教官	1912年8月至1927年4月参加北伐	开办亚益布厂，修建灌木楼，与画友雅集
费公直	周庄	1880—1952，原名善机，字天健，号一瓢，自称双桥居士	上海光复后，任沪军都督府一等科员	1912年，返里行医	热心地方公益，发起组织周庄红十字会。与柳亚子、陈去病在周庄"迷楼"多次痛饮酬歌，诵词唱和，后将百余首诗辑为《迷楼》集
庞树柏	常熟	1884—1916，字檗子，号芑庵，别署龙禅居士，江苏常熟人	南社发起人之一，组建三千剑气文社。参与筹划上海光复计划，二次革命期间，参与反袁斗争	1913年二次革命失败后	撰《玉琤瑽馆词稿》《龙禅室诗》，南社同人捐资编有《庞檗子遗集》
沈醒民	钱塘	1878—1969，名祖绵，字醒民，迪民	1911年冬，任浙江都督府秘书。参与二次革命，后流亡日本	1921年定居苏州，书斋名为自得斋	长期研究《易经》，为章氏国学会特约讲师
陈去病	同里	1874—1933，字巢南，一字佩忍，号垂虹亭长	南社创始人之一，曾任北伐大本营宣传主任，广东护法军政府参议院秘书长等职	1930年，归同里镇元河畔，后建"绿玉青瑶馆"	兼苏州古物保管委员会主任，撰《浩歌堂诗钞》《巢南文选》

（续表）

姓名	籍贯	生卒年、字号	隐居前主要活动	隐居时间	在苏州的主要活动
金松岑	同里	1873—1947，原名懋基，又名天翮、天羽，号壮游、鹤望，笔名金一、爱自由者，自署天放楼主人	与陈去病组织雪耻学会，开展吴江新式教育，宣传革命。1912年，当选为江苏省议会议员	1913年移居苏州，授徒讲学	与陈衍等组织中国国学会，邀章太炎到苏州，在国学会讲授国学
章太炎	余杭	1869—1936，原名学乘，字枚叔，后易名为炳麟，又改名为绛。世人常称之为"太炎先生"	与蔡元培等发起成立光复会，主编《民报》，任孙中山总统府枢密顾问等	1933年，移居苏州锦帆路50号	成立章氏国学讲习所，主讲国学
汪东	吴县	1889—1963，原名东宝，后改名东，字旭初，号寄庵，别号寄生、梦秋	参与江苏光复，被聘为江苏都督府驻上海办事处秘书	中华民国成立后即隐退，居苏州东北街	著《梦秋词》
徐兆玮	常熟	1867—1940，字少逵，号虹隐，又号剑心	1889年进士，入翰林，官编修。辛亥革命后，曾任常熟代理民政长，1921年被选为首届国会众议院议员	1923年，因反对曹锟贿选而南归	1930年，隐居虹隐楼，潜心研究红学。主持修纂《重修常昭合志》

附录2 悠游于苏州的文人一览表

姓名	籍贯	生卒年	主要活动	隐居时间	在苏州的主要活动
柳亚子	黎里	1887—1958，原名柳慰高，改名人权，号亚庐。后改为"亚子"	同盟会员，光复会员。与陈去病、高旭等发起创立南社，主持社务多年	1914年，隐居汾湖。1926年6月，因反对"整理党务案"，再次隐居故里	成立吴江文献保存会，收集整理乡邦文献
陈衍	侯官	1856—1937，字叔伊，号石遗老人	曾入台湾巡抚刘铭传幕府，旅居上海、武汉、北京等地	1934年寓居苏州胭脂桥茅家弄"丰来堂"	与章太炎、金松岑共倡办国学会，任无锡国学专修学校教授
邓邦述	江宁	1868—1939，字正闇，号孝先。自号沤梦老人、群碧翁	曾为端方幕僚，1905年奉派出国考察。1911年辞官回北京	1921年夏，移居吴县	刻印有《群碧楼书目》，《寒瘦山房鬻存善本书目》《双泷居藏书目初编》

177

（续表）

姓名	籍贯	生卒年	主要活动	隐居时间	在苏州的主要活动
瞿启甲	古里	1873—1940，字良士	常熟铁琴铜剑楼四世主人。1921年与徐兆玮同被选为首届国会众议院议员	1923年，因反对曹锟贿选总统，而南归	创建常熟县立图书馆，并自任馆长。尽力保护藏书，齐卢之战爆发后，将全部珍本运往上海庋藏
朱祖谋	吴兴	1857—1931，原名朱孝臧，字藿生，一字古微，一作古薇，号沤尹，又号彊村	1883年进士，历官会典馆总纂总校、侍讲学士、礼部侍郎、兼署吏部侍郎	1904年起，寓居苏州。辛亥革命后，隐居上海、苏州	曾与王同愈等致函苏州总商会，反对建立劝业场
郑文焯	铁岭	1856—1918，字俊臣，号小坡，又号叔问，晚号鹤、鹤公、鹤翁、鹤道人，别署冷红词客	1875年中举，旅居苏州，为江苏巡抚抚幕僚40余年	辛亥革命后，居住上海、苏州	喜与文士交往，与朱祖谋唱酬无间
周瘦鹃	苏州	1895—1968，原名周国贤	1916年起，历任中华书局，《申报》《新闻报》等编辑和撰稿人，主编《申报》副刊《紫罗兰》达十余年。主编《紫罗兰》《半月》《乐观月刊》及《礼拜六》周刊	1931年买宅苏州，建紫兰小筑	从事盆景园艺，将旧译作品结集出版，名为《世界名家短篇小说全集》

（续表）

姓名	籍贯	生卒年	主要活动	隐居时间	在苏州的主要活动
张大千	内江	1899—1983，名正权，又名权	画家，书法家	1932年，寓居网师园	成立正社书画会
张善孖	内江	1882—1940，名泽，字善，一作善子，又作善之，号虎痴	画家，画虎大师	1932年，寓居网师园	创立大风堂画派
叶恭绰	番禺	1881—1968，字裕甫（玉甫，玉虎，玉父），又字誉虎，号遐庵，晚年别署矩园	曾任北洋政府交通总长，南京国民政府铁道部长。1931年曾一度出任铁道部长，未久即去职。此后，转而从事文化慈善事业	1936年，购得东美巷16号住所，建"晦园"	
吴湖帆	苏州	1894—1968，初名翼燕，字遹骏，后更名万，字东庄，又名倩，别署丑簃，号倩庵，书画署名湖帆	绘画大师，书画鉴定家	世居吴中，其宅为明代金俊明"春草闲房"旧址	1933年，成立正社书画会

参 考 文 献

一、史志资料

(一)方志

[1]（清）汤斌修，孙佩纂：《康熙吴县志》，广陵古籍出版社1989年版。

[2]（清）李光祚修，顾诒禄纂：《乾隆长洲县志》，江苏古籍出版社1991年版。

[3]（清）冯桂芬纂：《同治苏州府志》，江苏古籍出版社1991年版。

[4]曹允源、李根源纂：《民国吴县志》，江苏古籍出版社1991年版。

[5]（清）彭方周纂：《吴郡甫里志》，江苏古籍出版社1992年版。

[6]（清）仲廷机纂，仲虎腾续纂：《盛湖志》，江苏古籍出版社1992年版。

[7]（清）徐达源纂：《嘉庆黎里志》，江苏古籍出版社1992年版。

[8]（清）蔡丙圻纂：《光绪黎里续志》，江苏古籍出版社1992年版。

[9]（清）阎登云修，周之桢纂：《嘉庆同里志》，江苏古籍出版社1992年版。

[10]（清）钱墀纂：《道光黄溪志》，江苏古籍出版社1992年版。

[11]（清）翁广平纂：《道光平望志》，江苏古籍出版社1992年版。

[12]（清）黄兆柽纂：《平望续志》，江苏古籍出版社1992年版。

[13]（清）纪磊、沈眉寿纂：《道光震泽镇志》，江苏古籍出版社1992年版。

180

［14］（清）佚名纂：《光绪甫里志稿》，江苏古籍出版社 1992 年版。

［15］（清）柳商贤纂，孔岵陟续补：《同治横金志》，江苏古籍出版社 1992 年版。

［16］徐傅编，王镛等补辑：《民国光福志》，江苏古籍出版社 1992 年版。

［17］朱福熙修，程锦熙纂：《民国黄埭志》，江苏古籍出版社 1992 年版。

［18］张郁文纂：《民国木渎小志》，江苏古籍出版社 1992 年版。

［19］朱保熙纂：《巴溪志》，江苏古籍出版社 1992 年版。

［20］陈晖主编：《苏州市志》，江苏人民出版社 1995 年版。

［21］（唐）陆广微：《吴地记》，江苏古籍出版社 1999 年版。

［22］（宋）范成大：《吴郡志》，江苏古籍出版社 1999 年版。

［23］（宋）朱长文：《吴郡图经续记》，江苏古籍出版社 1999 年版。

［24］丁祖荫等纂：《重修常昭合志》，上海社会科学院出版社 2002 年版。

［25］张耘田、陈巍主编：《苏州民国艺文志》，广陵书社 2005 年版。

［26］叶长龄：《张家港旧志汇编》，凤凰出版社 2006 年版。

［27］沈秋农、曹培根：《常熟乡镇旧志集成》，广陵书社 2007 年版。

［28］吴江市档案局编：《道光吴江县志汇编》，广陵书社 2010 年版。

［29］（清）黄之隽纂：《乾隆江南通志》，广陵书社 2010 年版。

［30］（宋）龚明之：《中吴纪闻》，上海古籍出版社 2012 年版。

［31］（清）凌寿祺纂：《道光浒墅关志》，广陵书社 2012 年版。

［32］郭秋全主编：《昆山历代艺文志》，江苏科学技术出版社 2012 年版。

［33］（东汉）袁康、吴平撰：《越绝书》，浙江古籍出版社 2013 年版。

［34］（清）王前、包咸等纂：《康熙吴江县志续编》，中国数字方志库。

（二）年谱、传记与文集

［1］俞樾：《春在堂集》，清光绪二十三年刻本。

［2］吴荫培：《吴县保墓会十年报告录》乙丑冬刊，苏州图书馆藏。

［3］李根源：《观贞老人叙录》；曲石精庐 1927 年版。

［4］李根源：《娱亲雅言》，曲石精庐 1927 年版。

［5］李根源：《松海》，曲石精庐 1936 年版。

［6］李根源：《阙茔石刻录》，曲石精庐 1927 年版。

［7］李根源：《虎阜金石经眼录》，曲石精庐 1928 年版。

［8］李根源：《洞庭山金石》，曲石精庐1928年版。

［9］范烟桥：《茶烟歇》，上海书店出版社1934年版。

［10］柳亚子：《南社诗集》，中华书局1939年版。

［11］严山寺：《印光大师书传》，光明彩色照相制版社1954年版。

［12］李根源：《雪生年录》，台湾文海出版社1966年版。

［13］张一麐：《心太平室诗集》，台湾文海出版社1966年版。

［14］李根源：《吴郡西山访古记》，台湾文海出版社1971年版。

［15］李根源：《曲石文录》，台湾文海出版社1974年版。

［16］陈声暨、王真：《石遗先生年谱》，台湾文海出版社1976年版。

［17］屈万里、刘兆佑：《明清未刊稿汇编》，联经出版事业公司1976年版。

［18］潘钟瑞：《苏台麋鹿记》，台湾文海出版社1977年版。

［19］郑逸梅：《南社丛谈》，上海人民出版社1981年版。

［20］董蔡时：《太平天国在苏州》，江苏人民出版社1981年版。

［21］柳无忌：《柳亚子年谱》，中国社会科学出版社1983年版。

［22］柳亚子：《南社纪略》，台湾文海出版社1984年版。

［23］柳亚子：《磨剑室诗词集》，上海人民出版社1985年版。

［24］朱传誉：《章太炎传记资料》，台北天一出版社1985年版。

［25］章太炎：《章太炎先生自定年谱》，上海书店出版社1986年版。

［26］柳无忌：《柳亚子自传·年谱·日记》，人民出版社1986年版。

［27］姚永新：《苏州留学生名录》，《苏州文史资料》第15辑1986年内部印刷。

［28］顾颉刚：《苏州史志笔记》，江苏古籍出版社1987年版。

［29］朱有瓛：《中国近代学制史料》，华东师范大学出版社1987年版。

［30］陆君田、苏书选：《陆荣廷传》，广西民族出版社1987年版。

［31］周谷城主编：《清俞曲园先生樾年谱》，上海书店出版社1991年版。

［32］陈海量：《印光大师永思集》，上海书店出版社1991年版。

［33］王智毅编：《周瘦鹃研究资料》，天津人民出版社1993年版。

［34］柳亚子：《磨剑室文录》，上海人民出版社1993年版。

［35］杨天石、王学庄：《南社史长编》，中国人民大学出版社1995年版。

［36］陈衍：《石遗室诗话》，辽宁教育出版社1998年版。

［37］张一麐：《古红梅阁笔记》，上海书店出版社1998年版。

［38］陆星：《李根源传》，中国文史出版社1998年版。

［39］（释）印光著，张育英校注：《印光法师文钞》，宗教文化出版社2000年版。

［40］沈潜、唐文权编：《宗仰上人集》，华中师范大学出版社2000年版。

［41］谭国清：《历代名人书札》，西苑出版社2003年版。

［42］马勇编：《章太炎书信集》，河北人民出版社2003年版。

［43］郭长海、金菊贞：《高旭集》，社会科学文献出版社2003年版。

［44］王维德：《林屋民风》，广陵书社2003年版。

［45］石彦陶、石胜文：《黄兴传》，人民出版社2004年版。

［46］周瘦鹃：《苏州》，吉林美术出版社2004年版。

［47］林东源：《坚守在荒寒之路：陈衍评传》，福建教育出版社2006年版。

［48］沈去疾：《印光大师年谱》，财团法人佛陀教育基金会2007年版。

［49］张明观：《柳亚子史料札记》，上海人民出版社2008年版。

［50］伦明：《辛亥以来藏书纪事诗》，北京燕山出版社2008年版。

［51］包天笑：《钏影楼回忆录》，中国大百科全书出版社2009年版。

［52］陈去病：《陈去病诗文集》，社会科学文献出版社2009年版。

［53］芮和师、范伯群：《鸳鸯蝴蝶派文学资料》，知识产权出版社2010年版。

［54］苏华、张济：《何澄》，三晋出版社2011年版。

［55］夏金华：《印光大师年谱长编》，花木兰文化出版社2011年版。

［56］俞前：《陈去病诗传》，上海文艺出版社2011年版。

［57］柳亚子：《柳亚子自述》，人民日报出版社2012年版。

［58］《苏州文史资料》《吴江文史资料》《苏州史志资料选辑》《常熟文史资料》

（三）主要报纸及档案

［1］《申报》

［2］《大光明》报

[3]《民立报》

[4]《国民报》

[5]《神州日报》

[6]《时报》

[7]《民吁报》

[8]《世界小报》

[9]《大公报》

[10]《新华日报》

[11]《民国日报》

[12]《顺天时报》

[13] 严国芬:《洞庭东山会馆记》,旅沪同乡卅周年纪念特刊,Q117-9-37,上海市档案馆藏。

[14]《洞庭东山旅沪同乡会卅周年纪念特刊》先哲小传,Q117-9-37,上海市档案馆藏。

二、专著

[1] 潘光旦:《近代苏州的人才》,清华大学出版社1935年版。

[2] 蒋星煜:《中国隐士与中国文化》,中华书局1943年版。

[3] [日] 富士正晴:《中国の隐者》,东京岩波书店1973年版。

[4] 陈志让:《军绅政权》,三联书店1980年版。

[5] 李新主编:《中华民国史》,中华书局1981年版。

[6] [意] 马可·波罗著,陈开俊等译:《马可·波罗游记》,福建科学技术出版社1981年版。

[7] 余英时:《中国知识阶层史论》,联经出版事业公司1984年版。

[8] 李云汉:《中国近代史》,三民书局1985年版。

[9] 钱仲联编选:《苏州名胜诗词选》,苏州市文联1985年版。

[10] 梁漱溟:《中国文化要义》,学林出版社1987年版。

[11] [美] 斯图尔德著,张恭启译:《文化变迁的理论》,远流出版事业股份有限公司1989年版。

[12] 聂雄前:《中国隐士》,湖南文艺出版社1991年版。

［13］［美］齐锡生著，杨云若译：《中国的军阀政治（1916—1928）》，中国人民大学出版社1991年版。

［14］许纪霖：《智者的尊严——知识分子与近代文化》，学林出版社1991年版。

［15］石琪主编：《吴文化与苏州》，同济大学出版社1992年版。

［16］常金仓：《中国十大隐士》，延边大学出版社1992年版。

［17］杨晓东：《灿烂的吴地鱼稻文化》，当代中国出版社出版1993年版。

［18］王三山：《文人书趣》，武汉大学出版社1994年版。

［19］高敏：《隐士传》，河南人民出版社1994年版。

［20］桑兵：《清末知识界的社团与活动》，三联书店1995年版。

［21］陶绪编：《晚清文化史稿》，湖南出版社1996年版。

［22］徐清泉：《逍遥尘世边：中国文人的隐逸》，沈阳出版社1997年版。

［23］孙适民、陈代湘：《中国隐逸文化》，湖南出版社1997年版。

［24］曹金华：《吴地民风演变》，南京大学出版社1997年版。

［25］王晓岩、李长新编：《隐士传奇》，辽宁人民出版社1997年版。

［26］冷成金：《隐士与解脱》，作家出版社1997年版。

［27］孙适民、陈代湘：《中国隐逸文化》，湖南出版社1997年版。

［28］王德保：《仕与隐》，华文出版社1997年版。

［29］王先明：《近代绅士——一个封建阶层的历史命运》，天津人民出版社1997年版。

［30］许伯明：《吴文化概观》，南京师范大学出版社1997年版。

［31］杨国强：《百年嬗蜕——中国近代的士与社会》，上海三联书店1997年版。

［32］张仲谋：《兼济与独善：古代士大夫处世心理剖析》，东方出版社1998年版。

［33］马学强：《钻天洞庭》，福建人民出版社1998年版。

［34］陈金川主编：《地缘中国——区域文化精神与国民地域性格》，中国档案出版社1998年版。

［35］金学智：《苏州园林》，苏州大学出版社1999年版。

［36］王卫平：《明清时期江南城市史研究：以苏州为中心》，人民出版社

1999 年版。

[37] 江庆柏：《明清苏南望族文化研究》，南京师范大学出版社 1999 年版。

[38] 天津市委员会文史资料委员会：《近代天津十大寓公》，天津人民出版社 1999 年版。

[39] 胡逢祥：《社会变革与文化传统：中国近代文化保守主义思潮研究》，上海人民出版社 2000 年版。

[40] 卢群：《千年阊门》，苏州大学出版社 2000 年版。

[41] 陆文夫：《老苏州：水乡寻梦》，江苏美术出版社 2000 年版。

[42][美] 托马斯·古德尔著，成素梅等译：《人类思想史中的休闲》，云南人民出版社 2000 年版。

[43] 郑师渠主编：《中国文化通史》（民国卷），中共中央党校出版社 2000 年版。

[44] 杨念群：《中层理论——东西方思想会通下的中国史研究》，江西教育出版社 2001 年版。

[45] 喻大华：《晚清文化保守思潮研究》，人民出版社 2001 年版。

[46] 吴仁安：《明清江南望族与社会经济文化》，上海人民出版社 2001 年版。

[47] 徐刚毅主编：《老苏州百年历程》，江苏古籍出版社 2001 年版。

[48] 梁白泉：《苏州名人故居》，西安地图出版社 2001 年版。

[49] 木斋：《中国古代诗人的仕隐情结》，京华出版社 2001 年版。

[50] 林中泽主编：《宗教史概论》，高等教育出版社 2002 年版。

[51][美] 费正清著，张沛译：《中国：传统与变迁》，世界知识出版社 2002 年版。

[52] 吴恩培：《勾吴文化的现代阐释》，东南大学出版社 2002 年版。

[53] 李生龙：《隐士与中国古代文学》，湖南教育出版社 2003 年版。

[54] 许纪霖：《中国知识分子十论》，复旦大学出版社 2003 年版。

[55] 西溪山人：《吴门画舫录》，广陵书社 2003 年版。

[56] 徐清泉：《中国传统人文精神论要》，上海社会科学院出版社 2003 年版。

[57] 林济：《长江流域的宗族与宗族生活》，湖北教育出版社 2004 年版。

[58] 徐茂明：《江南士绅与江南社会：1368—1911》，商务印书馆 2004 年版。

[59] 马学强：《江南望族：洞庭席氏家族人物传》，上海社会科学院出版社 2004 年版。

[60] 熊月之、熊秉真主编：《明清以来江南社会与文化论集》，上海社会科学院出版社 2004 年版。

[61] 韦凤娟：《悠然见南山》，济南出版社 2004 年版。

[62] 张学继：《袁世凯幕府》，中国广播电视出版社 2005 年版。

[63] 吴小龙：《适性任情的审美人生：隐逸文化与休闲》，云南人民出版社 2005 年版。

[64] 汪长根、蒋忠友：《苏州文化与文化苏州》，古吴轩出版社 2005 年版。

[65] 王卫平：《吴文化与江南社会研究》，群言出版社 2005 年版。

[66] 梅新林、陈国灿编：《江南城市化进程与文化转型研究》，浙江大学出版社 2005 年版。

[67] 陈国庆主编：《晚清社会与文化》，社会科学文献出版社 2005 年版。

[68] 陈序经：《文化学概观》，中国人民大学出版社 2005 年版。

[69] 冯天瑜、何晓明：《中华文化史》，上海人民出版社 2005 年版。

[70] 龚书铎：《社会变革与文化趋向：中国近代文化研究》，北京师范大学出版社 2005 年版。

[71] 许纪霖：《20 世纪中国知识分子史论》，新星出版社 2005 年版。

[72] 范金民、夏爱军：《洞庭商帮》，黄山书社 2005 年版。

[73] [美] 林达·约翰逊编，成一农译：《帝国晚期的江南城市》，上海人民出版社 2005 年版。

[74] 平燕曦：《苏州商贾》，辽宁人民出版社 2005 年版。

[75] 何鸣：《遁世与逍遥：中国隐逸简史》，敦煌文艺出版社 2006 年版。

[76] 赵世瑜：《小历史与大历史：区域社会史的理念、方法与实践》，三联书店 2006 年版。

[77] 过元琛：《吴地文学艺术初探》，古吴轩出版社 2006 年版。

[78] 杨维忠：《东山名彦：苏州东山历代人物传》，古吴轩出版社 2007 年版。

[79] 马华、陈正宏：《隐士生活探秘》，山东文艺出版社 2007 年版。

[80] 高俊林：《现代文人与"魏晋风度"》，河南人民出版社 2007 年版。

[81] 柏国强：《晚清的士人与世相》，北京三联书店 2008 年版。

[82] 徐国保：《吴文化的根基与文脉》，东南大学出版社 2008 年版。

[83] 耿云志：《近代中国文化转型研究导论》，四川人民出版社 2008 年版。

[84] 马勇：《近代中国文化诸问题》，东方出版中心 2008 年版。

[85] [日] 佐藤慎一著，刘岳兵译：《近代中国的知识分子与文明》，江苏人民出版社 2008 年版。

[86] 田崇雪：《遗民的江南：中国文化的遗民群落》，学林出版社 2008 年版。

[87] 王稼句编：《苏州园林历代文钞》，上海三联书店 2008 年版。

[88] 耿云志：《近代中国文化转型研究导论》，四川人民出版社 2008 年版。

[89] [澳] 文青云著，徐克谦译：《岩穴之士：中国早期隐逸传统》，山东画报出版社 2009 年版。

[90] [美] 露丝·本尼迪克著，何锡章、黄欢译：《文化模式》，社会科学文献出版社 2009 年版。

[91] [加] 杰克逊：《休闲的制约》，浙江大学出版社 2009 年版。

[92] 李江群：《闺阁与画舫：清代嘉庆道光年间的江南文人和女性研究》，中国传媒大学出版社 2009 年版。

[93] 周欣：《江苏地域文化源流探析》，东南大学出版社 2010 年版。

[94] 刘士林、查清华等：《振衣千仞：江南文化名人》，上海人民出版社 2010 年版。

[95] 刘士林：《风泉清听——江南文化理论》，上海人民出版社 2010 年版。

[96] 居阅时：《杏花春雨——江南文学与艺术》，上海人民出版社 2010 年版。

［97］［美］傅葆石著，张霖译：《灰色上海：中国文人的隐退、反抗与合作》，生活·读书·新知三联书店 2012 年版。

［98］熊月之：《西学东渐与晚清社会》，中国人民大学出版社有限公司 2011 年版。

［99］徐茂明：《明清以来苏州文化世族与社会变迁》，中国社会科学出版社 2011 年版。

［100］沈红娣：《李根源与小王山》，古吴轩出版社 2011 年版。

［101］张伟：《山中岁月：隐士的生活与心灵轨迹》，济南出版社 2011 年版。

［102］梁漱溟：《中国文化要义》，上海人民出版社 2011 年版。

［103］伍立杨：《不懂幕僚就不懂民国》，辽宁教育出版社 2011 年版

［104］徐茂明：《互动与转型：江南社会文化史论》，上海人民出版社 2012 年版。

［105］［澳］巴里·斯通著，秦传安译：《隐士的生活》，中央编译出版社 2012 年版。

［106］［美］本杰明·艾尔曼著，赵刚译：《从理学到朴学：中华帝国晚期思想与社会变化面面观》，江苏人民出版社 2012 年版。

［107］邓晓芒：《徜徉在思想的密林里》，重庆大学出版社 2012 年版。

［108］俞祖华：《民族主义与中华民族精神的现代转型》，社会科学文献出版社 2012 年版。

［109］刘洁：《中国古代文人与传统文化》，甘肃人民出版社 2012 年版。

［110］黄恽：《秋水马蹄》，金城出版社 2013 年版。

［111］王开林：《隐士》，复旦大学出版社 2013 年版。

［112］范君博：《吴门园墅文献》，学苑出版社 2014 年版。

［113］［美］柯必德著，何方昱译：《天堂与现代性之间：建设苏州 1895—1937》，上海辞书出版社 2014 年版。

［114］［美］比尔·波特著，明洁译：《空谷幽兰》，南海出版公司 2009 年版。

［115］洪崇文：《乡贤典范——李根源》，云南人民出版社 2015 年版。

三、期刊论文

[1] 王西神：《我家之新年》，《半月》1923 年第 11 期。

[2] 郑逸梅：《上海著作家之与苏州》，《新上海》1925 年第 2 期。

[3] 顾颉刚：《苏州的文化》，《教育与社会》1947 年 5 卷第 3 期。

[4] 王瑶：《论希企隐逸之风》，《中古文学史论集》上海古典文学出版社 1956 年。

[5] 李伯谦：《吴文化及其渊源初探》，《考古与文物》1982 年第 3 期。

[6] 毛羽满：《记苏垣爱国耆绅张仲仁先生》，《文史资料选辑》第 11 辑 1983 年。

[7] 乔晓勤：《试论吴文化的渊源》，《中山大学研究生学刊》1984 年第 1 期。

[8] 沈延国：《沈赖民先生传略》，《苏州史志资料选辑》第 3 辑 1984 年。

[9] 李希泌：《回忆先父李根源在吴县的岁月》，《吴县文史资料》第 2 辑 1983 年。

[10] 李希泌：《胡景翼将军与先父李根源的交往》，《纪念胡景翼将军逝世六十周年专辑》1985 年。

[11] 曹文柱：《六朝时期江南社会风气的变迁》，《历史研究》1988 年第 2 期。

[12] 任平：《吴文化：概念、方法和模式》，《苏州大学学报》1991 年第 1 期。

[13] 严迪昌：《"市隐"心态与吴中明清文化世族》，《苏州大学学报》1991 年第 1 期。

[14] 严迪昌：《关于吴文化研究的断想》，《苏州大学学报》1991 年第 1 期。

[15] 樊棋：《吴人心态看吴文化》，《苏州大学学报》1991 年第 1 期。

[16] 王卫平：《从尚武到尚文——吴地民风嬗变研究之一》，《苏州大学学报》1992 年第 2 期。

[17] 杨亚利：《论历史上苏州文化的特征》，《理论学刊》1993 年第 2 期。

［18］耿云志：《中国新文化的源流及其取向》，《历史研究》1994 年 2 期。

［19］陈伯悔：《漫谈吴文化历史发展轨迹及其特点》，《江海学刊》1997 年第 3 期。

［20］熊月之：《略论晚清上海新型文化人的产生与汇聚》，《近代史研究》1997 年第 4 期。

［21］崇恩：《印光大师与近代净土宗的振兴》，《法音》1998 年第 5 期。

［22］张晓旭：《苏州碑刻纵览》，《东南文化》1999 年第 3 期。

［23］李海珉：《藏书大家遗泽后世——亚子先生黎里藏书札记》，《南社研究》第 7 辑，香港天马图书有限公司 1999 年版。

［24］陈长荣：《苏州人：人文风貌与文化底蕴》，《苏州大学学报》1999 年第 1 期。

［25］江庆柏：《清代苏南望族与家族文化整理》，《清史研究》1999 年第 2 期。

［26］曾景忠：《传统文化与西潮之交汇：南社创立思潮酝酿过程研讨》，《南京理工大学学报》（社会科学版）2000 年第 6 期。

［27］张智为：《章太炎与苏州》，《档案与建设》2000 年第 9 期。

［28］徐刚城：《章太炎致李根源书札七通》，《文献》2000 年第 4 期。

［29］陈希天：《沈竹礽、沈瓞民先生轶事》，《苏州史志资料选辑》2001 年刊。

［30］张敏：《从苏州文化到上海文化》，《档案与史学》2001 年第 2 期。

［31］吴俊：《章太炎定居苏州》，《苏州杂志》2002 年第 4 期。

［32］许周鹣：《吴地世族兴衰辨》，《苏州大学学报》2002 年第 4 期。

［33］徐茂明：《士绅的坚守与权变：清代苏州潘氏家族的家风与心态研究》，《史学月刊》2003 年第 10 期。

［34］周武：《太平天国战事与江南社会变迁》，《社会科学》2003 年第 1 期。

［35］徐茂明：《科举之废与江南士绅之蜕变》，《社会科学》2004 年第 11 期。

［36］霍建波：《先秦儒、道隐逸观略论》，《内蒙古社会科学》（汉文版）

2005 年第 1 期。

[37] 李红霞：《唐代隐逸兴盛成因的社会学阐释》，《史学月刊》2005 年第 2 期。

[38] 徐茂明：《传统家族组织中的伦理精神》，《上海师范大学学报》2006 年第 2 期。

[39] 王国胜：《隐士和隐逸文化初探》，《晋阳学刊》2006 年第 3 期。

[40] 汤雄：《李根源四送国殇》，《钟山风雨》2006 年第 3 期。

[41] 李长莉：《晚清上海的新知识空间》，《学术月刊》2006 年 10 期。

[42] 蔡丰明：《吴文化与海派文化的关系及影响》，《江南论坛》2007 年第 6 期。

[43] 乔清举：《论归隐思想与〈周易〉中归隐思想的学派归属》，《周易研究》2007 年第 6 期。

[44] 张德建：《明代隐逸思想的变迁》，《中国文化研究》2007 年第 3 期。

[45] 汤雄：《"山中宰相"李根源后传》，《文史精华》2007 年第 6 期。

[46] 李国平：《南社文人的生活与社会活动方式》，《史学月刊》2008 年第 5 期。

[47] 胡萱：《论〈礼拜六〉作家与苏州文化》，《苏州文艺评论 2007》江苏教育出版社 2008 年。

[48] 霍建波：《正史隐士传考论》，《甘肃社会科学》2008 年第 1 期。

[49] 孙勇才：《印光大师与苏州现代佛教》，《河南师范大学学报》（哲社版）2008 年第 5 期。

[50] 王吉龙：《"隐者"师徒归隐情结的终极对决——沈从文与汪曾祺归隐情结比较研究》，《伊犁师范学院学报》（社会科学版）2010 年第 3 期。

[51] 沈伟东：《李根源在苏州》，《钟山风雨》2011 年第 4 期。

[52] 夏冰：《吴探花与吴中保墓会》，《钟山风雨》2011 年第 1 期。

[53] 张荣明：《玄学大家沈瓞民和他的学界友人》，《万象》2011 年第 8 期。

[54] 朱月琴：《影响近代江南城市发展的地域文化环境分析》，《江苏广播电视大学学报》2011 年第 6 期。

［55］姜鹏：《"几复风流"对南社的促进与销蚀》，《苏州教育学院学报》2012 年第 1 期。

［56］郁乃尧：《章太炎与李根源在苏州》，《名人传记》2012 年第 9 期。

［57］周海涛：《明初吴中文人的生存困境及矛盾心态——以吴中四杰为例》，《山西师大学报》（哲社版）2014 年第 2 期。

［58］董超：《论白居易"中隐"思想的形成》，《现代语文》（学术综合）2014 年第 10 期。

［59］陈宝良：《明代士大夫的仕隐观念及其抉择》，《明清论丛》2015 年第 13 辑。